T0406729

Felix Körner, Serdar Kurnaz, Angelika Neuwirth

Heilige Grenzen?

Jerusalemer Religionsgespräche

Felix Körner, Serdar Kurnaz, Angelika Neuwirth

Heilige Grenzen?

Ausgeschlossen – aufgenommen

HERDER

FREIBURG · BASEL · WIEN

MIX
Papier aus verantwortungsvollen Quellen
FSC® C014496
FSC
www.fsc.org

© Verlag Herder GmbH, Freiburg im Breisgau 2022
Alle Rechte vorbehalten
www.herder.de

Umschlaggestaltung: Verlag Herder
Satz: SatzWeise, Bad Wünnenberg
Herstellung: GGP Media GmbH, Pößneck

Printed in Germany

ISBN 978-3-451-39289-4

Inhalt

Vorwort 9

Felix Körner | Einführung. Grenzen der Geographie, der Geschichte und der Religion 15

Kapitel 1 Ort 23

1.1 Angelika Neuwirth | Ein Ort wie kein anderer Ort Jerusalem im Fokus der koranischen Verkündigung 24

1.1.1 Geschichtsbetrachtung nur in lokalem oder in weiterem Kontext? 27

1.1.2 Wie mit der Leere des Ortes umgehen? . . . 30

1.1.3 Die faktische Re-Urbanisierung des Tempelbergs 34

1.1.4 Was heißt für uns spätantik? 38

1.1.5 Ein ›liturgisiertes‹ Jerusalem-Bild. Q 19:1–33 als Widerhall eines soundscape: Erster und zweiter Jerusalem-Text 40

1.1.6 Die Herausforderung von 614. Nachdenken der frühen Gemeinde über die Heiligtumsgeschichte Jerusalems: Dritter und vierter Jerusalem-Text 63

1.1.7 Die medinische Neuorientierung: der Verzicht auf Jerusalem 71

1.1.8 Das »Haus«, der Tempel im Frühislam – nie vergessener Referenzpunkt für die Verortung des Heiligen 75

1.1.9 *Miʿrāǧ* – der Aufstieg des Propheten 80
1.2 Felix Körner | Geographische Grenzziehungen. Topik und Dialektik 82
1.2.1 Dialektik und Topik 82
1.2.2 Gott hat einen Ort. Wohnvorstellung? . . . 84
1.2.3 Er ist nicht hier. Spiritualisierung? 87
1.2.4 »Im Geist« – »von den Juden«. Johanneische Spannung? 93
1.2.5 Gnostisch oder abergläubisch 96
1.2.6 Der Ort Jesu 97
1.2.7 Aufbruch 100
1.2.8 Der neue Ort 101
1.2.9 Nachfragen. Klärungen 104

1.3 Serdar Kurnaz | Wir-Konstitutionen (I) Geopolitik heiliger Orte 116
1.3.1 Warum Nichtmuslime nicht nach Mekka dürfen – »Die reine Gemeinde«? 116
1.3.2 Reinheitsvorstellungen und Wir-Konstitutionen 124
1.3.3 Besondere Orte als Pilgerstätten 133

Kapitel 2 Geschichte 137

2.1 Felix Körner | Teufel. Dialektik und Mysterium . . 138
2.1.1 Versuchung 144
2.1.2 Dämonen 151
2.1.3 Mysterium 155

2.2 Serdar Kurnaz | Wir-Konstitutionen (II) Aufnahme und Ausschluss 157
2.2.1 Aufnahme 157

2.2.2 Ausschluss und Inklusion 164
2.2.3 Territorialität: Geographische Einteilung der Welt in *dār al-islām* und *dār al-ḥarb* 175
2.2.4 Auseinandersetzung 182
2.2.5 Ausschlussmechanismen und die Frage nach dem Seelenheil 189

Kapitel 3 Religionen 195

3.1 Felix Körner | Grenzen der Lehre. Glaubensdialog an ›boundaries‹, ›limitations‹ und ›frontiers‹ . . . 196
3.1.1 Grenzen, die man achten muss: ›bounderies‹ 197
3.1.2 Grenzen, die man sich eingestehen muss: limitations 206
3.1.3 Grenzen, die zu Neuem herausfordern: ›frontiers‹ 211
3.1.4 Fazit. Fünffache ›Verständigung‹ 217

3.2 Serdar Kurnaz | Wir-Konstitutionen (III) Mission bzw. *Daʿwa* als Außenbeziehung? 218

Die Autoren 223

Vorwort

Die theologischen Fragen, die der vorliegende Band zu beantworten versucht, stammen aus Jerusalem. Dort, auf dem Zion, bereitete Dekanin Johanna Erzberger mit ihrem Team das 47. Theologische Studienjahr vor. Sie wagte sich an ein heißes Eisen: »Landverheißung, Landgabe, Landnahme«. Seit Jahrzehnten sind im Heiligen Land, in Israel und Palästina, die Fragen nach der Heiligkeit des Landes, nach der Berechtigung von Besitzansprüchen, nach der Gültigkeit biblischer Zusagen für politische Entscheidungen heiß umstritten – und leider blutig umkämpft. Politik und Diplomatie scheinen keine Lösung zu finden. Umso angebrachter ist es, dieselben Fragen auch theologisch zu stellen.

Vorbereitet also war das 47. Jerusalemer Studienjahr mit einem treffenden Jahresthema. Doch dann kam Covid. Die Pandemie – und die israelischen Behörden – erlaubten es den Studierenden nicht, im Sommer 2020 aus ihren deutschsprachigen Heimatländern einzureisen. Aber kann es ein Jerusalemer Studienjahr ohne Ortsbezug geben? Außerhalb der heiligen Stadt? Ohne monastisch-rhythmische Nähe, wie sie die Benediktiner der Abtei Dormitio auf dem Zion seit Beginn der Studienjahre sicherstellen? Man fand eine vorübergehende Lösung in einer anderen heiligen Stadt: Die Benediktinerhochschule »Päpstliches Athenäum Sant'Anselmo« auf dem Aventin bot sich an. Ihr ist das Studienjahr ohnehin akademisch zugeordnet. Und die große benediktinische Gemeinschaft der Primatialabtei Sant'Anselmo – unter demselben Dach – bot bereitwillig Gastfreundschaft. Das Jerusalemer Studienjahr in Rom? Es sollte ja nur vorübergehende Bleibe für die ersten Monate des Studienjahres sein.

Dekanin und Fürsprecher erreichten kurz vor Weihnachten den entscheidenden Durchbruch: Das israelische Innenministerium bewilligte Visen für die gesamte Gruppe! Am Nachmittag desselben Tages aber eine weitere Nachricht, und nun große Enttäuschung: Auf Beschluss der Knesset hatte Israel seine Landesgrenzen dichtgemacht. Der Flugverkehr wurde eingestellt. Erst im Frühjahr erschienen am Horizont neue Hoffnungsschimmer. Erste Grenzöffnungen zeichneten sich ab. Mit Sondergenehmigung gab es wieder Einreisen. Jedoch erteilte man die zunächst nur israelischen Staatsbürgern. Bis zum Ende des Studienjahres änderte sich dies nicht mehr: Man hatte die Visen, aber keine Einreiseerlaubnis. Rom blieb Studienjahresort 2020/21.

Manche katholische Studierende feierten den unvorhergesehenen Romaufenthalt als Heimspiel und erschlossen den Kommiliton*innen die unterschiedlichsten römischen Welten. Dass diesem Studienjahr sogar eine Papstaudienz gewährt wurde, war ebenfalls für manche ein gewisser Trost. Mitunter aber ließen die Teilnehmer*innen doch – verständlich, bei allem ökumenischen Interesse – durchklingen: Rom ist kein Ersatz für Jerusalem. Der Zauber des Aventin kann unsere Sehnsucht nach Jerusalem nicht stillen.

So erwies sich die Themenwahl auf unvorhergesehene Weise als treffend: Der Ortsbezug, den das Jahresthema vorgegeben hatte, blieb stets spürbar – schmerzlich. Auch weil viele Dozierende pandemiebedingt nicht einmal nach Rom kommen konnten und vom Bildschirm weg unterrichten mussten, war immer wieder zu erleben, was Lokalität, Distanz und Präsenz bedeuten.

Allerdings mussten unter solchen Bedingungen die diesmaligen »Muslimisch-christlichen Werkwochen« doch nicht ausfallen. Fünf Studentinnen der islamischen Theologie konnten aus Deutschland nach Rom kommen, und ebenso wir beide. Drei weitere Dozierende wirkten mit uns zusammen, mussten sich aber übers Internet zuschalten: Ömer Özsoy, Zishan Ghaffar und Angelika Neuwirth. Letzterer ist es dankenswerterweise gelungen, eine ihrer Vorlesungen zu einem Buchkapitel auszuarbeiten. Ihr Beitrag macht denn auch im vorliegenden Band den Aufschlag.

Worum geht es? Wie unsere Vorlesungen in Rom gehen auch die hier folgenden Beiträge auf das Jahresthema mit seinen Land-Fragen ein. Theologisch verweist es ja auf den gesamten Fragenkomplex von Grenzen. Können sie heilig sein? Sind Grenzen gottgewollt, Gebiete göttlich begrenzt? Offenbar erklären Religionen ja Teile der Welt als ausgegrenzt: herausgeschnitten *(templum)*, verboten *(ḥaram)*, saktioniert *(sanctissimum)*. Das kann bedeuten, dass sie niemandem gehören und damit allen gleichermaßen offen stehen, dass sie menschlichem Zugriff entzogen sind, allein dem Heiligen geweiht, raumgreifend auf Erden, Zugang eröffnend und zum Auszug herausfordernd aus allem Gehabten. Aber kann Gott, doch unfassbar, an einem Ort wohnen? Wohnen wollen? Sich festlegen? Und man muss mitsehen: Wenn Teile der Welt als heilig gekennzeichnet sind, kann dies auch bedeuten, dass sie nur bestimmten Menschen gehören sollen, dass Mitmenschen ausgegrenzt werden.

Es zeigte sich bereits in solchen Vorüberlegungen, dass die Grenz-Fragen im Resonanzraum unserer gemeinsam bedachten Überlieferungen alle theologischen Grundprobleme zum Schwingen bringen: Wie umzugehen ist mit dem Heiligen, dem Fremden, »dem Anderen«.

Angelika Neuwirths Aufschlag spielt die Ortsfrage anhand der koranischen Jerusalem-Theologie durch. Was der Koran beizutragen hat, zeigt sich erst in ihrer historischen Mehrfachkontextualisierung: innerhalb der Ereignisse seiner Gegenwart, innerhalb seines religiösen, gerade liturgischen

Klangraums, aber auch in der Verortung der einzelnen koranischen Aussagen in der Reihenfolge des Verkündigungsgeschehens. Es stellt sich so heraus, dass der Koran gegenüber den anderen spätantiken Religionen keine eliminatorische Haltung einnimmt. Vielmehr weist er der um ihn entstehenden Gemeinde im Religionsstreit eine die anderen bewahrende Vermittlerrolle zu.

So ist der gesamte Themenkomplex von Gebiet, Wohnrecht, geistlichem und politischem Ortsbezug schon durch die Koranforschung aufgerufen. Die von Angelika Neuwirth gestellten Fragen einer Theologie des Ortes beantworten wir anschließend aus unseren Disziplinen – der christlichen und islamischen Theologie.

In einem zweiten Anlauf gehen wir nochmals von Beobachtungen der Koranforschung aus. Der Koran scheint nicht nur zu den anderen Religionen eine integrativ-versöhnende Haltung einzunehmen, sondern sogar gegenüber dem Widergeist: der Teufel als göttlich begrüßter Provokateur, als klärender Kläger. Dann aber stellt sich die Frage: Wo genau verläuft die Grenze zwischen dem Guten und dem Bösen? Und ebenso: zwischen Rein und Unrein, zwischen »Wir« und »Ihr«? Will man darauf theologisch eingehen, sind die großen Fragen einer Theologie der Geschichte zu stellen und ist nachzuzeichnen, wie sich durch Ritus, Religion und Tradition ein »Wir« konstitutiert.

Ebenso ist darin aber die Frage nach dem Umgang mit dem anderen als religiös anderem, als Andersgläubigem aufgeworfen. Wenn wir Abgrenzungen zu bedenken haben, müssen wir theologisch auch auf das Verhältnis von Christ*innen und Muslim*innen zueinander eingehen. Wir tun es im dritten Kapitel. So klärt sich im Laufe unserer Überlegungen auch der Titel des vorliegenden Bandes: Grenzen können heilig sein, sogar heilsam; können allerdings auch menschenverachtend ausschließen. Grenzen kann man allerdings auch überwinden. So ist dem scheinbar Störenden Aufnahme eingeräumt, ja Mitwirkung ermöglicht!

Angelika Neuwirth und wir beide tragen im Folgenden eine Reihe von Gedanken erstmalig vor. Wir freuen uns auf Auseinandersetzungen mit den Leserinnen und Lesern und hoffen auf fortgesetzte Gespräche miteinander: nächstes Jahr in Jerusalem!

Serdar Kurnaz und Felix Körner SJ

Felix Körner | Einführung
Grenzen der Geographie, der Geschichte und der Religion

»Sei gegrüßt, du Ort Gottes, der keinen Ort hat«, so besingt die Kirche Maria. So nämlich heißt es im Akathistos-Hymnus.[1]

Ort des Ortlosen? Die Kirche besingt hier Gottes Heilswirken, indem sie Maria besingt, die Gottesmutter; aber kann Gott eine Mutter haben? Der christliche Glaube ist voller solcher Spannungsausdrücke. Er scheint eine paradoxe Lehre zu sein. Wir wollen uns damit nicht zufriedengeben. Einfach zu sagen, dass hier in fremdartiger Rede gesprochen wird, genügt nicht. Wenn es unlogisch ist, dann müssen wir Einspruch erheben; gleich, wer so spricht. Denn die Logik darf sich keiner Kultur unterwerfen; dennoch: Verschiedene Kulturen bieten verschiedene Muster, die Welt wahrzunehmen. Zwei solche unterschiedliche Wahrnehmungskulturen lassen sich gut vergleichen: die Weltsicht der Griechen und die Weltsicht Israels. Wenn man eine – natürlich zunächst arg grobe – Benennung vorausschicken will, dann lässt sich sagen: Wo sich Hellenisches und Hebräisches begegnen, steht Kosmos versus *ʿôlām*.

Wie haben die klassischen Griechen die Welt wahrgenommen? Das will man vielleicht vor allem aus ihren Texten ersehen; aber betrachten wir auch ihre Bauten, speziell die Tempel. Deren Grundform ist die stabile Ordnung. Die Antike-Begeisterung der wilhelminischen Zeit lässt sich gut nachvollziehen. Das Klassische, das Geordnete war in der deutschen

---

[1] Χαῖρε, Θεοῦ ἀχωρήτου χώρα / *chaire, theou achōrētou chōra.* – Auf den Hymnus geht Angelika Neuwirth sogleich (S. 33) genauer ein.

Kaiserzeit für viele Inbegriff der Schönheit: Symmetrie, klare Muster – erhaben über alles organisch Überraschende, über alles bewegt Gebrochene, über das immer neu Verwirrende, zufällig Wirkende, menschelnd Unvorhersehbare, insofern: erhaben über die Geschichte.

Der antike Tempel als Gotteswohnung (ναός / *naos*) verkörpert diese enthobene Erhabenheit. Unser Wort »Tempel« erinnert noch daran, dass hier etwas aus der Welt herausgeschnitten ist: der τέμενος *(temenos)* verdankt sich einem Schnitt (τόμος / *tomos*), einem Schneiden (τέμνειν / *temnein*). Was wird geschnitten? Der Wahrsager, der Augur hat mit seinem Krummstab (lituus) erst einen bestimmten Bereich umzeichnet und damit herausgetrennt, aus dem Gesamt der Erde und des Himmels. In ihm beobachtet er nun vor allem die Vögel, gerade ihren Flug. So nimmt er im templum seine Beschauung vor (con-templatio). Entsteht damit also heiliger Bezirk, ausgegrenzt aus dem Profanen? Das fanum – von fas, »(Götter-)Spruch« – ist der Tempel. Davor liegt das profanum. Aber das profanum ist nicht unheilig. Gerade hier findet das Opfer statt! Die Gegenüberstellung von sakral und profan, von geistlich und weltlich, ist den vorchristlichen Kult-Kulturen unbekannt. Im spätantiken Rom ist es erst der christliche Glaube, der ein »Heidentum« schafft, und zwar, indem er sich davon absetzt.[2] Damit übernimmt er eine biblisch schon vorhandene Unterscheidung. Frühe christliche Denker haben sie aufgegriffen. Tertullian verurteilt die öffentlichen Spiele in den Theatern:[3] Sie seien götzendienerisch.

---

2 Richard Lim, »Christianization, Secularization, and the Transformation of Public Life«, in: Philip Rousseau (Hg.), *A Companion to Late Antiquity*, Oxford: Wiley-Blackwell, 2009, S. 497–511.

3 Tertullian, *De spectaculis*, § 14 f.; auch Augustinus spricht sich gegen den Theaterbesuch aus. Er begründet seine Ablehnung aber nicht mit der im Theater betriebenen »idolatria«, sondern warnt vor »curiosi-

Kaiser Konstantin II. aber erlaubt in einem Dekret von 341 die Schauspiele weiterhin. Seine Begründung jedoch hat nun dieselbe biblische Unterscheidung weitergedacht: Die Spiele seien kein Götzendienst, sondern etwas Weltliches.[4]

Die Vorstellung, der göttliche Bezirk und Bau stelle die Ordnung der Welt dar, ist typisch griechisch, wenn man die Kulturen von Hellas und Israel nebeneinanderstellen will. Hellenischerweise begeht man die schöne Ordnung der Welt – auf Griechisch: den κόσμος / *kosmos.*

Israel schafft sich zwar auch einen Tempel; aber er wird sogleich göttlich infrage gestellt. Theologische Tempelkritik findet sich biblisch unter zwei Gesichtspunkten, die zueinander gehören. David beschließt, Gott ein Haus zu bauen, aus Zedernholz soll es errichtet sein wie der eigene Königspalast – eine feste Gotteswohnstatt statt des bisherigen Zeltes. Der Prophet Nathan erhält daraufhin den göttlichen Auftrag:

> **2 Samuel 7,5** Geh zu meinem Knecht David und sag zu ihm: So spricht der Herr: Du willst mir ein Haus bauen, damit ich darin wohne? **6** Seit dem Tag, als ich die Israeliten aus Ägypten heraufgeführt habe, habe ich bis heute nie in einem Haus gewohnt, sondern bin in einer Zeltwohnung umhergezogen. **7** Habe ich in der Zeit, als ich bei den Israeliten von Ort zu Ort zog, jemals zu einem der Stämme Israels, die ich als Hirten über mein Volk Israel eingesetzt hatte, ein Wort gesagt und sie gefragt: Warum habt ihr mir kein Haus aus Zedernholz gebaut? **8** Sag also jetzt meinem Knecht David: So spricht der Herr der Heerscharen: Ich

---

tas«: der von der Gottsuche ablenkenden oberflächlichen Neugier: *Confessiones*, § 3.2.2 und 3.2.4.

[4] Wolfram Drews, Almut Höfert und Jörg Gengnagel, »Sakralität und Sakralisierung in transkultureller Perspektive«, in: Wolfram Drews, Antje Flüchter, Christoph Dartmann, Jörg Gengnagel, Almut Höfert, Sebastian Kolditz, Jenny Rahel Oesterle, Ruth Schilling und Gerald Schwedler, *Monarchische Herrschaftsformen der Vormoderne in transkultureller Perspektive* (Abhandlungen und Beiträge zur historischen Komparatistik, Band 26), Berlin: de Gruyter, 2015, S. 175–238, S. 180 f.

> habe dich von der Weide und von der Herde weggeholt, damit du Fürst über mein Volk Israel wirst, **9** und ich bin überall mit dir gewesen, wohin du auch gegangen bist. Ich habe alle deine Feinde vor deinen Augen vernichtet und ich werde dir einen großen Namen machen, der dem Namen der Großen auf der Erde gleich ist. **10** Ich werde meinem Volk Israel einen Platz zuweisen und es einpflanzen, damit es an seinem Ort wohnen kann und sich nicht mehr ängstigen muss und schlechte Menschen es nicht mehr unterdrücken wie früher **11** und auch von dem Tag an, an dem ich Richter in meinem Volk Israel eingesetzt habe. Ich verschaffe dir Ruhe vor allen deinen Feinden. Nun verkündet dir der Herr, dass der Herr dir ein Haus bauen wird.

Also: Gottes so festgelegtes Wohnen wäre eine skandalöse menschliche Bemächtigung Gottes. Gott will vielmehr dem König David ein »Haus« errichten: eine Familie, nämlich eine Dynastie. Protagonist der Geschichte ist doch Gott! Darin zeigt sich bereits die andere Infragestellung des Tempelgedankens in Israel – einerseits der Bemächtigungsversuch Gottes durch Ortsfestlegung; andererseits der Geschichtsbezug. Der Tempel bezeugt und bewirkt zwar auch kosmische Ordnung; aber Israels Kult steht in einem anderen Zusammenhang als dem der kosmischen Ordnung: Er ist Erinnerung an geschehene Geschichte. Sie gibt Israel seinen Lebenskontext. Israel ist ja Gottes Bundesvolk. Gedächtnis des Bundes muss begangen werden; und die Geschichte mit dem Gedächtnis des Bundes gibt dem Volk auch seine Lebensregel: das Gesetz. Im Allerheiligsten steht keine Götterstatue. Dort liegt vielmehr, in der Bundeslade, das Gesetz: die Bundesurkunde.

So lassen sich zwei grundlegend unterschiedliche Mentalitäten vergleichen: griechisch muss alles geordnet sein; in Israel ist alles geschichtlich. Geordnet, das heißt griechischerseits auch, dass man beim Blick auf die Welt das zugrundeliegende Prinzip sucht, das unveränderlich sein soll. Man will hinter den täuschenden Eindruck, den bloßen Anschein, hinter die damit entstehende verkehrte Meinung blicken – und so zum wahren Wesen kommen, vom Schein zum Sein. Von der bloßen Wahrnehmung (αἴσθησις / *aisthēsis*) und dem doch gar nicht zutreffenden Mythos zum Logos. Was diesen Logos verdeckt, ist das Anscheinende. Daher bilden die Griechen ein Wort, das vom »Scheinen« (δοκεῖν / *dokein*) kommt, um zu benennen, was sie hinter sich lassen wollen: »die (verkehrte, vom Schein fehlgeleitete) Meinung« ist die δόξα / *doxa*. Die Sachen sehen zwar so aus, als würden sie sich ändern; aber das ist nur Anschein. Der Anschein verführt uns zur Meinung. Die Wirklichkeit liegt darunter. Zu ihr müssen wir durch Denken, durch kritische Analyse vordringen.

Scharf kontrastierend ließe sich sagen: Israel erfährt die Welt ganz anders. Sie überrascht immer. Ständig geschieht Neues: ein Erfolg – und dann ein Scheitern. Dahinter waltet nicht ein kosmisches Prinzip, sondern das ist Gottes Handeln. Die Welt ist Geschehen, und das Geschehen ist *maʿaśê YHWH*: Taten des Herrn (Richter 2,7 etc., Sg. *maʿăśæ*). Er hat einen Plan und zeigt sich in seiner überlegenen Größe. Für Gottes erhabene Wirkmacht verwendet Israel ein Wort, das erst einmal »gewichtig sein« bedeutet, dann aber auch »lichtvoll aufstrahlen«: *k-b-d*. Der *kāḇôḏ* des Herrn ist seine »Herrlichkeit«.

Hier sieht man zwei grundverschiedene Erkenntnistheorien. Die Welt, die wir erfahren, ist nicht der trügerische Anschein, sondern sie ist die Geschichte, in der Gott seine Herrlichkeit erweist. So haben ganz andere Maßstäbe des Wirklichkeitskontaktes die Oberhand. Griechisch könnte man sagen, die drei Maßstäbe sind: Kosmos (statisch), Hinterfragung (kritisch), Logos (fundamental). Israel dagegen hat seinen Wirklichkeitszugang in den drei Maßstäben Zeit, Treue und Wort. Im Laufe der *Zeit* wird Gott seine Herrlichkeit erweisen; am Ende wird alles klar sein: das Strahlen seiner Herrlichkeit wird alle überzeugen; bis dahin wird noch viel Schlimmes geschehen. Aber wir können uns auf Gottes

Treue (*'æmæṯ*) verlassen, auch wenn wir noch nicht den Sinn in allem sehen, was geschieht. Wir haben eine Zusage, Gottes Verheißung; der Herr hat uns sein *Wort* gegeben. Wir – sein Volk – werden sehen, und alle werden sehen, dass sich Gott in dem, was wir jetzt erst nur erinnernd sehen und als verheißen hören, als zuverlässig erweist. Gott ist seinem Bund treu. Er wird sich vor den Augen aller erweisen als mächtig, heilig, herrlich – als der Herr (Ezechiel 38,23).

Wenn Israel nun ab dem dritten vorchristlichen Jahrhundert seine hebräischen Schriften ins Griechische übersetzt, wählt es für »Herrlichkeit« ausgerechnet das Wort δόξα. Warum wird aus Gottes aufscheinender Wucht, seinem *kāḇôḏ*, ein Wort für »Meinung«? Weil die Meinung, die man von einer Person hat, auch deren guten Ruf bezeichnen kann, ja ihren Ruhm. Israel verwendet gelegentlich den Ausdruck »der Name Gottes« in diesem Sinne: Gottes Anerkanntheit. Gottes Name und Gottes guter Ruf, sein Ruhm gehören zusammen (Psalm 48,12); und die Nähe von Herrlichkeit und Namen Gottes ist hier ganz klar:

> **Psalm 102,16** Dann fürchten die Völker den Namen des Herrn / und alle Könige der Erde deine Herrlichkeit.

Wenn wir in der griechischen Bibel – der Septuaginta wie dem Neuen Testament – von der δόξα Gottes hören, dann ist nicht von einer zu überwindenden Meinung die Rede; sondern von Gottes Aufscheinen in der Geschichte: Er zeigt sich durch seine Machttaten und wird sich am Ende der Geschichte ganz als der Herr der Geschichte erwiesen haben – so die Hoffnung der Bibel.

Δόξα *(doxa)*, das Wort, mit dem die Bibel von Gottes »Herrlichkeit« sprechen wird, bedeutete bei den Griechen zuvor also »Meinung«. Die Wahrheitssuche der Griechen hat erwartungsgemäß Spitzenleistungen der denkerischen Analyse hervorgebracht. Ihr Meister ist Aristoteles (st. 332 v. Chr.).

Er schreibt auch gegen diejenigen an, die mit rhetorischen Taschenspielertricks überzeugen wollen, die Sophisten. Was aus ihren angeblichen Beweisen folgt, widerspricht zugleich der allgemeinen Überzeugung und der ursprünglichen Erwartung; es ist para-dox, »gegen die Meinung und Erwartung«. Ein Beispiel ist: Korsikos ist kunstsinnig (μουσικός / *mousikos*) und nicht kunstsinnig. Das klingt paradox. Dahinter steht schlicht eine Albernheit. Man meint mit Korsikos einmal einen Kunstsinnigen, dann aber einen anderen Menschen. Aristoteles rät, hier schleunigst die Zweideutigkeit (ἀμφιβολία / *amphibolia*) aufzudecken, indem man die Benennungen genau abgrenzt (διορίζεσθαι / *dihorizesthai*).[5]

In dem soeben unternommenen kurzen Rundblick war von vier Fragestellungen die Rede. Zunächst vom Tempel und damit von Gottes Lokalität: Hat Gott einen bestimmten Ort? Dann von der Welt als zeitlicher Dynamik: Ist sie insgesamt Gottes Geschichte? Auch die Andersgläubigen waren hier bereits in den Blick gekommen: Haben sie eine Rolle in dieser Geschichte? Schließlich waren wir von der Herrlichkeit Gottes auf die verwirrenden Ausdrücken gekommen, mit denen sich Glaube – zumal der christliche – zur Sprache bringt: Ist er unverständlich, unlogisch? Damit sind vier Themen angeklungen, die theologischer Bearbeitung harren. Die Überlegungen zur Sprache in der Theologie – zu den Paradoxien – gliedern wir aus. Ihnen wird in einem anderen Band der »Jerusalemer Religionsgespräche« eigens Raum gewährt. Was wir im hier unmittelbar Folgenden tun, ist nun dreierlei: Wir entwerfen eine Theologie des Ortes, der Geschichte und

5 Aristoteles, *Sophistische Widerlegungen Περὶ σοφιστικῶν ἐλέγχων*, 166b: Kapitel 17, § 6 f.

der Religionen. Wir tun dies im Gespräch von christlicher und islamischer Theologie mit der Koranforschung.

Die erste Frage geht nun an die Koranforschung: Welche Rolle hat denn Jerusalem im Koran?

Kapitel 1

Ort

1.1 Angelika Neuwirth | Ein Ort wie kein anderer Ort Jerusalem im Fokus der koranischen Verkündigung

Die folgenden Überlegungen plädieren für eine Einbeziehung von Judentum und Islam in die westlich-christliche Geschichtserinnerung: Nicht nur ruht der europäische religiöse Wissenskanon auf biblischen Grundlagen; nordalpine und südmittelmeerische Entwicklungen münden auch in der Geschichte immer wieder ineinander und verlohnen daher eine synoptische Betrachtung. Obwohl in der Peripherie entstanden und erst später in die Geschichte eingetreten, gehört der Islam doch kulturgeographisch zum biblisch fundierten südmittelmeerischen Raum, wo sich die Wahrnehmung einer Manifestation des Heiligen schon früh mit dem Jerusalemer Tempel verbunden hat. Dieser Tempel, der in der Spätantike in verschiedenen Repräsentationen begegnet und der – nach seiner Zerstörung – in den großen Religionen in Gestalt von »Stellvertretern« auftritt, soll im Folgenden erstmals systematisch mit der koranischen Verkündigung kontextualisiert und so als Hintergrund und gelegentlich auch als theologisch auslösender Faktor für substanzielle Entwicklungen in der koranischen Religion sichtbar gemacht werden.

Dazu wird nach einer »Vorgeschichte« (1) und der Darlegung des Problems des absenten Tempel(bau)s (2) die frühislamische Option einer »faktischen Lösung« (3) vorgestellt. Der analytische Teil (4–8) trägt zunächst grundsätzliche Überlegungen zur Spätantike vor (4). Es folgt mit dem ›liturgisierten Jerusalem-Bild‹ (5) eine Exemplifizierung spätantiker Bibellektüren am Beispiel von Sūrat Maryam, Q 19, deren Haupterzählungen erstmals im Koran den Tempelberg als Schauplatz von Heilsgeschichte einführen. Sie wird anders als bisher nicht als Antwort auf syrisch-theologische Positionen gelesen, sondern in den Zusammenhang eines übergreifend byzantinisch geprägten hymnischen »*soundscape*«[1] gestellt. Dies macht die einzigartige Auswirkung der Gestalt Marias auf die koranische Theologie erklärbar, die fortan zu einer *raḥma*-Theologie wird. Dabei soll die Problematik der christlichen Wahrnehmung Marias nicht unterdrückt werden. Vielmehr ist die Frage zu stellen: Ist das Bild der Gemeinde von der christlichen Gründerfamilie geprägt von einem literalen Verständnis der Erzählungen oder steht es in einer Tradition, die diesen – in der Liturgie als Fürbitter hoch geschätzten – Figuren eine transhistorische Bedeutung beimisst? – Namen biblischer Figuren sind in der Spätantike »homonym«, sie decken die historische Figur ebenso wie ihre spirituell amplifizierte Manifestation im Gottesdienst. – Komplementär ist der Blick auf die jüdische Heiligtumsgeschichte, die (6) in der chronologisch auf Sure 19 folgenden Sūrat al-Isrā', Sure 17, in den Zusammenhang der Zeitgeschichte gestellt wird. Es geht um das von der Katastrophe von 614 herausgeforderte Nachdenken der frühen Gemeinde über die Geschichte Jerusalems, wobei nun erstmals eine Jerusalem-bezogene spirituelle Erfahrung des Propheten selbst einbezogen wird. – Mit dem Exil in Medina bahnen sich dramatische neue Entwicklungen an, die im Verzicht auf Jerusalem als Gebetsrichtung gipfeln, für den allerdings eine theologische »Entschädigung« gewährt wird (7), die Erhebung der Gemeinde in den Stand einer »Gemeinde der Mitte«, *umma wasaṭ*. Jerusalem wird nunmehr zum Typus für Mekka. Ein abschließender Teil (8) verfolgt das Fortleben der Tempelgeschichte in das frühislamische Jerusalem, wo sich eine be-

---

1 Zum Begriff des »*soundscape*« siehe Ophir Münz-Manor und Thomas Arentzen, »Soundscapes of salvation. Resounding refrains in Jewish and Christian liturgical poems«, in: *Studies in Late Antiquity* 3 (2019), S. 36–55.

merkenswerte Ausdifferenzierung des Heiligtumsbegriffs spiegelt.

Der neuere Stand der Forschung erfordert es, einige hier befolgte methodische Prinzipien beim Namen zu nennen: Diachronie, Respektierung des Sitzes im Leben und Beachtung der Form.

1. Nur eine *diachrone* Koranlektüre kann – über bloße Postulate hinaus – Entwicklungen ans Licht bringen. Eine Vermengung von mekkanischen und medinischen Aussagen zum selben Gegenstand verwischt die Stoßrichtung der früheren Aussagen.

2. Nimmt man den Koran als eigenständige Schrift ernst, muss die Frage nach dem *Sitz im Leben* einzelner Aussagen gestellt werden. Eine bloße – positive oder negative – Ableitung von Aussagen aus zuhandenen Theologumena der Nachbarreligionen nivelliert die Dynamik zwischen Anziehung und Abstoßung und degradiert den Koran zu einem Derivat. Der exklusiv rezeptionsgeschichtliche Zugang lenkt von der Frage nach der gemeindlichen Motivation für ihre Diskussion ab und reduziert den Koran – eigentlich ein Kommunikationsprozess – auf ein schriftliches *fait accompli*, das für Forscher, die an der Historizität der »Korangenese als Zwilling der Gemeindebildung« festhalten, kein befriedigender Ausgangspunkt sein kann.

3. Die koranische Rede bedient sich literarischer Gattungen sowie verschiedener *stilistischer und klanglicher Register*, die »Anklänge« an entsprechende Texte in den Nachbartraditionen erkennen lassen, ohne dass eine Abhängigkeit vorliegen muss, wohl aber legen sie die Annahme eines gemeinsamen liturgischen »*soundscape*«, eines Klang- und Aufführungsraums, nahe. Die hier verborgene ästhetische Kommunikationsabsicht, die über bloße Informationsvermittlung hinausgeht, gilt es zu eruieren.

1.1.1 Geschichtsbetrachtung nur in lokalem oder in weiterem Kontext?

In diesem Jahr wird bei uns »Spätantike« in einer besonderen Weise aktualisiert. Man fokussiert das Jahr 321 als Anfang des jetzt vielerorts ins Gedächtnis gerufenen Zeitraums von »1700 Jahren Judentum in Deutschland«. »2021 jährt sich die Ersterwähnung einer jüdischen Gemeinde für Köln und damit zugleich auf dem Gebiet der heutigen Bundesrepublik Deutschland zum 1700. Mal«, heißt es in der Ankündigung einer wichtigen Vorlesungsreihe der Gerda-Henkel-Stiftung. Hartmut Leppin hat in einem dieser Vorträge[2] den allzu lokal orientierten Rahmen zurechtgerückt und das mit 321 angesprochene Ereignis in seinen gesamtrömischen Kontext gestellt: Ein Edikt des römischen Kaisers Konstantin aus diesem Jahre sollte es dem Rat von Colonia Agrippina, dem nachmaligen Köln, erlauben, Juden als Ratsherren aufzunehmen – dies allerdings nicht, um den Status einer fremden Elite anzuheben, sondern aus fiskalem Interesse. Denn als Räte waren die Juden – wie auch anderswo im Römischen Reich, etwa in Galiläa – zur Mitfinanzierung kommunaler Vorhaben verpflichtet – für sie selbst also eher eine Bürde als eine Würde. Diese erhellende Rückversetzung des Ereignisses in seinen spätantik-religionsgeschichtlichen Rahmen lädt zu noch weiterem Nachdenken ein: Fast noch überraschender als die gegenwärtige Hervorstreichung eines zu seiner Zeit ganz unsensationellen Ereignisses erscheint aus kulturwissenschaftlicher Sicht die Ausblendung der Tatsache, dass das Stichdatum 321 –

[2] »Die Ersterwähnung einer jüdischen Gemeinde zu Köln und die Politik Kaiser Konstantins des Großen«, Vortrag am 21.05.2021 – Ringvorlesung im WS 2020/21 der Universität zu Köln »Jüdische Geschichte und Kultur im mittelalterlichen Köln. Interdisziplinäre Zugänge«, https://lisa.gerda-henkel-stiftung.de/dossier_juedischegeschichte_mittelalterkoeln (Zugriff am 23.08.2021).

»global gesehen« – in eine religionspolitisch formative Zeit fällt. Sie verweist uns aus der Peripherie heraus ins Zentrum, auf Jerusalem und insbesondere den Tempelberg. Das Edikt von 321 koinzidiert nämlich annähernd mit einer anderen, historisch wesentlich einschneidenderen Maßnahme Konstantins, die für die Geschichte der Juden Weichen gestellt hat und damit indirekt auch für die der Muslime. Sie fällt ins Jahr 335; es ist die Weihe der Anastasis-Kirche, später »Grabeskirche« genannt. Als erster christlicher Herrscher war Konstantin, wenngleich kein Judenfeind, religionspolitisch gerade nicht auf Inklusion, sondern auf Abgrenzung der Christen vom Judentum bedacht. Er markierte diese Position unübersehbar im Bauplan seines »neuen Jerusalem«: Das neue christliche Zentralheiligtum, die Anastasis-Kirche, sollte nicht auf dem jüdischen Tempelberg, sondern auf dem Areal der heidnischen Tempelanlage Hadrians errichtet werden. Gewiss, dort wurden der Hinrichtungsort und das Grab Christi lokalisiert; der Ort war aber zugleich der Mittelpunkt der von Hadrian neu gestalteten römischen Stadt Aelia Capitolina, die von den Juden nachweislich als eine feindselige Ersatzstruktur für das jüdische Jerusalem gesehen wurde (s. das Mischna-Zitat unten). Auf jeden Fall schloss Konstantin den jüdischen heiligen Ort aus dem neuen christlichen Jerusalem aus und überließ den Tempelberg, der seit Hadrians Triumph (135) zur Demütigung der besiegten Rebellen desakralisiert war, weiter der Verwahrlosung. So ist der Tempelberg auf der Madaba-Karte aus dem Ende des 6. Jahrhunderts gar nicht mehr erkennbar. Das am Ostabhang der Stadt gelegene Areal war für den Betrachter aber weiterhin unverkennbar der Ort des einstigen großen Heiligtums. Es nahm – wie ein Blick auf eine etwas spätere Karte zeigt – etwa ein Achtel des gesamten Stadtgebiets ein.[3]

[3] Abbildungen: Madaba-Karte, 6. Jahrhundert (https://de.wikipedia.

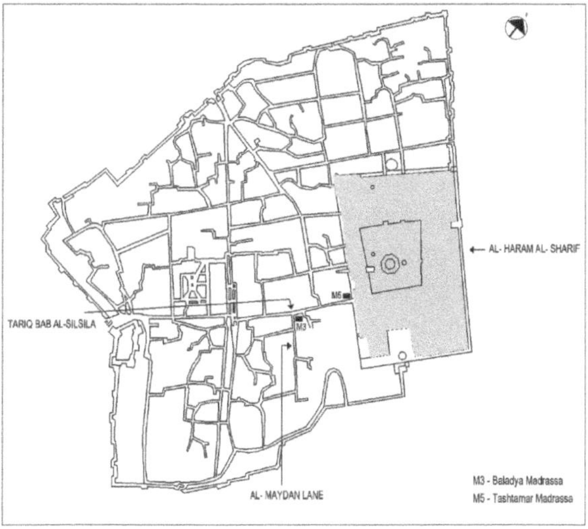

org/wiki/Mosaikkarte_von_Madaba#/media/Datei:Madaba_BW_8.JPG, Zugriff am 27.09.2021); Jerusalem zur Mamlukenzeit (Shadha Malhis, »The Spatial Logic of Mamluk Madrassas. Readings in the Geometric and Genotypical Compositions«, in: *Nexus Network Journal* 19 (2017), S. 45–72: S. 62, mit freundlicher Genehmigung der Autorin).

Der Riss durch das Stadtbild reflektiert den noch gravierenderen Riss durch die von Konstantin vorgefundene religiös plurale Gesellschaft, der damals – nach längerem Aufenthaltsverbot – auch wieder Juden angehörten. Sie hatten ihre gelehrten Zentren im wenig entfernten Galiläa, wo nun Rabbinen die essenziellen vorher vom Tempel wahrgenommenen Regelungen trafen und praktische Anordnungen ausgaben. Für den Alltag wichtige Ritualien ebenso wie Kalenderfragen und retrospektiv auch die mit dem Tempelopferdienst verbundenen Opferregeln wurden hier diskutiert und füllen das erste große Gesetzeskompendium, die Mischna aus dem 2./3. Jahrhundert. Nach der Zerstörung des Tempels – so heißt es – sind dem Herrn der Welt nicht mehr geblieben als die »vier Quadratellen des Lehrhauses«.[4]

1.1.2 Wie mit der Leere des Ortes umgehen?

Der Tempel war deswegen aber nicht »ersetzt«. Wenn bereits die Zerstörung des Ersten Tempels mit einem bald nach dem Ereignis komponierten langen kunstvollen Rezitationstext memoriert wurde, den Qinôt, den Klageliedern, so dürfte auch die des Zweiten Tempels bald liturgische Gestaltung gefunden haben. Die Mischna behandelt die beiden Tempelzerstörungen zusammen, ohne aber die Rom-Assoziationen, die sich mit der zweiten verbanden, zu verwischen; in Mischna Tăʿanît 4,6 heißt es:

> Fünf Dinge geschahen unseren Vätern am 17. Tammus und fünf am 9. Av. Am 17. Tammus wurden die Tafeln zerbrochen, wurde das tägliche Opfer eingestellt, wurde eine Bresche in die Stadtmauer geschlagen, verbrannte Apostemus [Antiochus IV.?] die Tora und stellte ein Bild im Tempel auf. Am 9. Av wurde über

[4] Babylonischer Talmud, *Berakhôt* 8a.

> unsere Väter verhängt, dass sie das Land nicht betreten werden, wurden der Erste und der Zweite Tempel zerstört, wurde Betar eingenommen [Ende des Bar-Kochba-Aufstandes] und wurde die Stadt [Jerusalem] gepflügt [um die Anlage der heidnische Aelia Capitolina vorzubereiten].

Obwohl die Festsetzung des 9. Av zu einem ganztägigen Fasttag von Sonnenuntergang bis Aufgang der Sterne am nächsten Abend und mit Lesung des Buches der Klagelieder am Vorabend und der Rezitation von Trauerliedern nach dem Morgengebet im 4. Jahrhundert vielleicht noch nicht feststand, ist doch von der nie abgebrochenen Präsenz des Tempel(berg)s im Bewusstsein der jüdischen Landesbewohner auszugehen. Seine Verwahrlosung muss – zumal vor der Kulisse der auf Konstantin zurückgehenden prachtvollen Kirchenbauten – für Juden eine schwer erträgliche Provokation dargestellt haben.

Mit der Trauer über die Tempelzerstörung verbindet sich früh die Hoffnung auf seinen Wiederaufbau. Im Achtzehn-Bitten-Gebet, das in der Spätantike fixiert und täglich gesprochen wurde, kommt die Erwartung eines neuen David und der Wiedererrichtung des Tempels zum Ausdruck; so heißt es in der 14. und 15. Berakha:[5]

> Nach Jerusalem, deiner Stadt, kehre in Barmherzigkeit zurück
> und nimm deinen Wohnsitz in ihr, wie du verheißen hast
> und erbaue sie bald, in unseren Tagen zu einem ewigen Bau.
> Und den Thron Davids richte bald in ihr auf.
> Gepriesen seist du Herr, der Jerusalem aufbaut!
> Den Spross Davids, deines Knechts, lass eilends hervorsprießen
> und sein Horn werde erhöht durch dein Befreiungswerk.
> Denn auf die Befreiung durch dich hoffen wir.
> Gepriesen seist du, der das Horn der Befreiung sprießen lässt.

---

[5] Übersetzung von Michael Krupp, *Messias*. Tübingen: TVT, 2018, S. 89.

Der herbeigesehnte Thron Davids überstrahlt die Erinnerung an den Tempel Salomos, er füllt den Tempelberg gewissermaßen neu aus. Der Tempel kann zwar auch in einem transzendenten, ›oberen Jerusalem‹ gesucht werden, zu dem privilegierte Gerechte im ekstatischen Zustand aufsteigen dürfen,[6] doch blieb dies im jüdischen Kontext eine minoritäre Vorstellung. Im christlichen Kontext ist dagegen dieses »himmlische Jerusalem« seit dem Buch der sogenannten Offenbarung des Johannes (»Apokalypse«) als Antipode der irdischen Stadt fest etabliert. Das steinerne Gebäude des physischen Tempels tritt hier hinter sein erhabeneres Bild als spiritueller Tempel zurück. Einige theologische Indizien deuten darauf hin, dass der verlassene Tempelberg dennoch auch für die christliche Wahrnehmung ein verstörendes Vakuum darstellte: Die topographische Exklusion des Tempelbergs aus dem urbanen Gewebe des byzantinischen Jerusalem verlangte nach einer Stellvertretung für das Heiligtum. Mit der Übernahme jüdischer Tempel-bezogener Verheißungen in die christliche Tradition allein war es nicht getan. Es ging nicht einfach um einen Wechsel der Institution oder die Verlegung des Kultbaus. Vielmehr tritt neben die Kirche als Nachfolgerin noch eine andere – allegorische – Neu-Verkörperung des Tempels, die in der Folgezeit emotional massive Wirkung auf die Gläubigen haben wird: der »beseelte Tempel« (ὁ ἔμψυχος ναός / *ho empsychos naos*) in Gestalt der Jungfrau Maria. Ihr wird von Justinian eine monumentale Kirche, die »Nea«, angrenzend an den unbebaut belassenen Tempelberg errichtet.[7] Die Dedikation dieser Tempel-nahen

---

[6] Zu der sog. Hekhalot-Literatur siehe Peter Schäfer, *Die Ursprünge der jüdischen Mystik*, Berlin: Verlag der Weltreligionen, 2011.

[7] Siehe Kai Trumpedach, »›Ein neuer Tempel Salomons in Jerusalem?‹ Der Bau der Nea-Kirche (531–43) durch Kaiser Justinian«, in: *Millenium* 12 (2015), S. 155–177.

Kirche an Maria bringt architektonisch eine ›Tempel-Vertreter-Vorstellung‹ zum Ausdruck, die liturgisch in einem der einflussreichsten geistlichen Lobgesänge auf die Jungfrau gestaltet ist – der wahrscheinlich gegen Mitte des 5. Jahrhunderts, nach dem Konzil von Ephesus, entstand –, dem *Hymnos Akathistos*. Er besteht aus vier Langstrophen preisender Anrufungen der Jungfrau Maria, deren letzte ihr Bild als Tempel spiritueller projiziert:

> Deinem Sohn Lob singend wollen wir alle auch dich als beseelten Tempel preisen, o Gottesgebärerin.
> Der in deinem Leibe gewohnt hat, der mit seiner Hand alles zusammenhält,
> der Herr hat dich geheiligt, dich verherrlicht und uns gelehrt, dir zu singen:
> Sei gegrüßt, du Tempel Gottes und des Wortes;
> sei gegrüßt, heilig bist du über allen Heiligen.
> Sei gegrüßt, du vom Heiligen Geiste vergoldetes Tabernakel;
> sei gegrüßt, du unschätzbarer Quell des Lebens. (…)
> Sei gegrüßt, du jungfräuliche Mutter!

Maria erscheint als »beseelter Tempel«, *empsychos naos*,[8] und wird dabei detailliert mit der Ausstattung des Tempels in Verbindung gebracht: Sie wird vorgestellt als »Stiftszelt Gottes und des Logos« (σκηνὴ τοῦ Θεοῦ καὶ Λόγου / *skēnē tou theou kai logou*), als »goldenes Tabernakel des Geistes« (κιβωτὸς χρυσωθεῖσα τῷ Πνεύματι / *kibotos chrysōtheisa tō pneumati*), als »größer als das Allerheiligste« (Ἁγία ἁγίων μείζων / *hagia hagiōn meizōn*). Sie »enthält« in sich als das »Allerheiligste, den Logos« (τὸν πάντων ἁγίων ἁγιώτατον Λόγον / *ton pantōn hagiōn hagiōtaton logon*), wie der israelitische Tempel die Schechina, die Einwohnung Gottes, »enthält«. Es liegt

---

8 Zum Akathistos-Hymnus siehe Leena Mari Peltomaa, *The Image of the Virgin Mary in the Akathistos Hymn*, Leiden: Brill, 2001. Die einschlägigen Verse sind übersetzt S. 18 f.

nahe, diesen im byzantinischen Reich durch die Geschichte sehr präsenten Hymnus[9] als auch in der Peripherie bekannt anzunehmen. Zwei imaginierte Stellvertreter des Tempels also, die beide mächtige Ideologien hervorbrachten: jüdischerseits den – von einem Thron Davids in Jerusalem – beherrschten Messianismus, christlicherseits eine – nicht nur ikonographisch, sondern auch in unzähligen Hymnen und hymnischen Zwischenstrophen gestaltete – Mariologie. – Das ist der Stand der Dinge im 7. Jahrhundert, dem Jahrhundert des Koran.

1.1.3 Die faktische Re-Urbanisierung des Tempelbergs

Der religionspolitisch als solcher dennoch skandalöse Zustand, die symbolische Blöße des Tempelbergs, sollte mehr als 300 Jahre andauern, bis sie 691 endlich bedeckt wurde; nicht von den auch im 7. Jahrhundert noch tonangebenden Christen, sondern von den neu in die Geschichte eintretenden Muslimen: mit dem Bau eines der prächtigsten Sakralbauten der Spätantike, dem Felsendom.

---

[9] Sein Einsatz als Hymnus, mit dem im Krieg gegen die Awaren 628 die Hilfe der Gottesmutter für die belagerte Stadt Konstantinopel erfleht wurde, ist ein vielzitiertes Datum; wobei das Ereignis oft irreführend als Entstehungsanlass des Hymnus behandelt wird. Das grotesk überzeichnete Bild von »Maria als Feldherrin« (Muna Tatari und Klaus von Stosch, vgl. unten) dürfte auf eine solche verallgemeinernde Lesung zurückgehen. Aus dieser Zeit stammt aber nur die dem Hymnus proömiumsmäßig vorgeschaltete Einleitungsstrophe; der Text selbst steht in der Tradition des Konzils von Ephesus (431); s. Peltomaa, *Akathistos Hymn*, S. 40–48. – Die gelegentlichen koranischen Zitate aus byzantinischen Gottesdiensten (siehe Index zu HK 2/2) sprechen für eine im Allgemeinen unsensationelle Vorstellung von Maria, die sich mit dem Bild einer kämpferischen Galionsfigur als beherrschender Vorstellung nicht verträgt.

Schon bald nach der Einnahme der Stadt 638 muss mit der Bebauung begonnen worden sein. Jerusalem war Teil des imperialen Projekts der Umayyaden, deren erster, Muʿāwiya, sich 660 in Jerusalem zum Herrscher ausrufen ließ. Eine Generation später, 691, unter ʿAbdalmalik, einem auch administrativ formgebend wirkenden Herrscher, wurde der Felsendom, ein achteckiger Memorialbau, fertiggestellt. Im Jahre 705, unter seinem Sohn Walīd, folgte die dazugehörige zum Gemeindegottesdienst bestimmte Gebetshalle, sodass der gesamte Bezirk, später *al-ḥaram aš-šarīf* genannt, bereits sehr früh als prächtige Manifestation der neuen Religion weithin sichtbar war; sichtbar und zugleich herausfordernd. Denn die Anlage antwortet auf gleich zwei lokale, in vieler Hinsicht antagonistische Traditionen.

Zunächst christlich: Der Felsendom ist im Innenraum mit Mosaiken ausgestattet, deren Nähe zu denen in den gleichzeitigen Kirchen unverkennbar ist. (Er war auch äußerlich mit Mosaiken verkleidet, deren durch Klimaeinwirkung verwitterte Reste aber in osmanischer Zeit durch Fayencen ersetzt wurden.) Zusammen bilden die beiden Hauptbauten, Felsendom und die *al-Aqṣā* genannte Gebetshalle, ein bereits vorhandenes Ensemble von überkuppeltem Bau und Halle ab: das der justinianischen Anastasis-Kirche. Auch hier sind Gedächtnisbau – in diesem Fall das Grab Christi und Basilika – durch einen offenen Hof voneinander getrennt. Wohl nicht zufällig sind der Kuppeldurchmesser der Grabesrotunde und des Felsendoms identisch. Die Anlage[10] spricht die Formensprache der byzantinischen Bauten der Region, etwa der Johannes-Kirche in Damaskus, die später zur Hauptmoschee umfunktioniert wurde.

---

[10] Eine Abbildung: https://de.wikipedia.org/wiki/Datei:F08._Grabeskirche._Jerusalem.0006.3.jpg (Zugriff am 23.08.2021).

Dass eine solche Umwidmung der Ortskirche in Jerusalem nicht erfolgte, hat theologische Gründe. Ganz offenbar stand für Jerusalem ein eigenes Konzept von Heiligtum im Hintergrund, das sich nicht nur weit von den halbinselarabischen Vorgängern – man denke an die Kaaba – unterschied, sondern auch die ›ökumenische‹ Aufgabe hatte, *zwei* lokal antagonistische monotheistische Traditionen zusammenzubringen.

So mag die Formensprache christlich sein – der Ort und die Idee des Felsendoms verbindet sich jedoch mit jüdischer Erinnerung. Anders als bei Memorialbauten üblich ehrt der Bau keine heilsgeschichtliche Person, sondern ist ganz auf den nackten Fels konzentriert. Dieser Fels ist einer haggadischen Überlieferung nach der Punkt, von dem aus Gott die Welt erschuf; gewissermaßen der Nabel der Welt, aus dem heraus sich der Weltkörper entwickelte. Hier liegt das auf Ez 38,12 basierende spätantike Jerusalem-Bild von Midrasch Tanḥuma zugrunde:[11]

> Ich machte mir Gärten und Lustgärten, und ich pflanzte allerlei fruchtbare Bäume hinein: So wie der Nabel in der Mitte des menschlichen Körpers festgesetzt ist, so ist das Land Israel der Nabel der Welt, gelegen im Zentrum der Welt, und Jerusalem im Zentrum des Landes Israel und das Tempelheiligtum *(bet hamiqdaš)* im Zentrum Jerusalems und der heilige Bereich *(hekhal)* im Zentrum des Heiligtums und das Tabernakel *(aron)* im Zentrum des heiligen Bereichs, und der Grundstein *(even šettiyya)* ist eingelassen vor dem Tabernakel, da die Welt von ihm aus gegründet wurde.

Die Idee hinter dem Bau des Felsendoms ist also keine historische, er ist nicht Wiederaufbau des salomonischen Tempels, sondern ist schöpfungstheologisch, kosmisch, begrün-

[11] Midrasch Tanḥuma, Parašat Qodašîm 10 zu Kohelet 2,5 (freundlicher Hinweis von Dirk Hartwig).

det. Erstmals seit der Antike ist damit der Tempelberg – ein substanzieller Teil der Stadt, von Neuem sakralisiert – wieder in die Stadtstruktur eingegliedert.

Zugleich bringt der Felsendom eine eigene – inschriftlich festgehaltene – politische Agenda zum Ausdruck: ein 280 m langes Inschriftenband, das fast gänzlich aus Koranversen besteht.[12] Es geht allem voran um die Positionierung der beiden Propheten: Muhammads und des lokalen Jesus – in islamischer Sicht gleichfalls ein Prophet – auf Augenhöhe zueinander. Die gemeinsame Auszeichnung beider ist die eines Gottesdieners; sie lässt sich im Koran für Jesus wie für Muhammad zahlreiche Male belegen; schwieriger ist es, Jesu besondere Nähe zur Transzendenz auch für Muhammad zu erweisen. Ein einziger Koranvers ist hier einschlägig, er wird deswegen auch dreimal zitiert:

> **Q 33:56** *inna llāha wa-malāʾikatahū yuṣallūna ʿalā n-nabiyyi yā ayyuhā llaḏīna āmanū ṣallū ʿalayhi wa-sallimū taslīmā*
> Gott und seine Engel beten über dem Propheten.
> Ihr, die Ihr glaubt, betet über ihm und wünscht ihm Heil.

Keine Übertrumpfung also, sondern Dialog mit der vorgefundenen Tradition auf Augenhöhe – wie bereits der identische Durchmesser des die Kuppel tragenden Tambours mit dem der Grabesrotunde einen Verzicht auf Selbstüberhöhung ausgedrückt hatte.

Die umayyadische Tempelvorstellung ist offenbar am ehesten aus dem spätantiken Debattenkontext erklärbar, sie ist weder historisch noch utopisch orientiert. Was der Bau

---

[12] Zur Felsendom-Inschrift siehe Marcus Milwright, *The Dome of the Rock and its Umayyad Mosaic Inscriptions*, Edinburgh: University Press, 2016. Vgl. zur umayyadischen Baupolitik Amikam Elad, »Pilgrims and Pilgrimage to Jerusalem during the Early Muslim Period«, in: Lee I. Levine (Hg.) *Jerusalem. Its Sanctity and Centrality to Judaism, Christianity, and Islam*, New York: Continuum, 1999, S. 300–314.

nicht sein wollte, war ein salomonisches Heiligtum, als das ihn später die Kreuzfahrer sehen wollten. Ebenso wenig galt er als der Ort des Thrones Davids. Zwar gab es Spuren eines Throns auf dem Berg, erkennbar in der Gestalt des Felsens, jedoch keinen für einen Messias. Vielmehr deutete man den Fels als den kosmischen Thron oder doch Fußschemel, von dem aus Gott nach der Vollendung seines Schöpfungswerks wieder zum Himmel aufgestiegen war, eine Vorstellung, die sich an Jes 66,1 anlehnt. Der Fels ist nicht Ort historischer Erinnerung, noch auch eines utopischen Ereignisses, sondern ein protologisch konnotierter Ort – wie er auch ein eschatologisch konnotierter Ort ist; denn das Jüngste Gericht wird auf dem *Ḥaram* verschiedentlich evoziert. Der Fels ist der *omphalos mundi*, der Weltnabel, durchlässig zur unteren wie zur oberen Welt.

Das gesamte Konzept des religiös diversifizierten *Ḥaram* wäre als spontane Neu-Konstruktion seitens der ersten islamischen Dynastie schwer erklärbar. Es hat in der Tat seinen Ursprung anderswo: im Koran selbst. Denn Jerusalem war – so könnte man sagen – bereits vor seiner militärischen Einnahme theologisch eingenommen worden. Und damit kommen wir zum Koran und seinen verschiedenen Jerusalem-Bildern.

1.1.4 Was heißt für uns spätantik?

Spätantike verstehen wir nicht als Epoche, sondern als Denkraum, in dem Theologen verschiedener Herkunft und Sprache den antiken Kanon, vor allem die hebräische Bibel mit »später« entwickelten Denkansätzen, »neu« interpretierten. Zugrunde liegen die gleichen Texte wie in der Antike, die nun aber mit einer gänzlich neuen Verstehensweise gelesen werden. Man hat hier von vier besonders wichtigen »Mutationen«[13] der Antike gesprochen, die auch das Milieu der Koranentstehung bestimmen:

1. liturgisch: die Ablösung des blutigen Opfers durch das spirituelle Opfer, durch Wortgottesdienst, der zunehmend liturgisch feierliche Form annimmt;

2. theologisch: die Ausdifferenzierung des Gottesbildes, der jetzt nicht alleiniger Schöpfer und Weltherrscher ist, sondern diese Funktionen mit einer »zweiten Kraft im Himmel«, dem »Logos«, oder jüdisch: der »Weisheit«, teilt;

3. geschichtstheoretisch: Die Umwertung realer Geschichte: So trifft die koranische Gemeinde auf eine bereits versöhnte Geschichtserinnerung, in der die beiden großen Traumata, Kreuzigung und Tempelzerstörung, bereits durch eine spiritualisierende Theologie ›bewältigt‹ sind: die historische Kreuzigung durch die spirituelle Auferstehung, die historische Tempelzerstörung durch die Hoffnung auf eine neue Herrschaft Davids;

4. hermeneutisch: die Welterklärung in Kategorien der Typologie. Nicht nur neutestamentliche, sondern auch zeitgenössische Akteure der spätantiken Welt werden mit biblischen Vorläufern assoziiert, verstanden als Präfigurationen oder Typoi, die aber erst durch ihre Neuverkörperung ihren vollen Sinn offenbaren. Eine Sonderform der Typologie ist die »liturgische Einbettung«: Durch sie erhält eine biblische Figur kultische Relevanz, sodass ihr Name, wie im Falle Marias, zu einem *double entendre* wird. Die konventionelle »historische« Wahrnehmung der Figur greift dann zu kurz.

Typologie begegnet der koranischen Gemeinde aber vor allem in politischem Gewand: bei dem Machthaber ihrer Zeit, dem byzantinischen Kaiser Herakleios (reg. 610–641), der

---

13 Die Analysekategorie wurde von Guy Stroumsa, *Das Ende des Opferkults. Die religiösen Mutationen der Spätantike*, Berlin: Verlag der Weltreligionen, 2011, eingeführt.

während der gesamten Verkündigungszeit des Koran (610–632) als Kriegsherr im Hintergrund steht. Er verstand sich als ein »neuer David«, zugleich aber auch als der »letzte römische Kaiser«, der dem Vier-Reiche-Schema der Daniel-Prophetie zufolge die Endzeit heraufführen würde.[14] Der Koran entsteht in enger Berührung und gelegentlich auch in Konfrontation mit byzantinischer Tradition, in der Zeit eines Krieges, der nicht nur militärisch, sondern auch ideologisch geführt wurde, ein Kontext, der in der Forschung lange übersehen worden ist.[15] Dass Jerusalem hier eine bedeutende Rolle zukommt, wird aus vier topographischen Rückgriffen auf den Ort erkennbar.

1.1.5 Ein ›liturgisiertes‹ Jerusalem-Bild. Q 19:1–33 als Widerhall eines soundscape: Erster und zweiter Jerusalem-Text

Es verwundert wenig, dass sich das politische Spannungsfeld auch thematisch und ästhetisch im Koran reflektiert. Ein Interesse an christlichen Theologumena, etwa der kontrovers diskutierten Natur Jesu, lässt sich erstmals in Suren der mittelmekkanischen Zeit erkennen.[16] Unter ihnen ragt Sūrat Mar-

---

[14] Zu den byzantinischen Historikern siehe James Howard Johnston, *Witnesses to a World Crisis. Historians and History of the Middle East in the 7th Century*, Oxford: University Press, 2010.

[15] Zishan Ghaffar hat das Verdienst, die daraus resultierende politische Dimension individueller Suren klar herausgearbeitet zu haben, siehe *Der Koran in seinem religions- und weltgeschichtlichem Kontext. Eschatologie und Apokalyptik in den mittelmekkanischen Suren*, Paderborn: Schöningh, 2020.

[16] Siehe den Kommentar von Angelika Neuwirth, *Der Koran*, Band 2/1: *Frühmittelmekkanische Suren. Das neue Gottesvolk: ›Biblisierung‹ des altarabischen Weltbildes*, Berlin: Verlag der Weltreligionen, 2011

yam, Q 19, hervor. Ihre zentralen Narrative – um Zacharias mit Johannes bzw. Maria mit Jesus kreisend – waren bereits Gegenstand zahlreicher, allerdings meist rezeptionshistorisch ausgerichteter, Untersuchungen,[17] ohne dass dabei ihre Form, geschweige denn ihr möglicher »Sitz im Leben« beachtet worden wäre. Um diesen »Sitz im Leben« muss es uns aber, wenn wir den Koran historisch kontextualisieren wollen, gehen. Die beiden Erzählperikopen sollen hier deswegen noch einmal – von einem literaturwissenschaftlichen Ansatzpunkt her – diskutiert werden. Zuletzt hat Zishan Ghaffar[18] in einem innovativen programmatischen Aufsatz in den Geschichten kontrafaktische Antworten auf die syrische Diatessaron-Exegese Ephrems (oder Ps-Ephrems) entdeckt und damit neues Licht auf mögliche theologische Implikationen einzelner Surenaussagen geworfen.[19] Er führt diese schwer von der Hand zu weisenden Spuren von Intertextualität nicht auf direkte Übernahme, sondern vorsichtiger darauf zurück, »dass es ganz bestimmte exegetische Überlegungen bei syrischen Autoren wie Ephrem und Jakob von Sarug gibt, die womöglich eine Art Traditionskontinuum bilden und als Gedanken und Ideenwelt zur Zeit der koranischen Verkündigung ihren (mündlichen?) Weg bis zur arabischen Halbinsel gefunden

---

[= HK 2/1] S. 61 f.; sowie Angelika Neuwirth und Dirk Hartwig, *Der Koran.* Band 2/2. *Spätmittelmekkanische Suren. Von Mekka nach Jerusalem – Der spirituelle Weg der Gemeinde heraus aus säkularer Indifferenz und apokalyptischem Pessimismus*, Berlin: Verlag der Weltreligionen, 2021 [= HK 2/2].

17 Für eine ausführliche Bibliographie siehe HK 2/1, 217 f.

18 Zishan Ghaffar, »Kontrafaktische Intertextualität im Koran«; Seitenangaben beziehen sich auf das vom Autor freundlich zur Verfügung gestellte Manuskript des Aufsatzes »Kontrafaktische Intertextualität im Koran«; er erscheint in: *Der Islam* 98 (2021).

19 Etwa für den Gebrauch des Namens Yaḥyā, V. 7, S. 21 oder Jesu Selbstpreis, V. 33, S. 18.

hatten« (S. 35). Doch bleibt die summarische Behandlung »der koranischen Verkündigung« problematisch, bedenkt man, dass der lebensweltliche Diskussionskontext der Gemeinde in Mekka von dem in Medina sehr verschieden gewesen sein dürfte. Ghaffar behandelt die Suren 19 (mekkanisch) und 3 (medinisch) als Kontinuum und nimmt für alle die gleiche kontroverstheologische Stoßrichtung an. Er riskiert damit, Wissensbestände, die vielleicht im späteren polemischen Diskurs von Medina eine solche Stoßrichtung besaßen, in den früheren, vor allem hymnisch bestimmten Diskurs von Mekka einzutragen, wo das Vorkommen der betreffenden theologisch befrachteten Formulierungen vielleicht bloßer – vom »Traditionskontinuum« schon vorgegebener – Konvention entsprach.

Hier liegt ein grundsätzliches hermeneutisches Problem vor, das bei einer Interpretation von Q 19 nicht unausgesprochen bleiben darf: Es fällt auf, dass Ghaffars textvergleichender Ansatz ihn hinsichtlich des Status der biblischen Figuren zu Schlüssen führt, die ihrem Bild im breiteren liturgischen Panorama – Hymnentexten und Ikonen – in der zentralen großsyrischen Tradition diametral widersprechen, ein Widerspruch, der unbemerkt bleibt. Ist die Präferenz von Textautorität vor Autorität der liturgischen Form aber wirklich a priori gerechtfertigt? Oder ist sie eine Vorentscheidung, die problematisch ist, wenn darauf Abhängigkeiten zwischen Texten aufgebaut werden? Kann die vergleichende Untersuchung von spätantiken Texten ausschließlich auf die Rezeption von exegetischen Aussagen gestützt werden, oder ist auch Liturgie und damit Form in den Vergleich einzubeziehen? So theologiegeschichtlich bedeutsam die – den gegenwärtigen Diskurs beherrschende – Frage der Verwandtschaft des Koran zur syrischen Tradition sein mag, so unumgänglich ist doch für das Verständnis koranischer Rede der genaue Blick auf die vom Koran selbst gebotene arabische Endform und damit auf formal verwandte Texte auch aus außer-syrischen liturgischen Traditionen. Gerade bei einer stilistisch so außergewöhnlich sorgfältig durchgeformten Sure wie Q 19 dürfte es um mehr als um Doktrinäres, d. h. die korrigierende Umdeutung christlicher Theologie, gegangen sein.

Lohnend wäre es gerade, Sure 19 konsequent in den Kontext der liturgischen Tradition, idealiter der byzantinischen Hymnologie, zu stellen. Obwohl die Sure ein polythematischer Text ist, fällt auf, dass der Person Marias der breiteste Raum eingeräumt wird, ihre Geschichte wird weiterhin durch die mit ihr motivisch und formal eng verbundene Person des Zacharias präludiert.[20] Beide werden als Zeugnisse göttlicher Barmherzigkeit, *raḥma*, vorgestellt. Vor allem ist aber diese Sure – insbesondere in ihren Anfangsteilen, V. 1–33 – durch eine ungewöhnlich poetische Diktion, geradezu durch ›Melodizität‹, kulminierend in einem besonders klangvollen Reim[21] charakterisiert, was auf eine Bestimmung zur feierlichen, vielleicht gesanglichen Realisierung verweisen dürfte.[22] Gesungene Hymnen auf Maria sind im byzantinischen Gottesdienst überaus zahlreich. Ist Q 19:1–33 eine proto-muslimische Marien-Hymne? Man muss nicht so weit gehen, doch fällt auf, dass die gesamte Sure um die gleich anfangs als großes Thema eingespielte göttliche Barmherzigkeit, *raḥma*, kreist und damit um eine geradezu emblematische Eigenschaft der byzantinischen Maria, die den Ehrennamen κεχαριτωμένη / *kecha-*

---

[20] Eine Analyse unter Beachtung der Form findet sich in HK 2/1 zur Sure.

[21] Der hell klingende Reim auf -iyya begegnet nirgends sonst über längere Textstrecken. Siehe die Reimübersicht bei Angelika Neuwirth, *Studien zur Komposition der mekkanischen Suren. Die literarische Form des Koran – ein Zeugnis seiner Historizität?*, Berlin: de Gruyter, 2., durch eine korangeschichtliche Einführung erw. Aufl., 2007 [1981], S. 102.

[22] Siehe HK 2/1 zur Sure.

ritōmenē, »mit Huld, Barmherzigkeit begabte«, »voll der Gnaden« (Lk 1,29), trägt und als solche in dem weithin bekannten Hymnus Akathistos gefeiert wird.

Erster Jerusalem-Text: Johannes der Täufer

Raḥma erscheint in Q 19 geradezu als Signal für eine neue Theologie. Die Sure beginnt mit dem Ausruf

> **19:2** *ḏikru raḥmati rabbika* – Gedenken der Barmherzigkeit deines Herrn.

Damit wird *raḥma* nicht nur erstmals im Koran fokussiert:[23] Der Verbalstamm *r-ḥ-m* – der auf den weiblichen Schoß verweist – begegnet in der Sure nicht weniger als 19 Mal. Es ist dieses neue Theologumenon, dessen Herausforderung zur arabischen Neuformung den Sitz im Leben für die gesamte Sure darstellen dürfte. Die Sure verfolgt die wunderbare Wirkung der *raḥma* zunächst an vier neutestamentlichen Personen. Sie gehören – im weiteren Sinne – der christlichen Gründerfamilie an: Zacharias, Johannes, Maria und Jesus. Wenn sich diese Erzählungen auch eng an den Beginn des Lukasevangeliums anschließen, so spielen sie doch an einem und demselben Ort, auf dem Tempelberg in Jerusalem. Sie stehen also auch dem apokryphen Jakobusevangelium nahe, das bekanntlich Maria in Jerusalem aufwachsen lässt. Die erste Geschichte in Q 19 fokussiert zunächst den Priester Zacharias, der im Tempelinneren, *miḥrab*, Dienst tut.

> **19:1** *Kāf hā yā ʿayn ṣād*
> **2** Gedenken der Barmherzigkeit deines Herrn an seinem Diener Zacharias,

---

23 Zur Entwicklung der koranischen *raḥma*-Theologie siehe Angelika Neuwirth, »Raḥma. Notions of Mercy and Their Qur'anic Foundations«, in: *Islamochristiana* 42 (2016), S. 21–41.

3 als er im stillen zu seinem Herrn rief.
4 »Mein Herr, mein Gebein ist schwach geworden und schlohweiß das Haupt!
Doch wurde mein Gebet zu dir, Herr, nie enttäuscht.
5 Nun fürchte ich die Verwandten nach mir,
denn meine Frau ist unfruchtbar.
So schenke mir von dir her einen Nachfolger,
6 der mein Erbe antritt und das Erbe des Hauses Jakob!
Und lass ihn, mein Herr, dir wohlgefällig sein!« –
7 »Zacharias! Wir verkünden dir einen Knaben. Sein Name sei Johannes (Yaḥyā),
wie wir nie vorher jemanden benannten!«
8 Er sprach: »Mein Herr, wie soll mir noch ein Knabe werden,
da meine Frau unfruchtbar ist und ich hochbetagt?«
9 Er sprach: »So ist es. Dein Herr spricht: ›Das ist mir ein leichtes,
habe ich dich nicht einmal erschaffen, als du noch nichts warst?‹«
10 Er sprach: »Mein Herr, gib mir ein Zeichen!« Er sprach: »Dein Zeichen sei,
dass du nicht zu den Menschen sprichst, drei Tage nacheinander.«
11 So trat er aus dem Tempel vor sein Volk und gab ihnen zu verstehen:
»Singt das Gotteslob am Morgen und am Abend!«
12 »Johannes! Halte entschlossen an der Schrift fest!« Wir verliehen ihm Urteilsfähigkeit schon im Knabenalter
13 und Mitgefühl von uns her und Lauterkeit – er war gottesfürchtig –
14 und Ehrerbietung gegen seine Eltern. Er war nicht gewalttätig und nicht widerspenstig.
15 Friede über ihm am Tag, da er geboren wurde, am Tag, an dem er sterben wird,
und an dem Tag, da er zum Leben aufersteht!

Nachdem Zacharias in einer Audition im Tempel das Versprechen der Geburt eines Sohnes erhalten hat, wird ihm auf sein eigenes Bitten hin ein »Zeichen« gewährt: Er wird vorübergehend stumm sein.[24] Zacharias muss die Kultteilnehmer

---

[24] Zishan Ghaffar 2021, S. 5–11, hat die Stummheit des Zacharias in

mit dem Auftrag zum Gotteslob entlassen. Das von ihm angeordnete – morgens und abends zu singende – Gotteslob entspricht dem tatsächlich im ostkirchlichen Ritus obligaten Morgen- und Abendlob, von denen eines, das Morgenlob, *Benedictus*, das biblisch auf Zacharias zurückgeführte Canticum ist (Lk 1,68–79). Es ist im Koran zwar nicht paraphrasiert, der Ritus reflektiert sich aber in Q 19:11. Die Erzählung von der Geburt des Johannes, verstanden als Wegbereiter Jesu, ist im Evangelium mit Jesu Geschichte engstens verbunden – sie wird im Koran nun als eigene Geschichte erzählt. Mit der narrativen Trennung der beiden Erzählungen wird das im christlichen Kontext wichtige Theologumenon der Vorläuferrolle des Johannes zugunsten seiner persönlichen Profilierung als schriftgetreu und mild – barmherzig – von vornherein eliminiert. Johannes wird dadurch für die koranische Gemeinde zu einer Einzel-Prophetenfigur, die aber durch die – den beiden ersten Erzählungen gemeinsame – hochpoetische und klanglich herausragende Form sowie durch das Tempelambiente eng mit der Geschichte Marias verbunden bleibt. Die parallele Profilierung der Hergänge bleibt also im Koran erhalten, wenn auch die – für die byzantinische Heiligenrepräsentation zentrale – theologische Funktion der beiden Hauptfiguren des Johannes und der Jungfrau, die zusammen eine »Fürbitter-Gruppe«, eine »Deesis« zu bilden, dabei nicht mitgedacht wird.

Nun stehen die beiden Geschichten aber auch in der christlichen liturgischen Praxis keineswegs zusammen, sondern sind zwei verschiedenen Festtagen, dem Geburtsfest des Johannes und dem Annuntiatio-Fest, zugeordnet. Ihre jeweilige Verlesung an diesen Tagen wird im byzantinischen Ritus jeweils durch Hymnen gerahmt, die die geheiligten Personen

---

den Kontext der syrischen Exegese gestellt und theologisch überzeugend ausgedeutet.

im Vokativ anrufen (also: 'Ιωάννη / *Iōannē*) und sie gleichsam in den Gottesdienst hereinholen. In Q 19, wo das Narrativ um Zacharias bereits nach seinem Heraustreten aus dem Tempelinnern abbricht, während die Geburt gar nicht erzählt wird, sondern ein Hymnus folgt, verweist gerade dieser Gattungswechsel als Spur auf byzantinische Hymnik: Unvermittelt wird der inzwischen bereits geborene Sohn im Vokativ – *yā Yaḥyā* – angerufen und für seine Tugenden gepriesen – strukturell eine Anrede mit Kommentar im Stil der Hymnen, mit denen im Gottesdienst die gefeierte Person »präsent« gemacht werden soll:[25]

> **19:12** Johannes – *Yaḥyā*, halte entschlossen an der Schrift fest!
> Wir verliehen ihm Urteilskraft schon im Knabenalter
> **13** und Mitgefühl von uns her und Lauterkeit – er war gottesfürchtig.
> **14** und ehrerbietig gegen seine Eltern,
> er war nicht gewalttätig und nicht widerspenstig.[26]

Dass Johannes im Koran Yaḥyā, »er lebt«, heißt, mag letztlich auf das von Ghaffar erwogene »Traditionskontinuum« zurückgehen;[27] die Erklärung ist aber keineswegs zwingend, da

---

[25] Dagegen ist der Vokativ *yā Zakariyyā* (V. 7) kein liturgisches Signal, sondern ein narratives Detail.

[26] Siehe zu einer Kommentierung der Erzählung, die nicht auf Rezeptionsgeschichte beruht, HK 2/1, S. 604–611. Eine ausführliche Diskussion der Problematik eines primär oder sogar exklusiv rezeptionsgeschichtlichen Ansatzes haben Verf. und Dirk Hartwig vorgelegt: »Beyond Reception History. The Qur'anic Intervention into the Late Antique Discourses about the Origin of Evil«, in: *Religions* 12 (2021), S. 1–35.

[27] Ghaffar beruft sich für diese Kontrafaktizität vor allem auf das apokryphe Jakobusevangelium, das gerade auf deren Tod (der bei Lukas hier noch gar nicht vorkommt) besonderes Gewicht legt. Seine Kontrastierung der biblischen Johannes- und der Jesusgeburt zum Erweis der Supersession des Alten Bundes erscheint als Überinterpretation,

der Name durchaus auch anderswo bezeugt ist.[28] Im Fall von Q 19:12, einer Art hymnischen Abgesang auf den gefeierten Heiligen, ist der Name aber gewiss kein doktrinäres Signal, das einem negativen Befund – Johannes wie Zacharias stehen für den ›toten‹ Alten Bund – einen positiven – »er lebt!« – entgegenstellen soll. Wie immer Johannes in einzelnen exegetischen Schriften gehandelt werden mag, sein Rang in der byzantinischen Tradition lässt keinen Zweifel an seiner lebendigen Präsenz im Gottesdienst, zumindest der chalzedonischen Kirchen, zu. Hier ist er der im Heiligengedenken am

---

die allenfalls dem Protevangelium und der syrischen Sonderwahrnehmung gerecht wird, die die Rangverschiedenheit der beiden Figuren besonders betonen. Anders das Lukasevangelium, wo Johannes zwar »vom Geist erfüllt« wird, nicht aber einer Nachfolger-Erwartung seines Vaters auf die Fortsetzung der Tradition des Hauses Jakob entspricht, sondern nur dessen Kinderwunsch erfüllt. Jesus wird im Evangelium – ohne jeden Seitenblick auf Johannes – die Herrschaft über das Haus Jakob verheißen. Hier scheint die Annahme einer Supersession spekulativ.

Vor allem aber ist Ghaffars Einschätzung der sog. »christlichen Tradition« problematisch und theologisch nicht gedeckt. Er schreibt: »›Er lebt‹, das kann als Anspielung auf das Schicksal des Johannes verstanden werden, dessen Tod in der christlichen Tradition [sic] als symbolischer Tod gedeutet wurde. Mit Johannes stirbt der letzte Prophet und der Alte, israelitische Bund endet damit«. Das wird – wie in diesem Aufsatz ausgeführt – von der außer-syrischen Tradition nicht bestätigt, es widerspricht eklatant dem Fortleben des Johannes in der byzantinischen Liturgie.

Da der Koran die Bitte des Zacharias – über den Kinderwunsch hinaus – um einen priesterlichen Erben des Hauses Jakob hervorhebt, ließe sich auf den ersten Blick auf eine hier evozierte Verlagerung der Jakob-Traditions-Würde von Jesus auf Johannes schließen, die aber koran-theologisch in Q 19 gar nicht ausgenutzt wird.

[28] Eine differenzierte, mehrere Sprachtraditionen berücksichtigende Deutung legt Josef Horovitz vor: *Koranische Untersuchungen*, Berlin: de Gruyter, 1926, S. 151 f.

Ersten genannte Heilige, der auch ikonographisch einen Ehrenplatz einnimmt. Sein Bild – das ihn eine Schriftrolle tragend darstellt – steht auf der Ikonostase dem der Mutter Gottes gegenüber, er ist Teil der Deesis, der auf Christus zeigenden »Fürbitter-Instanzen«. Wenn diese Mittlerrolle auch für die koranische Gemeinde nicht in Betracht kommt, so sind seine ihm in den Hymnen verliehenen Attribute – er ist Prophet und Märtyrer und wird als Mittler, μεσίτης / *mesitēs*, zwischen dem Alten und dem Neuen Bund, keineswegs als Beschließer des Alten Bundes, gepriesen – doch relevante Auszeichnungen seiner Person. Wenn er in Q 19 noch nicht – wie in Q 3 – in seiner Rangstellung als Prophet, sondern vor allem als Kind und Heranwachsender in den Blick genommen wird, so rekurriert doch – vielleicht – wenigstens die einleitende Aufforderung, die Schrift festzuhalten, auf eines seiner Embleme, die entfaltete Schriftrolle, mit der er in einem bestimmten Ikonentyp erscheint.[29]

Auch hier ist wieder eine scheinbare Formalie, der Gattungswechsel von narratio zum Hymnus in V. 12–14, zu beachten. Die Friedens- oder Segensformel am Ende der Perikope erscheint angesichts der Liturgisierung der Propheten und Gottesmänner in Q 37 nicht außergewöhnlich und bedarf keiner kontrafaktischen Begründung. Besonders ist nur die dreifache Segnung oder, liturgisch gesprochen, die dreifache Vergegenwärtigung seiner Person. Sie ließe sich auch ganz einfach deuten: Johannes soll präsent sein – am Tage seiner Geburt, das entspricht dem jährlich gefeierten Geburtsfest, am Tage seines Todes, dem ein eigenes Fest gilt, nämlich die Enthauptung, ikonographisch dargestellt in der mit seiner lebenden Gestalt verbundenen Präsentation seines abgetrennten Hauptes, und am Tage seiner Auferstehung. Wenn diese keinen Gedenktag hat, so ist Johannes doch offensichtlich – erkennbar an seinen Engelsflügeln – bereits in die transzendente Welt aufgenommen. Liturgische Verweise reichen hier zur Erklärung aus. Ich gehe heuristisch von einem Bild- und Klangkontinuum aus, in das auch das koranische Johannesbild hineingestellt werden sollte.

Zweiter Jerusalem-Text: Maria

Mit der folgenden Betrachtung der Marien-Perikope (Q 19:16–33) wenden wir uns einem zweiten auf dem Tempelberg spielenden Ereignis zu.[30] Mit der Lokalisierung der topographisch unbestimmten Mariengeschichte auf den Tem-

---

[29] Abbildung aus Kreta, ca. 1500 (https://www.louvrelens.fr/work/saint-jean-baptiste/, Zugriff am 27.09.2021).

[30] Eine eigene Deutung findet sich bei Zishan Ghaffar, *Der Koran in*

pelberg präferieren wir ganz bewusst eine von mehreren Deutungsmöglichkeiten. Diese These, dass der Schauplatz hier Jerusalem ist, ruht auf wahrscheinlichen Indizien, auf »Wissensspuren«. Mehrere Bilder, die in den Tempeldebatten der Zeit von vitaler Bedeutung sind, Osttor, Vorhang und später die Assoziation zu Aaron, müssen dazu in einen gemeinsamen Kontext gestellt werden. Maria empfängt den Boten, »unseren Geist«, am *makān šarqī*, was im Tempelberg-Kontext nur das Osttor des Tempels sein kann; sie bewegt sich also im Umkreis des Tempels, in dem sie – dem apokryphen Jakobusevangelium zufolge – aufgezogen worden war. Auch die Niederkunft ereignet sich im weiteren Umkreis, an einem zu Fuß erreichbaren »ferneren Ort«. – Später, V. 27–28, wird ihr Unsittlichkeit vorgeworfen, die für sie als *uḫt Hārūn*, als »Aaronsschwester« – d.h. wohl etwas wie »zum Tempel, dem Ort des von Aaron gestifteten Kultes Gehörige« –, besonders schwer wiegt. Ginge es hier, wie zuletzt angenommen, um ihre genealogische Zuordnung zur Linie des Aaron, die einer christlich propagierten David-Abstammung entgegengesetzt werden soll, so hinge das Argument in der Luft: Die Ankläger beanstanden ihre außereheliche Mutterschaft, die bei einer Tempelangehörigen, gleichgültig ob Aaronidin oder Davidin, besonders schwer wiegt. Wenn nicht Aaron, sondern nur der auf ihn zurückgeführte Tempel im Spiel ist, verliert die Frage nach der legitimierenden Herkunft an Sinn. Dass in Medina – vielleicht zehn Jahre später – aus dem Aaronsschwester-Prädikat Marias in genialer Weise die Bezeichnung für die christliche Tradition als Ganze, Āl ʿImrān, heraus-konstruiert worden ist, ist hier noch nicht relevant.

---

seinem religions- und weltgeschichtlichen Kontext, »Kontrafaktische Intertextualität im Koran« und wieder in: Klaus von Stosch und Muna Tatari, *Prophetin – Jungfrau – Mutter. Maria im Koran*, Freiburg im Breisgau: Herder, 2021.

Wie die Zacharias-Geschichte ist die Maria-Geschichte für uns eine Tempel-Geschichte. Die verschiedenen Tempel-Reminiszenzen gehören synoptisch betrachtet, will man das koranische Marienbild mit dem byzantinischen Marienbild kontextualisieren, das substanziell mit Jerusalem und seinen Liturgien verbunden ist.

19:16 Und gedenke in der Schrift Marias: Damals als sie sich vor ihren Leuten zurückzog an einen östlichen Ort
17 und sich vor ihnen durch einen Schleier abschirmte. Da sandten wir unseren Geist zu ihr, der trat als Mensch, wohlgestaltet, vor sie hin.
18 Sie sprach: »Ich suche Zuflucht vor dir bei dem Erbarmer, wenn du denn gottesfürchtig bist.«
19 Er sprach: »Ich bin der Bote deines Herrn, gesandt, dir einen lauteren Knaben zu schenken!«
20 Sie sprach: »Wie soll mir ein Knabe werden, da mich kein Mann berührt hat und ich auch keine Dirne bin?«
21 Er sprach: »So spricht dein Herr: Das ist mir ein Leichtes, dass wir ihn zum Zeichen machen für die Menschen und zu Barmherzigkeit von uns. Es ist beschlossene Sache.«

22 So wurde sie mit ihm schwanger und zog sich mit ihm zurück an einen entfernten Ort.
23 Da trieben die Wehen sie an den Stamm der Palme. Sie sprach: »Weh mir!
Wäre ich doch längst gestorben, wäre ich ganz und gar vergessen!«
24 Da rief ihr eine Stimme von unten zu: »Sorge dich nicht! Dein Herr hat unter dir einen Bach fließen lassen.
25 Schüttle den Stamm der Palme hin zu dir. Dann wird sie frische Früchte auf dich herabwerfen!
26 Iss und trink, und sei guten Mutes! Wenn du einen Menschen siehst, so sprich:
›Ich habe dem Erbarmer ein Fasten gelobt; ich kann heute zu keinem Menschen sprechen!‹«

27 Dann kam sie mit ihm, ihn auf dem Arm tragend, zu den Ihren. Sie sprachen:
»Maria, da hast du etwas Unerhörtes begangen!

28 Schwester Aarons, dein Vater war doch kein ehrloser Mann
und deine Mutter keine Dirne.«
29 Da deutete sie auf ihn. Sie sprachen: »Wie sollen wir zu einem
sprechen,
der noch ein Kind in der Wiege ist?«
30 Er sprach: »Ich bin der Diener Gottes! Er gab mir die Schrift
und machte mich zum Propheten.
31 Er gab mir Segen, wo immer ich bin, und trug mir Gebet und
Almosen auf,
solange ich lebe,
32 und Ehrerbietung gegen meine Mutter! Er hat mich nicht gewalttätig und unselig gemacht.
33 Friede über mir am Tag, da ich geboren wurde, am Tag, da ich
sterbe, und am Tag,
da ich zum Leben erweckt werde!«

Der Tempel ist in den ersten Jahrhunderten offensichtlich nicht theologisch aufgeladen; er erscheint nicht als Heiligkeit beanspruchende Ordnungsmacht, zu der – wie es später in einigen Traditionen bundestheologisch wahrgenommen werden wird – Maria als Verkörperung der neuen symbolischen Struktur »Kirche« den Gegenpol bildet. Der Tempel ist nichts weiter als der heilige Ort par excellence, die ideale Umgebung für eine zurückgezogen lebende Person, der Ort von Heiligkeit und Reinheit schlechthin. Diese Vorstellung beherrscht auch den narrativen Teil des koranischen Maria-Bildes, aus dem christlich vorgefundene ideologische Unterfütterungen mit rhetorisch raffinierten Mitteln ausgeschieden werden.

Maria ist in der byzantinischen Tradition – deutlich über den Evangelientext hinausgehend – als Theotokos – »Gottesgebärerin« – eine Gestalt von einzigartig erhabener Statur. In die Zeit ihrer Anerkennung als Theotokos auf dem Konzil von Ephesus 431 gehört die große Dichtung, die wie kaum eine andere wirkmächtig sein sollte: der Hymnos Akathistos. Dort ist Maria »voll der Gnaden« κεχαριτωμένη / *kecha-*

ritōmenē, mit χάρις / *charis*, Huld, Barmherzigkeit, begabt[31] und kann als solche den Platz der großen Fürsprecherin ausfüllen. Als »Stellvertreterin des Tempels« steht sie der im Tempel Aufenthalt nehmenden göttlichen Hypostase der Schekhina im Judentum nahe. Allen ihren hymnischen Beschreibungen unterliegt aber die Wahrnehmung ihrer Weiblichkeit, die ihre Hingabe als ein geradezu organisches, tief ins Innere greifendes Mitgefühl erscheinen lässt: *Raḥm* bedeutet Mutterschoß; die davon abzuleitende Qualifikation *raḥīm* hat eine begriffliche Entsprechung im griechischen liturgischen Epithet εὔσπλαγχνος / *evsplanchnos*, »barmherzig«, abgeleitet von σπλάγχνα / *splanchna*, »Eingeweide«, also »tief in die Eingeweide eindringend«. Diese Maria geradezu emblematisch anhaftende Dignität wird von Q 19 an zu einem beherrschenden Thema der Suren.

Mit der besonderen Fokussierung des *raḥma*-Gedankens und mit der Gesang-ähnlichen Gestaltung erinnert die koranische Maria-Geschichte an die ebenfalls hoch poetische Darstellung von Ankündigung und Geburt im Akathistos-Hymnos, wo Maria in vier langen Sequenzen von Preisungen angerufen wird und wo auch die Erscheinung des Gottesboten – vornehm und wohlgestaltet – ein ähnliches Bild evoziert wie in Q 19.

> Aus dem Himmel her trat ein Erzengel in die Welt des Sichtbaren,
> der Gottesgebärerin den Friedensgruß zu sagen.
> Und als er dich mit seinem leiblosen Wort zugleich leibhaft werden sah, o Herr,
> da stand er außerstande und jubelte ihr zu: Sei gegrüßt …[32]

---

[31] Siehe Neuwirth, »Raḥma: Notions of Mercy and Their Qur'anic Foundations«, in: *Islamochristiana* 42 (2016), S. 21–41.

[32] Peltomaa, *Akathistos Hymn*, S. 4.

Der Engel ist nicht nur auf den Ankündigungsikonen zu sehen; ihm ist zusätzlich zu dieser Präsenz bei der Annuntiatio auch ein eigenes Fest gewidmet. Denn er ist nicht nur Überbringer, sondern auch Erkenntnisträger, der überzeugende Rede vorzutragen hat. Seine koranische Rolle ist bescheidener, doch widerspricht sein Bild dem des byzantinischen nicht substanziell. – Koranische Kritik an christlichen Theologumena betrifft daher – in Q 19 – nicht den Status des Engels im Verhältnis zu Maria.[33] Es ist vielmehr eine grundsätzliche Richtungsänderung zu bemerken. Der *raḥma*-Gedanke hat vorgefundene Wertsetzungen gänzlich überlagert. An der koranischen Ankündigungsszene fällt auf den ersten Blick die neue göttliche Intention auf: Dem Kind wird nicht beschieden, den Thron Davids zu besetzen (vgl. Lk 1,33), sondern seine Bestimmung ist,

> **19:21** dass wir ihn zu einem Zeichen machen
> und zu Barmherzigkeit von uns.

Die Zurückweisung des messianischen Verständnisses Jesu,[34] dessen historische Bedeutung vielmehr die Manifestation von *raḥma* sein soll, ist unüberhörbar. Gleichzeitig ist in dem Verschweigen des Prädikats des »Sohnes des Höchsten« (Lk 1,32) indirekt eine Absage an die Inkarnation enthalten.

Die Geschichte liefert aber nicht nur durch negative Intertextualität, sondern auch durch positiv-narrative Zeichen ein Korrektiv zur byzantinischen Mariologie:

---

[33] Anders als im Diatessaron-Kommentar fällt der Engel hier nicht etwa vor Maria nieder – noch auch erscheint er als alter Mann –, sondern steht aufrecht, mit Maria auf gleicher Ebene.

[34] Ob mit dem Schweigen über Jesu Bestimmung zum Erben des Thrones Davids auch gleich eine Zurückweisung von seiner und Marias davidischer Genealogie intendiert ist, erscheint in diesem poetischen Kontext eher zweifelhaft.

19:16 Und gedenke in der Schrift Marias: Damals, als sie sich vor ihren Leuten zurückzog
an einen östlichen Ort
17 und sich vor ihnen durch einen Schleier/Vorhang abschirmte.
Da sandten wir unseren Geist zu ihr.

Obwohl die Erzählung konkrete topographische Angaben meidet, deutet sie auf einen topographisch kodierten Diskurs:[35] den um die Allegorie Maria–Tempel. Die Ortsangabe *makān šarqī* ist im Tempelkontext symbolbeladen. Das Osttor steht in der patristischen Tradition allegorisch für den Schoß Mariens. Schon die älteren Kirchenväter wie Ambrosius und Hieronymus (beide 4. Jahrhundert) hatten – noch vor dem Akathistos-Hymnos – Maria zu einer Allegorie des Tempels erhoben, indem sie eine Verbindung ihres Körpers zum verschlossenen von Ezechiel 44,1–3 thematisierten Osttor des Tempels herstellten. Wie dieses Tor erst »durch den Fürsten« geöffnet würde, so sollte sich auch ihr Schoß erst für den Messias öffnen: eine Umschreibung des Theologumenons der Inkarnation, die sich eng an die Tempelmetaphorik anlehnt.[36] Das *Tertium Comparationis* für die beiden Tor-Bilder liegt auf der Hand: Es ist die Idee der weiblichen Seite Gottes, die sich in der jüdischen Vorstellung mit verschiedenen Manifes-

---

35 Siehe dazu bereits die Diskussion in Angelika Neuwirth, *Der Koran als Text der Spätantike. Ein europäischer Zugang*, Berlin: Verlag der Weltreligionen, 2010, S. 590–595 sowie HK 2/1, S. 611–613 und Angelika Neuwirth, »Die Jungfrau Maria und der jüdische Tempel. Der Eintritt der Koran-Gemeinde in eine zentrale jüdisch-christliche Kontroverse / The Virgin Mary and the Jewish Temple: The Qur'anic Community's Intervention into a Crucial Theological Controversy«, in: Eva S. Atlan et al. (Hgg.), *Die weibliche Seite Gottes – Kunst und Ritual = The Female Side of God – Art and Ritual*, Bielefeld: Kerber Art, 2020, S. 164–193.

36 Ambrosius von Mailand, Brief 42 (an Siricius), Nr. 6; Hieronymus, *Gegen die Pelagianer*, II.

tationen, darunter der Schekhina,[37] der göttlichen Gegenwart, im Tempel verbindet. Nach dem Verschwinden des Tempels verorteten einige Rabbinen die göttliche Hypostase weiterhin auf dem Tempelberg. Der Tempel beherbergte den Schrein des Allerheiligsten, er »enthielt« die Schekhina. Diese Beziehung zum Göttlichen fand sich für Christen in Maria widergespiegelt, die in ähnlicher Weise den Logos in sich »trug«. In den Worten des Akathistos-Hymnos: »Denn du trägst den, der alles trägt.«

Auch der Schleier, *ḥiǧāb*, ist nicht einfach literal zu lesen: Maria ist der apokryphen Tradition nach selbst an der Herstellung eines Tempelvorhangs beteiligt.[38] Ein *ḥiǧāb* wird nun zu ihrem Accessoire – auch hier könnte die Intention einer Banalisierung der ihr zugeschriebenen engen theologischen Verbindung zum Tempel zugrunde liegen. Die koranische Maria-Perikope lässt also ein Wissen von einer allegorischen Rolle Marias als Garantin der Inkarnation, als »lebendiger Tempel«, erkennen, stellt sich dem aber entgegen, indem sie große Symbole wie Osttor und Vorhang bagatellisiert.

Dass die christliche Gründerfamilie, die Eltern Marias und Maria selbst, im Koran auf eine biblische Familie, das Haus Amran, projiziert ist, wird in der medinischen Sure 3 deutlich – die bereits wie andere aus dem apologetisch-polemischen Milieu hervorgegangene Suren eine politisierende Theologie aufweist.[39] Es spiegelt sich in Q 19 aber allenfalls

---

[37] Peter Schäfer, »Tochter, Schwester, Braut und Mutter. Bilder der Weiblichkeit Gottes in der frühen Kabbala«, in: *Saeculum* 49 (1998), S. 259–279.

[38] Siehe Michael Marx, »Glimpses of a Mariology in the Qur'an. From Hagiography to Theology via Religious-Political Debate«, in: Angelika Neuwirth, Nicolai Sinai und Michael Marx (Hgg.), *The Qur'an in Context. Historical and Literary Investigations into the Qur'anic Milieu*, Leiden/Boston: Brill, 2010, S. 533–563.

[39] In Q 3 wird die christliche Tradition unter der Rubrik »Haus Am-

anspielungsweise: Wenn Maria in V. 18 mit ›Schwester Aarons‹ angesprochen wird, so hallt hier zwar etwas von einer Zugehörigkeit zum auf Aaron zurückgeführten Opferkult (des Tempels) nach; es handelt sich aber um eine Tempelanspielung, die im Surenkontext vor allem als Erinnerung an Marias abgehobene Herkunft gemeint ist.[40] Es geht eher um ein narratives Detail als um eine genealogische Zuordnung.

Zum Sitz im Leben der Marien-Erzählung

Was bei einer rein rezeptionsgeschichtlichen und dabei synchronen Betrachtung leicht zu kurz kommt, sind psychologische Aspekte und überhaupt die Frage eines Sitzes im Leben. Warum wird die Geschichte in ihren über die christliche Tradition hinausgehenden Teilen – Niederkunft in der Einöde – an dieser Stelle des koranischen Diskurses erzählt? Zwar wird die Geschichte hier auch in einigen Punkten offenbar in bewusster Abgrenzung gegenüber der christlichen Theologie erzählt: De-allegorisierung des Osttors, Barmherzigkeit statt Messias-Rolle. Doch ist sie zu reich an psychologischen Fokussierungen, um nur als Kritik an der besonderen Marien-Verehrung in der syrischen oder auch byzantinischen Theologie intendiert sein.

Die narrativ fein strukturierte Gestaltung wie auch das ungewöhnlich klangvolle Reimschema sprechen für eine genuin ästhetische Erzählabsicht. Maria hat sich von der Welt zurückgezogen, ihren Körper durch einen Schleier/Vorhang

---

ram«, Āl ʿImrān, der jüdischen, dem »Haus Abraham« gegenübergestellt und damit Aaron als *Heros eponymos* für das christliche Kultverständnis fokussiert, siehe Angelika Neuwirth, »The House of Abraham and the House of Amram. Genealogy, Patriarchal Authority, and Exegetical Professionalism«, in: Neuwirth, Sinai und Marx (Hgg.), *The Qur'an in Context*, S. 499–531.

[40] Siehe Neuwirth, HK 2/1, S. 611–618.

verhüllt. Konfrontiert mit dem Boten, fordert sie zwar Erklärung und beteuert ihre Keuschheit, die Ankündigung ihrer Mutterschaft wird aber als unumstößlich präsentiert, sie bedarf keiner verbalen Zustimmung Marias, keines fiat (»so sei es«, vgl. Lk 1,38). Maria reagiert als gehorsame Dienerin Gottes.

Sie begibt sich zur Niederkunft in die Einöde, zu »dem abgelegenen Ort«, wo sie nun umso emphatischer spricht, nämlich ihrer Verlassenheit mit einem einzigartig starken Ausruf: »Wäre ich doch zuvor gestorben und ganz und gar vergessen!«, Ausdruck verleiht, einem Verzweiflungsschrei, von Weitem vergleichbar dem »warum hast du mich verlassen!« Jesu am Kreuz (Mk 15,34; Mt 27,46, vgl. Ps 22,2). Ihre Verzweiflung – im Koran einzigartig drastisch zum Ausdruck gebracht – wird nicht beschönigt. Die Szene erinnert an die Verlassenheit Hagars, die ihr verdurstendes Kind zum Sterben niederlegt (Gen 21,9–21), ist aber kaum aus diesem Präzedenz zu erklären. Doch erscheint Maria ähnlich hoffnungslos und verletzlich. Sie ist aber aus dieser Lage heraus offen für die Anrede des unbekannten Anderen. Ihre Rettung bahnt sich an mit dem Zuspruch einer Stimme – vielleicht des neugeborenen Kindes. Die Stimme verweist auch auf die nun wunderbar zugänglichen Stärkungen, Speise und Trank, und dämmt ihre Ängste vor der Konfrontation ihrer sozialen Umgebung ein durch einen klugen Rat: der Redeverweigerung, des Schweigens.

Nach zahlreichen Deutungsversuchen des Auszugs Marias in die Einöde[41] haben in neuerer Zeit Muna Tatari und Klaus

---

[41] Siehe z. B. zu der Hypothese von Sulaiman Mourad (»From Hellenism to Christianity and Islam. The Origins of the Palm-Tree Story concerning Mary and Jesus in the Gospel of Pseudo-Matthew and the Qur'an«, in: *Oriens Christianus* 86 (2002), S. 206–216) und HK 2/1, S. 615 f.

von Stosch in einem neuen Maria-Buch[42] Psychologisches ins Spiel gebracht und bei Maria gerade dieses Eingeständnis der Verletzlichkeit und die gleichzeitige Offenheit gegenüber dem Wort des rettenden Anderen betont. Von hier ist es kein so gewagter Schritt zu der Befindlichkeit des Propheten Muhammad, der nicht nur am Anfang seiner Berufung,[43] sondern auch später immer wieder Situationen der Verzweiflung durchlebt, angesichts der Anfeindungen seitens der Mächtigen in Mekka, die seinen Auftritt als Gottgesandter missbilligen und ihn als »verrückt« verspotten (Q 23:25).[44] So ist ihm der Todesgedanke nicht fremd, mehrfach kommt die Möglichkeit seines vielleicht plötzlich eintretenden Todes zur Sprache. Es ist also keine übertriebene Deutung, die einzigartig explizite Verzweiflungsäußerung einer Gott-erwählten Gestalt mit dem Propheten selbst in Verbindung zu bringen und in der Figur Mariens eine »Maske« des Propheten zu sehen, eine Maske, die von den Gläubigen wiederum auch als ihre eigene erkannt werden kann.[45]

Könnte dies Teil des »Sitzes im Leben« von Q 19 sein? Unserer Lektüre zufolge spricht die Sure nicht aus einer

---

42 Siehe dazu jetzt Tatari und von Stosch, *Prophetin – Jungfrau – Mutter.*

43 Siehe für Frühmekka z.B. die Ausführungen zu Sure 94 HK 1, S. 89 f.

44 Peter Brown, *The Body and Society. Men, Women, and Sexual Renunciation in Early Christianity*, New York: Columbia University Press 1988, S. 62.

45 Die Muhammad-bezogene Deutung ist nicht gänzlich neu: Hosn Abboud hat für die Einöde-Erfahrung Marias eine Deutung im Sinne eines bereits in der altarabischen Poesie immer wieder gestalteten *rite de passage* vorgeschlagen, wo das lyrische Ich des Dichters erst durch einen einsamen Wüstenritt wieder zur Kommunikation mit seiner Gesellschaft instandgesetzt wird und dies auf die Erfahrung des Propheten beziehen wollen, siehe Hosn Abboud, *Mary in the Qur'an. A Literary Reading*, New York: Taylor and Francis, 2014.

Situation, in der kontroverstheologische Herausforderungen eine dringende Abgrenzung der Gemeinde gegenüber syrisch-christlichen Theologumena erforderten – eine solche mag für Q 3 zu erwägen sein. Vielmehr spricht sie aus einer Situation, in der ein von christlichen Hymnen beherrschtes *soundscape* zu einer Nachdichtung gerade von Hymnen auf die byzantinisch hochverehrte Gestalt Marias und die von ihr getragene Tugend der weiblich konnotierten Barmherzigkeit herausforderte. Gleichzeitig ist dies eine Situation, in der die Bedrängnis der Person des Propheten und die Gefährdung seiner Mission[46] ihn selbst psychologisch stark betrafen und ihn empfänglich gemacht haben dürften für die Not einer Gott-erwählten Gerechten in verzweifelter, scheinbar auswegloser Lage.

Die ikonographische Tradition hat die Verwandtschaft des Propheten zu Maria bereits längst eindeutig sichtbar gemacht: In den Illustrationen von Rašīd ad-Dīns Geschichtswerk[47] entsprechen Maria und der Prophet einander in entscheidenden Aspekten: Auch der Prophet erhält seine »Ankündigung«, die Mitteilung seines Auftrags, von Gabriel; auch in

---

[46] Verse aus Mittelmekka, in denen über die Möglichkeit des vielleicht plötzlich eintretenden Todes des Propheten nachgedacht wird, sind etwa Q 23:93–95: *qul rabbi immā turiyannī mā yūʿadūn / rabbi fa-lā taǧʿalnī fī l-qawmi ẓ-ẓālimīn / wa-innā ʿalā an nuriyaka mā naʿiduhum la-qādirūn*, »Herr wenn du mich (…) erleben lässt, was ihnen angedroht wird, Herr, dann lass mich nicht dem Volk der Frevler angehören (…)« und Q 67:30: *qul a-raʾaytum in aṣbaḥa māʾukum ġawran fa-man yaʾtīkum bi-māʾin maʿīn*, »Sprich: Was meint ihr wohl, wenn euer Wasser eines Morgens versiegt ist, wer könnte euch dann klares Quellwasser bringen?« Siehe zu den beiden Vorkommen auch HK 2/2, S. 448 bzw. S. 490 f.

[47] Rašīd ad-Dīn, *Ǧāmiʿ at-tawārīḫ*, Iran (Tabriz), ca. 1315, Edinburgh University Library, MS Arab 20; Abbildung: http://warfare.6te.net/Persia/14/Jami_al-Tawarikh-Mohammed-revelation-angel_Gabriel-Edinburgh-MsOr20-f45v.htm (Zugriff am 23.08.2021).

seinem Fall geht es um das neu in die Welt zu bringende Wort, *qur'ān*, verbildlicht im Buch, das der Engel in der Hand hält.

Was von Q 19 – wenn man sie getrennt von der in einer späteren Debatte stehenden Q 3 liest – nämlich als eine Manifestation der Begegnung mit dem durch die politische ›Großwetterlage‹ nahe gerückten Byzanz im Gedächtnis bleibt, ist das Bild einer Reclusa, deren eigene Segnung mit *raḥma* auch auf ihren Sohn übergegangen ist. Die koranische Maria ist eine Gestalt, die zugleich durch ihren »Gang an den entfernten Ort« und die dort erlittene Einsamkeit auch etwas von der zeitweiligen Befindlichkeit des Propheten selbst zu spiegeln scheint. Vor allem aber bewirkt die in Q 19 veranschaulichte *raḥma* für die Folgezeit eine nachhaltige Färbung des Gottesbildes, die sich vor allem transportiert von der Fātiḥa, Q 1, niedergeschlagen hat.[48]

[48] HK 2/1, S. 81–102.

Man kann hier von Wissensspuren sprechen, denen keine unmittelbar theologische Funktion eignet; die sogar koranischen Positionen entgegenlaufen. Wir würden aber weiter gehen: Die Wissensspuren erfüllen das *soundscape* um Maria, sie verschaffen ihrem Bild eine plastische Hintergrund-Dimension, auch wenn sie nicht übernommen und nicht einmal explizit diskutiert werden. Diese besonderen »Subtexte«, die dem spätantiken Debattenraum entstammen, nicht mitzulesen hieße die Geschichten zu reinen Informationsmedien zu verflachen. Obwohl gewiss mythen-, also Christologie-resistent ist Maria in der poetischen und akustisch hervorgehobenen Sure Q 19 eine »christlich-liturgisch umflorte Gestalt«, deren Ausstrahlung als *raḥma*-Trägerin ihrem christlich arabischen Prädikat *al-mumtaliʾa niʿmatan*, »voll der Gnaden«, voll gerecht wird. Sie ist eine biblische Idealgestalt, die gleichzeitig präsent in die Realität der Hörer eintritt: als Gebärerin und Mutter des in Mittelmekka offenbar viel diskutierten Jesus, und durch ihren »Gang an den entfernten Ort« mit der dort erlittenen Einsamkeit, auch als Spiegel der zeitweiligen Befindlichkeit des Propheten selbst. Mit den ihr anhaftenden Tempelevokationen verweist ihre Gestalt aber auch auf das große Bild der byzantinischen Maria – wenn man bereit wäre, diese Evokationen positiv mitzulesen, könnte man die koranische Maria durchaus als eine spätantike Brückenfigur lesen.

1.1.6 Die Herausforderung von 614. Nachdenken der frühen Gemeinde über die Heiligtumsgeschichte Jerusalems: Dritter und vierter Jerusalem-Text

Jerusalem ist für die Gemeinde aber nicht nur Schauplatz wichtiger Ereignisse der christlichen Tradition, sondern ist vor allem die Stadt des Großen Heiligtums, dessen Lokalität ja bereits in Q 19 eine wichtige Rolle spielte. Es ist die chronologisch unmittelbar auf die Maria-Sure folgende Sure 17,[49] die auf diesen besonderen Status von Jerusalem abhebt. Sie berichtet über ein für die Gemeindebildung grundlegendes Ereignis, das sich mit Jerusalem verbindet: die visionäre Jerusalem-Entrückung des Propheten. Die Fokussierung dieses Ereignisses ist zu sehen als eine Antwort auf aktuelle Fragen, die sich aus einem historischen Ereignis ergaben: dem Überfall der Perser auf Jerusalem im Jahr 614. Dieser Überfall, der in der Zerstörung von Kultbauten und der Verschleppung von Reliquien kulminierte, ließ sich in seiner katastrophalen Dimension am ehesten indirekt, typologisch verkleidet, darstellen, nämlich als Reprise der katastrophalen Ereignisse der Vergangenheit par excellence, der Tempelzerstörungen. Diese werden in Q 17:4–8 in Erinnerung gebracht – nicht primär als historische Fakten, sondern als theologische Präzedenzien:

> **17:4** Wir bestimmten für die Israeliten in der Schrift:
> Zweimal werdet ihr Verderben stiften im Lande
> und werdet dabei mächtig und anmaßend werden!
> **5** Wenn die erste der beiden Verheißungen eintritt,
> senden wir über euch Diener von uns von gewaltiger Kraft,
> sie dringen gewaltsam in die Wohnstätten ein:
> Das ist eine Verheißung, die sich erfüllen wird.
> **6** Dann lassen wir euch wieder die Oberhand über sie gewinnen
> und werden euch viel Gut und zahlreiche Söhne geben
> und euch an Truppen stärker machen.
> **7** Wenn ihr Gutes tut, so für euch selber,
> und wenn ihr Böses tut, so gegen euch.
> Wenn die Verheißung des letzten Males eintrifft,
> sollen sie euch schlimm zusetzen
> und sollen in die Gebetsstätte *(masǧid)* eindringen
> wie beim ersten Mal
> und ganz und gar zerstören, was sie in ihre Gewalt bekommen.
> **8** Vielleicht wird euer Herr sich eurer erbarmen.
> Wenn ihr umkehrt, kehren auch wir um.

---

[49] Die relative Chronologie wird in HK 2/2 begründet.

Doch haben wir Gehenna zum Gefängnis für die Leugner gemacht.

Dieser Bericht, der bisher noch nicht klar genug in den Horizont der in V. 1 dokumentierten Jerusalem-Erfahrung des Propheten selbst gestellt worden ist, sprengt den Rahmen der erzählenden Teile des Koran. Er referiert in göttlicher Wir-Rede zwei historische Ereignisse, nicht als Exempla wie die Straflegenden, noch auch als homiletische Nacherzählung biblischer Prophetengeschichten, sondern unverkennbar als Erinnerung an reale Katastrophen-Geschichte, die Zerstörung des Ersten und des Zweiten Tempels. Hier ist kein Gottgesandter involviert, als Akteure erscheinen vielmehr anonyme mächtige Gegner, auch sie »Diener Gottes«. Angesprochen sind die Banū Isrā'īl, die bis dahin vor allem als das Volk Moses und damit Empfänger einer Schrift vorgestellt waren. Ihnen wird nun ›nachgerechnet‹, dass ihr zweimaliges Fehlverhalten jeweils von einer katastrophalen Heimsuchung gefolgt war, beides in Erfüllung göttlicher Verheißung. Sachlich geht es um die Hergänge der Jahre 587 v. Chr. und 70 n. Chr., die auch in jüdischer Erinnerung meist im gemeinsamen Kontext in Erinnerung gerufen werden. Doch weisen verschiedene Indikatoren darauf, dass unterschwellig ein zeitgenössisches Ereignis, die Katastrophe von 614, zur Debatte steht. Nicht nur die ungewöhnlich technisch-militärische Sprache, die an zeitgenössische Kriegsberichterstattung denken lässt, auch die faktischen Parallelen sind auffallend: In beiden Fällen wird Jerusalem überfallen, in beiden Fällen kommen Menschen zu Schaden und werden Kultobjekte zerstört. Der neue Angriff ist ein Antityp der früheren Zerstörung des Heiligtums.

Die Assoziation der Jerusalem-Plünderung von 614 mit der früheren Tempelzerstörung ist dabei keine einzigartige Idee. Auch Strategios, der wohl wichtigste byzantinische Berichterstatter über dieses Ereignis, stellt eine Beziehung her; allerdings vor allem, um die Katastrophen gleichermaßen auf die Sündhaftigkeit der Opfer selbst zurückzuführen.[50] Die koranische Synopse verfolgt ein anderes Ziel: Der Bericht hat eine ideologiekritische Spitze. Alle diese – die alten wie die neuen – Katastrophen haben messianische Erwartungen ausgelöst, die mit dem strikten Monotheismus der Gemeinde unvereinbar sind. Mit seiner Betonung der göttlichen Kontrolle über Geschichte und Eschatologie unter Ausschluss jeden Bezugs auf eine messianische Zukunft – es folgt auf die Tempelzerstörung keine innerweltliche Wiederherstellung, nur die eschatologische Abrechnung – weist der Koran die machtvolle Ideologie, die er vorfindet, zurück.[51] Die im Judentum undurchtrennbare Ereigniskette: Zerstörung des Tempels und Erscheinen eines Messias, der das Königreich Israels und den Tempel wieder aufrichten wird, ist in der koranischen Darstellung zugunsten einer exklusiv göttlichen Verfügung über die Geschichte zerrissen. Es geschieht nicht zuletzt durch Verschweigen, durch »negative Intertextualität«, dass die messianische Ideologie des koranischen Milieus zurückgewiesen wird.

Viel spricht dafür, dass die in Mittelmekka einsetzende Politisierung der koranischen Prophetie mit dem Ereignis von 614 zusammenhängt, dem byzantinischen Verlust Jerusalems an die sassanidischen Perser, die die Juden gegen die Byzantiner unterstützen. Das Ereignis war für die monotheistische Welt ein Schock, denn bei der Eroberung kamen nicht nur Personen zu Schaden, es wurden auch Kultgebäude zer-

---

[50] Zu Strategios siehe Howard-Johnston, *Witnesses to a World Crisis*, S. 163–167.

[51] Zishan Ghaffar hat die Perikope detailliert analysiert, siehe Ghaffar, *Der Koran in seinem religions- und weltgeschichtlichen Kontext*, S. 15–26.

stört und Symbolobjekte wie die Reliquie des Heiligen Kreuzes verschleppt. In dem *ideologisch* aufgeheizten Klima dieser Zeit wurden vermehrt apokalyptische Spekulationen über das nahe gerückte Weltende laut.[52] Das Geschick Jerusalems, dem dabei als dem imaginierten Schauplatz des Gerichts eine zentrale Rolle zukam, wurde zu einem brisanten Thema, das weit über die Region hinaus diskutiert wurde. Das Jahr 614 mit seiner Erschütterung des religionspolitischen Status quo wird auch für die Gemeinde ein Jahr der Wende. Ein explizites Zeugnis der Betroffenheit ist der Anfang von Sure 30:

> **30:2** Besiegt sind die Byzantiner im nahegelegenen Land,
> **3** doch werden sie wieder siegreich sein
> **4** in wenigen Jahren.
> Gottes ist die Entscheidung am Anfang und am Ende. Dann werden sich die Gläubigen freuen,
> **5** dass Gott geholfen hat.
> Er hilft wem er will. Er ist der Mächtige der Barmherzige.

Die Gemeinde sympathisiert mit der monotheistischen Seite, lehnt aber zugleich deren Anspruch auf eine endzeitliche Rolle ab. Gottes ist der Anfang und das Ende.

Das entscheidende Bekenntnis zur Integrität Jerusalems als eines über die Kriegsgeschichte erhabenen Ortes ist aber in einem Vers verborgen, der nur indirekt von dem konkreten Ort spricht: Es ist der Vers über die visionäre Entrückung, die »Nachtreise des Propheten« (17:1).[53] Der Vers ist zu verstehen als eine Einbringung der Gemeinde in die Debatte um den Status Jerusalems.

---

[52] Ghaffar, *Der Koran in seinem religions- und weltgeschichtichem Kontext*, S. 167–179.

[53] So bereits Angelika Neuwirth, »From the Sacred Mosque to the Remote Temple: Sūrat al-Isrā' between Text and Commentary«, in: dies., *Scripture, Poetry and the Making of a Community*, Oxford: University Press, 2014, S. 216–252, siehe auch HK 2/2 zu Sure 17.

17:1 *subḥāna llaḏī asrā bi-ʿabdihī laylan*
mina l-masǧidi l-ḥarāmi ilā l-masǧidi l-aqṣā
allaḏī bāraknā ḥawlahū
li-nuriyahū min āyātinā
innahū huwa s-samīʿu l-baṣīr.
Gepriesen sei, der seinen Diener nachts ausziehen ließ
von der heiligen Gebetsstätte zur ferneren Gebetsstätte *(al-masǧid al-aqṣā)*,
die wir ringsum gesegnet haben,
um ihm von unseren Zeichen zu zeigen.
Er ist der Hörende, der Sehende.

Es geht um eine visionäre Reise, deren Ziel, *al-masǧid al-aqṣā*, »die fernere (oder fernste) Gebetsstätte« ist: offenbar ein nicht-irdischer Ort, der aber lose mit dem Heiligen Land verbunden ist, »das wir ringsum gesegnet haben« (vgl. Ez 43,12). Da Jerusalem als Mittelpunkt der Welt gilt, ist *al-masǧid al-aqṣā* am ehesten als himmlischer Antipode zu diesem Zentrum vorzustellen.

Warum aber außerirdisch? Der Vers 17:1 ist typologisch zu verstehen. Er lässt das klassische biblische Zeugnis für die Wahrnehmung Gottes außerhalb des Raumes, in einem unräumlichen, kosmischen Heiligtum durchklingen. Es ist der Ausruf

Ezechiel 3,12 *bārûḵ kəḇôḏ YHWH mi-məqômô*
Gepriesen sei die Herrlichkeit Gottes von seinem Ort her.

Diesen Ausruf vernimmt der Prophet Ezechiel während seiner Thronvision (Ez 3,12–15). Gott hat seinen Ort, *məqômô*, außerhalb des Tempels, im Kosmos als solchem. Auch *al-masǧid al-aqṣā*, das ferne Heiligtum in 17:1, ist letztlich unräumlich: Nicht ein steingebauter Tempel, sondern ein erst durch die Anbetung *suǧūd*, von Gottesdienern geheiligter Ort, ein *masǧid*, ist der hier neu propagierte Typus von Heiligtum. Nun ist Q 17:1 gewiss keine direkte Referenz auf den Ezechiel-Ausruf, dieser hat vielmehr längst eine Einbettung in der jüdischen Liturgie erfahren.[54] Im Schabbat-Gebet folgt der Ezechiel-Ausruf nämlich auf die Qeduscha, das »Trishagion«, einen Höhepunkt des Gottesdienstes. Dabei drückt die Gemeinde ihre Erfahrung der spirituellen Erhebung in unmissverständlicher Körpersprache aus. Der Ausruf reflektiert sich im Gebet in einem geradezu ekstatischen Selbstausdruck der Gemeinde: Man stellt sich auf die Zehenspitzen und deutet durch Wippen eine Flugbewegung an.[55] Auch diese liturgische Aufführung einer Aufstiegserfahrung ist zwar nicht als ›Quelle‹ für den Koranvers gültig; sie gehört aber zu dem »*soundscape*« der Spätantike: Es schließt auch *performance* ein – und kann uns die koranische Aufstiegserfahrung näherbringen.

Auch die Bedeutung des Ereignisses für die Gemeinde offenbart sich erst dem typologischen Blick. Hier ist es ein Text, der Schlüsseltext für die Erfahrung einer Befreiung, der sogar wörtlich abgerufen wird: Die Formulierung »der seinen Diener ausziehen ließ«, *allaḏī asrā*, nimmt die koranische Erinnerung an Moses Exodus auf, der mehrmals mit dem Auftrag angekündigt wird: »Lass meine Diener ausziehen«, *asrī bi-ʿibādī* (Q 20:77, Q 26:52 und Q 44:23 etc.). Auch der Prophet vollzieht einen Exodus, zwar nicht kollektiv, noch auch aus dem geographischen Ägypten, aber einen Akt der Selbstbefreiung aus »seinem Ägypten«, dem feindseligen Mekka.

54 Siehe Carla Sulzbach, »Of Temples on Earth, in Heaven, and In-Between«, in: Ian H. Henderson et al. (Hgg.), *The Changing Faces of Judaism, Christianity, and other Graeco-Roman Religions in Antiquity*, Gütersloh: Gütersloher Verlaghaus, 2006, S. 173–185.

55 Adin Steinsaltz, *A Guide to Jewish Prayer*, New York: Schocken, 2000, S. 90: »In terms of the ascent to higher worlds, this is a taking hold of the World of the Throne, of the Divine Chariot. (…) The very essence of prayer in this section is contemplation of God's ›Throne of Glory‹. (…) It might be said that at this point in the prayer, the worshipper strives to become part of the Divine Chariot«.

Nicht dass das von allen Hörern so akzeptiert worden wäre: Die Hörer der Verkündigung sind eher auf konkrete Wunder fixiert. Mit der in Sure 17:1 angedeuteten Entrückung nach Jerusalem sind sie nicht zufrieden. Sie fordern in derselben Sure:

> **17:90** Wir werden dir nicht eher glauben, als bis du (…) **93** in den Himmel aufsteigst.
> Und auch deinem Aufstieg werden wir nicht Glauben schenken, bis du eine Schrift zu uns herabsendest, die wir lesen können.
> Sprich: Preis sei Gott! Bin ich etwas anderes als ein menschlicher Gesandter?

Die Rede des Verkünders von spirituellen Erscheinungen und Erfahrungen wird von den Hörern als ein Bericht über real Erlebtes verstanden, das sich auch für sie auszahlen sollte. Der Verkünder betont dagegen immer wieder seine nurmenschliche Natur, die ihm Wundertätigkeit verwehrt. Die zahlreichen Referenzen auf das Gebet und auf die zum Gebet erforderlichen Vorbereitungen in der weiteren Sure zeigen aber, dass er die visionäre Reise nicht solipsistisch für sich allein, sondern stellvertretend für die Gemeinde vollzieht, die dadurch – der plausibelsten Hypothese zufolge – mit Jerusalem eine verbindliche Gebetsrichtung erhält. Das Gebet wird – analog zu der Aufstiegserfahrung des Propheten – als rite de passage verstanden. *Al-masǧid al-aqṣā* wird für die Folgezeit das spirituelle Heiligtum der Gemeinde, anerkannt als ihre *qibla,* das Ziel ihrer täglichen Gebete.

Vier signifikante Szenarien haben eine Verbindung zu dem bedeutendsten Symbol der beiden etablierten Religionen festgeschrieben. Damit ist ein wichtiger Schritt hin zum Anschluss der Gemeinde an das Paradigma der Bibel-Religionen vollzogen.

1.1.7 Die medinische Neuorientierung: der Verzicht auf Jerusalem

Das religiöse Wissen der Gemeinde speist sich in Mekka vor allem aus liturgischen Traditionen und lokal verbreiteten typologisierenden Bibelexegesen – nicht aus der Auseinandersetzung mit realen – theologisch gebildeten – Vertretern der anderen Religionen.

Es ist schwer zu verkennen, dass sich diese Lage während des zehnjährigen Exils der Gemeinde 622–632 im jüdisch geprägten Medina substanziell ändert.[56] Nach einer Phase der engen Berührung, des Lernens und Komplementierens der eigenen Riten wie des Fastens[57] zeichnet sich schon früh eine Objektivierung von bis dahin aufrechterhaltenen Glaubensartikeln ab und damit ein – politisch motiviertes – pragmatisches Überdenken der bereits empfangenen Botschaft.[58] Eine der frühesten Revisionen betraf die liturgische Praxis: die *qibla* zum *masǧid al-aqṣā*. Das Konzept eines Jerusalemer Heiligtums als universalem Zielpunkt der Gebete war unvereinbar mit der jüdischen Vorstellung von Jerusalem als einem nationalen Symbol. Jerusalem hatte bei den Rabbinen eine neue Gründungsgeschichte angezogen, wonach der Tempel auf den Grundmauern jenes Altars ruhte, den der Stammvater des jüdischen Volkes, Abraham, zusammen mit Isaak für ihr gemeinsames Opfer errichtet hatte – ein genealogi-

---

[56] Siehe für die Forschungen von Shlomo Dov [Fritz] Goitein, exemplarisch Ramadan, »Zur Entstehung des Ramaḍān«, in: *Der Islam* 28 (1929), S. 189–195; siehe auch die erweiterte Darstellung in Shlomo Dov Goitein, *Studies in Islamic History and Institutions*, Leiden: Brill, 1968, S. 90–110.

[57] Neuwirth, »Juden und Judentum im Koran«, In: *Religionen in Israel* 27 (2021), S. 2–22.

[58] Neuwirth, *Die koranische Verzauberung der Welt und ihre Entzauberung in der Geschichte*, Freiburg im Breisgau: Herder, 2017.

sches Gründungskonzept, das wirkmächtig genug war, um das spirituelle Konzept der Gemeinde zu unterminieren. Es reflektiert sich ikonographisch in spätantiken Synagogen, d.h. der Nachfolgeinstitution des Tempels, etwa im Fußbodenmosaik von Bet Alpha.[59]

Eine der ersten in Medina ergriffenen Reformmaßnahmen war daher die Ersetzung der *qibla* nach Jerusalem durch die nach Mekka. In Sure 2:142 ff. heißt es:

> **2:142** Die Toren unter den Leuten werden sagen: Was hat sie abgebracht von der Richtung, die sie im Gebet einzunehmen pflegten?
> Sprich: Gottes ist der Osten und der Westen. Er führt wen er will auf einen geraden Weg.
> **143** Wir haben euch zu einer Gemeinde der Mitte gemacht, damit ihr Zeuge seid über die Menschen und der Gesandte Zeuge über euch (…).
> **144** Wir sehen, wie du dein Antlitz wendest am Himmel. Nun werden wir dich zu einer Richtung wenden, die dich zufrieden macht. Wende dein Antlitz zur Heiligen Gebetsstätte *(al-masǧid al-ḥarām).* Und wo immer ihr seid, wendet euer Antlitz zu ihr.

Der Schritt war kontrovers. Der Verzicht auf Jerusalem zugunsten der Kaaba war ein tiefgreifender Eingriff in die Liturgie. In der gegebenen religionspolitischen Krise war die Einsetzung der Kaaba zum neuen Zentrum jedoch ein plausibler Schritt. Denn wie das jüdische Jerusalem war Mekka ein national signifikanter Ort mit alter Geschichtserinnerung. Als Zentrum eines Opfer-involvierenden Ritus, des *ḥaǧǧ*, ließ es sich auch mit jenem mythischen Ereignis verbinden, das dem

---

[59] Das Fußbodenmosaik der Synagoge von Bet Alpha, Galiläa, stellt Abrahams Sohnesopfer dar, die »Bindung« *(ʿăqedâ)* Isaaks; Abbildung: https://www.bibelwissenschaft.de/fileadmin/buh_bibelmodul/media/wibi/image/am_WILAT_Abraham_12_Bet_Alpha.JPG (Zugriff am 23.08.2021).

jüdischen Tempel seine genealogische Bedeutung eingetragen hatte: mit der Akedah, mit Abrahams Sohnesopfer.

Das neue proto-muslimische Szenario ist folgendes: Abraham wird während seiner Pilgerfahrt in Mekka zur Opferung seines Sohnes aufgerufen. Die Akedah, die in einer mekkanischen Sure, Q 37, als Zeugnis der äußersten Gottestreue Abrahams vorgestellt worden war, ohne dass der Name der Landschaft oder des Sohnes gefallen wäre, wird nun durch einen medinischen Zusatzvers theologisch zugespitzt: Das Ereignis muss in der Umgebung von Mekka stattgefunden haben. Die kurze Akedah-Perikope in Q 37 lautet:[60]

37:99 Er (Abraham) sprach (zu seinem Vater): »Ich gehe hin zu meinem Herrn. Er wird mich leiten.«
100 »Herr, schenk mir einen von den Frommen!«
101 Da verkündeten wir ihm einen sanften Knaben.
102 Als er mit ihm soweit gekommen war, den Lauf *(as-saʿy)* zu vollziehen,
sprach er: »Mein Sohn, ich sah im Traum, dass ich dich opfern soll.
So sieh, was du dazu meinst.«
Er sprach: »Mein Vater, tu, was dir befohlen wird;
du wirst mich, so Gott will, geduldig finden.«
103 Als sich die beiden (in Gottes Willen) ergeben hatten, und er ihn auf die Schläfe geworfen hatte,
104 da riefen wir ihn an: Abraham,
105 du hast den Traum erfüllt. So lohnen wir denen, die Gutes tun!

Der überlange Zusatzvers 102 ordnet den Traum in den Ablauf der Pilgerfahrt ein, wo dem Abschluss-Opfer ein ritueller Lauf, *saʿy*, zwischen zwei kleinen Heiligtümern vorausgehen soll. In dieser Phase seiner Wallfahrt wird Abraham zur Opferung seines Sohnes aufgefordert, an der sich der Sohn bereitwillig beteiligt.

---

60 HK 2/1, S. 190–195.

Bei einer weiteren Evokation der Akedah in Medina wird schließlich der am Opfer beteiligte Sohn beim Namen genannt. In Sure 2:128 heißt es:

> **2:128** Als Abraham und Ismael die Grundmauern des Tempels *(bayt)* aufrichteten, (beteten sie): »Unser Herr nimm dies (Opfer) von uns an.
> Du bist der Hörende, der Wissende.«

Indem beide, Abraham und sein Sohn – nun explizit der Stammvater der Araber, Ismael – den Altar für das Opfer errichten,[61] legen sie die Grundstrukturen für die Kaaba: typologisch eine Abbildung der Tempel-Gründung durch Abraham und Isaak in Jerusalem. Mekka wird in der Folgezeit zu einem Antitypus von Jerusalem, zu dem eine Anzahl weiterer Tempel-Traditionen »überwechseln«. Dieser Transfer muss nicht erstaunen: Auch die Anastasis-Kirche hatte mit der Übernahme von zahlreichen Traditionen das Erbe des Tempels angetreten.

Und doch ist der Verzicht auf das ›reale Jerusalem‹ nicht einfach ein Wechsel zu seinem typologischen Antipoden. Vielmehr tritt hier die – nun durchdringende – politische Dimension der koranischen Prophetie zutage. Die Forderung der *qibla*-Änderung wird nämlich aufgewogen durch eine göttliche Zusicherung. Die Gemeinde erhält den einzigartigen Rang einer *umma wasaṭ*, d.h. einer Mittler-Instanz, die zwischen streitende Parteien zu treten befähigt ist. Indem sie dem jüdischen Anspruch auf die Alleinwahrnehmung der Jerusalem-Richtung stattgibt, beweist sie diese besondere Kompetenz schon während der Verkündigungszeit. Ihr späterer Verzicht auf die Übernahme des christlichen Heiligen Ortes in der Mitte Jerusalems und ihre Wiederaufrichtung

[61] Siehe dazu Joseph Witztum, »The Foundations of the House (Q 2.127)«, in: *Bulletin of the School of Oriental and African Studies* 72 (2009), S. 25–40.

der einst jüdischen Strukturen auf dem Tempelberg beweisen ihre Kompetenz als *umma wasaṭ* ein weiteres Mal, nun mit weltgeschichtlichen Konsequenzen. – So stellt sich der medinische Koran nicht zuletzt als ein Zeugnis der Unabhängigwerdung dar.

1.1.8 Das »Haus«, der Tempel im Frühislam – nie vergessener Referenzpunkt für die Verortung des Heiligen

Dennoch bleibt der Tempel der Archetyp für das Heiligtum. Es ist der Jerusalemer Tempelberg, nicht der Bezirk um die Kaaba, der in frühumayyadischer Zeit mit prachtvollen Bauten ausgezeichnet wird. Zwar rangiert dieser *Ḥaram* nicht als erstrangiges islamisches Heiligtum, doch wird er früh in den Kanon der – seit Ende des 7. Jahrhunderts nunmehr drei – islamischen Heiligtümer aufgenommen[62]. Ein Prophetenwort, ein Hadith, aus dieser Zeit legt fest:[63]

---

[62] Siehe dazu Meir J. Kister, »›You Shall Only Set Out for Three Mosques‹. A Study of an Early Tradition«, in: *Le Muséon* 82 (1969), S. 173–196.

[63] Saḥīḥ al-Buḫārī, Nr. 1197 (Buch 20, Hadith 9; entspricht Band 2, Buch 21, Hadith 288).

Nur zu drei Heiligtümern sollt ihre eure Reittiere satteln: zur Heiligen Moschee, zur ferneren Moschee *(al-masğid al-aqṣā)* und zu meiner Moschee.
Lā tušaddu r-riḥālu illā ilā ṯalāṯati masāğida: ilā l-masğidi l-ḥarām, ilā l-masğidi l-aqṣā wa-ilā masğidī.

In späterer Zeit wird diese Rangfolge historisch begründet und Jerusalem benannt als

Ulā al-qiblatayn
Ṯānī al-masğidayn
Ṯāliṯ al-ḥaramayn.
Erste, d.h. früheste der beiden Gebetsrichtungen,
zweite, d.h. zweite im Rang unter den beiden Gebetsstätten
dritte, d.h. dritte im Rang nach den beiden Wallfahrtsstätten.[64]

Was sagt diese Tradition über den Heiligtumskomplex auf dem Tempelberg aus? Zunächst einmal haftet ihm – ungeachtet des Aufstiegs Mekkas – die Erinnerung an die erste Gebetsrichtung an. Man könnte diesen Rang geradezu in die ferne Vergangenheit erweitern: Schon Salomos Tempelweihegebet[65] hatte »diesen Tempel« zum Konvergenzpunkt aller auch in der Ferne gesprochenen Gebete erklärt. Das Jerusalemer Heiligtum verbindet sich mit Kult, mit Gebeten, auch wenn die Kaaba nun die Rolle ihrer Konzentration übernimmt. »Zweite nach dem mekkanischen Heiligtum« zielt auf dieselbe Würde der Kaaba als das erstrangige Heiligtum. Sie wird noch während der Verkündigung als das älteste wahrgenommen. Sie ist laut Q 22:29.33 *al-bayt al-ʿatīq*, »der alte Tempel«, der als Gründung Abrahams auch zeitlich vor

---

64 Siehe dazu Neuwirth, »Al-masjid al-aqṣā: The Qur'anic New Jerusalem«, in: Katharina Heyden und Maria Lissek (Hgg.), *Jerusalem II: Jerusalem in Roman-Byzantine Times*, Tübingen: Mohr Siebeck, 2021, S. 433–457.
65 1 Kön 8,22–53 bzw. 2 Chr 6,12–42.

die Gründung des Tempels zurückreicht. Vom mekkanischen Heiligtum heißt es entsprechend:

> **3:96** *awwalu baytin wudiʿa li-n-nāsi*
> der erste Tempel, der den Menschen errichtet wurde.

Doch steht Jerusalem im Rang gleich hinter ihm. Die Rangstellung »dritte nach den beiden Wallfahrtsstätten« ist eine nachkoranische Auszeichnung, die sich erst der prophetischen Verfügung einer Dreizahl von Wallfahrtstätten verdankt. Theologischer Referenzpunkt für alle drei ist der Tempel, das *bayt*, der ja selbst »erste Gebetsrichtung« war und der in der »zweiten Gebetsstätte«, dem *masǧid al-aqṣā*, einen Stellvertreter erhalten hatte. Dass sein Areal dem den beiden durch das Wirken des Propheten eigentlich privilegierten Wallfahrtsorten angeschlossen wurde, ist keine Selbstverständlichkeit. Es wirft ein Licht auf die bereits in den Islam mitgebrachte Würde des Ortes, der ja schon in jüdischer Zeit Wallfahrtsziel war und der in der volkstümlichen islamischen Vorstellung zum Schauplatz eines besonderen Aufstiegs des Propheten aufgestiegen war (s. u.).

Referenzpunkt für alle drei Auszeichnungen ist also der Tempel. Der weite, auch Sprachgrenzen überschreitende Begriff *bayt* erweist sich dann als ein Schlüssel zum Verständnis auch des islamischen Jerusalem. Das Wort ist fast gleichlautend im Hebräischen und Arabischen. Es erscheint in einem koranischen Basistext (Q 3:97), einem koranischen Gebot, das sich vielfach an den Wänden von Privathäusern im muslimischen Viertel der Stadt findet. Der Vers ist dort eingefügt in ein Text-Bild-Panel, angebracht über der Eingangstür des Hauses von aus Mekka heimgekehrten Pilgern. Der Vers lautet:

> **Q 3:97b** *wa-li-llāhi ʿalā n-nāsi ḥiǧǧu l-bayti mani staṭāʿa ilayhi sabīlā*
> Den Menschen obliegt die Wallfahrt zu dem Haus, wenn sie dazu imstande sind.

Obwohl *bayt* sich hier auf die Kaaba in Mekka bezieht, die in der Mitte des Panels unseres Bildes abgebildet ist, evoziert das arabische Wort *bayt* doch das hebräische *bayit* und damit den Jerusalemer Tempel. In der Tat ist auch eines der drei Bauwerke auf dem Panel dasjenige auf dem Jerusalemer Tempelberg, der Felsendom. Das ist kein Wunder, denn der Auftrag zum Ḥaǧǧ ist der Abschluss einer Entwicklung, die einmal in Jerusalem begann. Das Bild – das es auch als Poster oder als Teppich gibt, dokumentiert die im Islam erfolgte Ausdifferenzierung des Heiligtumsbegriffs: Sie zeigt in der Mitte Mekka, das rituelle Zentrum, daneben oder darüber Medina, den Gedächtnisort der muslimischen Staatsgründung und des weiteren Jerusalem, die Geburtsstätte des spirituellen, liturgischen Islam.

Am Ende steht nicht nur »ein Tempel«, sondern drei: die Kaaba, das *masǧid al-aqṣā* und Medina. Diese triadische Vorstellung geht auf das oben schon zitierte Prophetenwort zurück: »Nur zu drei Heiligtümern sollt ihre eure Reittiere satteln …«. Das Hadith lässt sich auf das Ende des 7. Jahrhunderts zurückverfolgen, die Zeit der Erbauung des Felsendoms.

Die Kanonisierung von *drei* Heiligtümern ist als Entschärfung des Konkurrenzverhältnisses, als Liberalisierung, bemerkenswert. Ein solcher Transfer von Heiligkeit, gerade im Kontext des Tempels, ist anderswo viel rigoroser und exklusivistischer vollzogen worden. Er reflektiert sich in Jerusalem eindrücklich in den Festen der drei Religionen: Hier wird an nicht weniger als drei Anlässen des Tempels gedacht: Lange vor der Institutionalisierung des *Ḥaǧǧ al-bayt* und der Privilegierung des mekkanischen *bayt* wurde der erste und

Haus eines aus Mekka heimgekehrten Pilgers
mit einem Ḥaǧǧ-Panel über dem Eingang

wohl älteste Tempel-Gedenktag festgesetzt, der jüdische neunte Av, *Tišʿâ bə-Āv*: das Gedächtnis der Tempelzerstörung. In römischer Zeit war es oft die einzige Gelegenheit, zu der Juden die Stadt betreten durften, ein Tag der Klage, die in zahlreichen Klagegedichten (*piyyûṭîm*) festgehalten ist. Der Tag ist die Kehrseite des christlichen Festes der Hypsōsis, der Kreuzerhöhung am 14. September, die an die Weihe der Anastasis, des »Neuen Tempels« im Jahr 335 erinnert. Der seinem Anspruch nach in Nachfolge des Tempels aufgerichtete Bau nahm zentrale Tempeltraditionen in sich auf, vor allem den Prototyp allen Opfers, Abrahams Darbringung seines Sohnes. Der Zerstörung des einen Tempels entspricht der Aufbau des anderen. Die beiden Feiertage werden bis heute in nächster Nachbarschaft, zeitlich und örtlich, gefeiert. Gelegentlich koinzidiert mit ihnen auch das Ḥaǧǧ-Abschlussfest, ebenfalls ein Tempel-affines Abraham-Gedenken.

Der Jerusalemer islamische Tempel-Nachfolger nimmt an diesem Wettstreit nicht teil. Angesichts des *einen* Tempels im

Judentum und des Neuen Tempels, der Kirche im Christentum, erscheint die Verdreifachung des Heiligtums auf unserem Ḥaǧǧ-Panel wie ein Gegenprogramm. Die drei Manifestationen des Heiligen sind hier gewissermaßen verteilt: Die kultisch-rituelle ist an Mekka, die politisch-identitätsgeschichtliche an Medina und die liturgisch-spirituelle an Jerusalem gegangen.

1.1.9 *Miʿrāǧ* – der Aufstieg des Propheten

Es überrascht nicht, dass die visionäre »Nachtreise des Propheten« – das in Q 17:1 erwähnte *isrāʾ* (oben, Abschnitt 1.1.6) – in der wenig späteren Tradition mit dem Fels verbunden wurde und als wunderbarer Aufstieg, als *miʿrāǧ*, Muhammads in die himmlischen Sphären oder das himmlische Jerusalem verstanden wurde, wo ihm als Gesetzesinstitution für die neue Religion nicht ethische Vorschriften, sondern das Gebot der fünf täglichen Gebete für seine Gemeinde auferlegt wurde. Typologisch erweist sich Muhammad auch hier wieder als ein zweiter Mose. Nicht anders als Mose vollzog er einen Aufstieg in die Gottesnähe, nicht anders als Mose brachte er Gebote von seinem Aufstieg mit, nicht aber eingraviert in Steintafeln, sondern in Form des Auftrags zu einer frommen »Aufführung« – dem Gebet – als liturgische Gesetzgebung gewissermaßen.

In dieser vor allem ikonographisch,[66] aber auch durch allegorisch-philosophische Deutungen[67] weitverbreiteten Erzählung ist der Prophet – und damit der Islam – untrennbar

[66] Christiane Gruber und Frederick Colby (Hgg.), *The Prophet's Ascension. Cross-Cultural Encounters with the Islamic Mi'raj Tales*, Bloomington, Indianapolis: Indiana University Press, 2010.
[67] Peter Heath, *Allegory and Philosophy in Avicenna (Ibn Sînâ). With a*

mit Jerusalem verbunden; aber eben nicht kraft einer für eine privilegierte Religion reservierten Tempelgeschichte, sondern – wie in der Spätantike nicht anders zu erwarten – kraft ästhetischer Erfahrung: im Nachvollzug der frommen Annäherung an den Tempelkult, der Aufstiegs-Gesänge der zum Tempel pilgernden Frommen. Wenn diese gemeindlich imaginierte Verbindung des Propheten zu Jerusalem auch seiner physischen zu Mekka und Medina nicht gleichkommt, so etabliert sie doch ein für alle Mal ein enges spirituelles Verhältnis zu diesem »dritten« Heiligtum. Muhammads Jerusalem-Vermächtnis ist typisch spätantiker Art: der Aufruf zur liturgischen Feier, der bis auf den heutigen Tage akustisch verlautbart wird, feierlich und fünfmal am Tag.

Translation of the Book of the Prophet Muhammad's Ascent to Heaven, Philadelphia: University of Pennsylvania Press, 1992.

1.2 Felix Körner | Geographische Grenzziehungen
Topik und Dialektik

Diese korantheologische Vorlage wirft natürlich die Frage auf, ob es im Christentum eine »Theologie des Ortes« gibt, also der Lokalität Gottes, eines Heiligen Landes und privilegierter Pilgerorte. Seit dem Ende der 1980er-Jahre stellen die Kultur- und Sozialwissenschaften bei sich selbst einen Paradigmenwechsel fest: den »spatial turn«. Man arbeitet nicht mehr hauptsächlich in der Dimension Zeit, sondern forscht und denkt verstärkt in Raumkategorien. Auch theologischerseits erwies sich ein solcher Blickwechsel als fruchtbar, gerade in Bezug auf die Schrift: auf die Fragen um das Heilige Land und Jerusalem.[1] Es lohnt sich, hier weiterzudenken. Klären wir dafür zunächst die beiden griechischstämmigen Begriffe im Untertitel unseres Abschnitts.

1.2.1 Dialektik und Topik

Was bedeutet eigentlich Dialektik? Zuerst einmal ist sie die Unterredungskunst – und die Überredungskunst. Man kann sich vorstellen, wie zwei Meinungsgegner miteinander streiten. Einer bringt etwas vor, der andere setzt etwas dagegen; ein neuer Erkenntniszustand entsteht. Schritt für Schritt kommen beide so zu mehr Klarheit und Wahrheit – hoffentlich. Diesen Fluss einer Unterredung kann man aber nicht nur beobachten, wenn zwei sich streiten; so etwas geschieht

---

[1] Vgl. z. B. – mit viel weiterer Literatur – das *Jahrbuch für Biblische Theologie* 23 (2008) zum Thema »Heiliges Land« sowie das erst nach den diesjährigen Studienjahrsvorlesungen erschienene erste Jahrgangsheft der *Theologischen Quartalschrift* 201 (2021) »Auf dem Weg zu einer Theologie des Landes« (S. 1–95).

doch auch in der Geschichte: Israel trägt den ruhmvollen Namen des auserwählten Volkes. Und dann muss es ins Exil! Aufschlag und Gegenschlag. Die Geschichte selbst scheint wie eine Unterredung zu verlaufen – dialektisch. Daher verwenden wir das Wort »dialektisch« heute oft auch für »spannungsreich«.

Und was ist bitte Topik? Topik ist faktisch ein Gebiet der Dialektik qua Gesprächsführungskunst. Aristoteles bezeichnet eine seiner Vorlesungen so.[2] Den Philosophen haben wir ja oben schon kennengelernt.[3] Wie bereits geschildert, zieht er gegen die sophistischen Redetricks zu Felde. Nun erkennt er dabei ein besonderes Problem in einer bestimmten Gesprächssituation: Was, wenn zwei Menschen miteinander diskutieren, die von ganz unterschiedlichen Grundüberzeugungen ausgehen? Aristoteles sieht: Wenn man mit dem Gegenüber keinen gemeinsamen Boden unter den Füßen hat, dann nützt die ableitende Logik nichts. Denn man kann auf nichts gemeinsam aufbauen. Dann braucht es eine ganz besondere Kreativität; ja, dann ist eine wahre Kunst gefragt, die τοπική τέχνη *(topikē technē)*: »Ortskunst«; und genau darum geht es in der *Topik*. Was bedeutet aber Ortsfindungskunst hier? Gemeint ist die Kunst, einen neuen Gesichtspunkt zu finden. Ein Gesichtspunkt ist tatsächlich so etwas wie ein Standort, von dem aus man einen verstrickten Gesprächsfaden entwirren kann. Von dort aus gesehen zeigt sich ein neuer Aspekt, eine neue Perspektive.[4]

---

[2] Als eigenes Buch heißt der Aristoteles-Text heute je nach Herausgeber *Tόποι (Topoi)* oder *Τοπικά (Topika)*.

[3] Oben, S. 20.

[4] Topik und Dialektik begegnen einander prominent in einer Auseinandersetzung mit G. W. F. Hegel. Der biblisch-theologisch gebildete Hegel hatte die Dialektik als das spannungsreiche Geschehen der Geschichte sehen können. Aber aus diesem Blickwinkel wirkte alles dermaßen klar, dass die Philosophie an ihr Ende gekommen schien. Wie

Was wir hier entwerfen, ist eine Theologie des Ortes. Warum nennen wir sie »Topik und Dialektik«? Weil wir von der äußerst anstößigen »Örtlichkeit« Gottes sprechen müssen: Gott soll einen Ort haben. Und weil wir sie wieder aufbrechen müssen. Mit anderen Worten, hinter den Begriffen Topik und Dialektik deutet sich an: Wer die Ortsbindung Gottes erkundet, bekommt es mit deren Spannung zu tun. Gehen wir das Wagnis ein!

1.2.2 Gott hat einen Ort. Wohnvorstellung?

Wenn man die Bibel von ihrem Anfang an hört, dann erfährt man doch, dass Gott der Schöpfer von allem ist. Hat er alles erschaffen, ist er doch wohl auch an allen Orten. Wenn er Bewirker von allem ist und die Ursache aus ihrer Wirkung erkennbar sein muss, kann es doch keine besonderen Orte geben, an denen er besonders gegenwärtig ist? So würden viele Philosophen schlussfolgern. Gerade das sogenannte neuplatonische Denken lebt von solchen Spekulationen: Die Ursache ist im Verursachten gegenwärtig. Aber die Bibel gibt ein anderes Zeugnis. Dem Gott Israels wird eine bestimmte Stelle zugeordnet. Sehen wir die Spannung in der Schrift selbst:

---

sollte sie *nach* Hegel überhaupt noch weitergehen? Ein Tübinger Philosoph hat hier einen Ausweg vorgeschlagen: Rüdiger Bubner († 2007). Er meinte, man müsse statt der alle Spannung begrifflich schon einholenden Theorie eine je neu bewegliche Denkweise einführen, die immer andere Aspekte findet. Sein Forderung lautet, knapp zusammengefasst: Wir brauchen wieder eine Topik, sonst wird die Dialektik zur besserwisserischen Masche. Rüdiger Bubner, *Dialektik als Topik. Bausteine zu einer lebensweltlichen Theorie der Rationalität*, Frankfurt am Main: Suhrkamp, 1990.

Gott ist zwar Herr der ganzen Welt (Josua 3,11). Dennoch hören wir in der Bibel, Gottes Ort kann ein bestimmter Boden (*'ădāmâ*) sein oder ein bestimmtes Land (*'æræṣ*). Es kann auch *'admat Yiśra'ēl* und *'æræṣ Yiśra'ēl* heißen, also »Land Israels«. Es gehört Gott (Levitikus 25,23). Deshalb kann er es auch einem Volk anvertrauen, ja ihm auf immer vermachen (Deuteronomium 4,40); und es gehört Gott nicht nur, es ist auch »heilig« (Sacharja 2,16, hapax). Denn Gott wohnt dort. Die neuere Theologie spricht manchmal abfällig von der »Wohnvorstellung«; abfällig, weil die Bezeichnung wie »Wahnvorstellung« klingt. Aber Gottes Wohnen an einem bestimmten Ort hat, wie sich noch zeigen wird, guten Sinn. Zunächst lässt es sich genauer eingrenzen. Sein Wohnort heißt in der Bibel oft »Zion« – daher dann auch die Rede von der Zionstheologie. Ein anderer Name erlangt im Laufe der Zeit Bedeutungsgleichheit mit Zion: Jerusalem. Das lässt sich an manchen Psalmen beobachten. Psalmverse bestehen regelmäßig aus zwei Vershälften – in unseren Sprachen durch einen Schrägstrich voneinander getrennt; und häufig sind erster und der zweiter Versteil bedeutungsgleich, nur poetisch umformuliert. Ein Beispiel: Die Rede ist hier von der Befreiung der Todgeweihten.

Psalm 102,22 damit sie den Namen des Herrn auf dem Zion verkünden / und sein Lob in Jerusalem.

Entsprechend kann die Stadt dann auch als heilig gekennzeichnet sein, wie in der Verheißung:

Jesaja 52,1 Wach auf, wach auf, bekleide dich mit deiner Macht, Zion! / Bekleide dich mit deinen Prunkgewändern, Jerusalem, du heilige Stadt! / Denn Unbeschnittene und Unreine werden dich nicht mehr betreten.

Jerusalem-Zion ist heilig, weil Gott es sich zum Wohnort »erwählt« *(b-ḥ-r)*:

Psalm 132,13 Denn der Herr hat den Zion erwählt, / ihn begehrt zu seinem Wohnsitz:
14 Das ist für immer der Ort meiner Ruhe, / hier will ich wohnen, ich hab' ihn begehrt.

Und nochmals genauer fassen lässt sich Gottes Wohnort, wenn es heißt, dass Gott in seinem Tempel wohnt (Habakuk 2,20) und thront (Jesaja 6,1). So lassen sich im Blick auf Jerusalem verschiedene Heiligkeitszonen unterscheiden.[5] Jedenfalls ist der Bibel zufolge diese Heiligkeitsgegenwart keine

---

[5] Entweder zehn oder sieben. *Mischna Kelim* 1,6–9 zählt zehn Heiligkeitsgrade (*qədušôt*) auf, und zwar jeweils mit der Heiligkeitsüberbietungsformel *məquddāš min* »ist heiliger als«:
- das Heilige Land,
- die befestigten Städte des Heiligen Landes,
- die Umgebung Jerusalems,
- die Stadt Jerusalem,
- der Tempelberg *(har ha-bayit)*,
- der Vorhof der Frauen,
- der Vorhof der Männer,
- der Vorhof der Priester, nämlich der Brandopferaltarbereich,
- das Tempelhaus (der *hêkāl*).

So auch bei Johann Maier, *Zwischen den Testamenten. Geschichte und Religion in der Zeit des zweiten Tempels* (Neue Echter-Bibel. Ergänzungsbände zum Alten Testament), Würzburg: Echter, 1990, S. 226 f. Sieben sind es bei Klaus Bieberstein, »Jerusalem – mehr als die Summe seiner Steine. Eine kurze Führung durch seine Sinnlandschaft«, in: *Zeitschrift für Neues Testament* 23 (2020), Heft 45, S. 7–23:
- das Profane: außerhalb der Stadt bis zum Stadtmauerring,
- das Jerusalemer Stadtgebiet,
- der äußere Vorhof des Tempels,
- sein innerer Vorhof, darin
- die Vorhalle (der *ʾûlām*); dahinter
- die Haupthalle (der *hêkāl*) bis zu einer Trennwand aus Zedernholz und schließlich
- das Allerheiligste (der *dəḇîr*, das *qodæš ha-qŏdāšîm*; beim römischen Tempel wäre dies die cella).

menschliche Willkür, sondern Gottes Entscheidung. Gott hat sich seine irdische Vergegenwärtigung selbst erwählt: das Land, die Stadt, den Berg, das Haus.

1.2.3 Er ist nicht hier. Spiritualisierung?

Nun ließe sich einfach das Logische – Gott erschafft alles, ist also überall gleichermaßen zugänglich – dem Biblischen unversöhnlich gegenüberstellen – Gott wählt sich seinen Begegnungsort. Es ließe sich aber vielleicht auch weiterfragen: Was ist der Sinn einer solchen Wahl? Sie überhaupt ablehnen, als archaisch? Sie als überwunden darstellen, gerade durch die prophetische Kultkritik Israels? Seit der Achsenzeit sei doch alles wahrhaft Göttliche als universal erkannt und daher ohne Ortsbindung?

Betrachten wir zunächst kurz das Stichwort von der Achsenzeit. Karl Jaspers hat damit tatsächlich eine interessante Kategorie eingeführt. Das kann man auch dann zugestehen, wenn man nicht glauben will, dass es sich hierbei um eine Achse handelt, also um eine kulturübergreifend gleichzeitige Bewusstseinswende der Menschheit. Zu verschiedenen Zeiten gab es theologische Reformen, die das Archaische von Religion überwinden wollten. Dies kann man sinnvollerweise »achsenzeitlich« nennen. Das Achsenzeitliche lässt sich in sieben Durchbrüchen fassen als

- die Einsicht in die Symbolizität der Symbole;
- die Ablösung des Heldenethos durch ein Ethos der Gewaltlosigkeit;
- den Einbruch eines Denkens zweiter Ordnung;
- eine Reflexivität als Suche nach Beweisen in der Mathematik, aber auch in der Ethik; damit:
- den Beginn einer allgemein kritischen Haltung;

- den Anbruch eines moralischen Universalismus;
- die Entstehung der Transzendenzvorstellung.

Zusammenfassend kann man das Achsenzeitliche mit Hans Joas bezeichnen als den Anfang der »reflektierten Sakralität«.[6] Bei den Propheten Israels findet sich Achsenzeitliches ab dem 8. Jahrhundert (Amos 5, Jesaja 1). Führen sie in eine vergeistigte Theologie? Eine solche würde behaupten, es komme nur auf das moralisch richtige Verhalten an.

Der Alttestamentler Frank-Lothar Hossfeld will gerade nicht von *Spiritualisierung* sprechen, wenn er zu beschreiben versucht, was in der frühjüdischen ebenso wie in der frühchristlichen Land- und Jerusalem-Theologie geschieht. Ihm zufolge »metaphorisieren« solche Theologien den Ortsbezug vielmehr. Diese Bezeichnung erlaube es, verschiedene Vorgänge der Bedeutungserweiterung zu benennen, die das Konkrete nicht negieren.[7] Doch hört sich auch »Metaphorisierung« nach Entkonkretisierung an, nach Abstrahierung. Treffender hätte er den Vorgang vielleicht als ›semantische Amplifikation‹ beschrieben, als ›Allegorisierung‹ oder ›Versinnbildlichung‹; und ganz in Abrede sollte man eine *Tendenz* zur Vergeistigung des Ortsbezugs auch nicht stellen. Immerhin sieht der johanneische Christus ja einen bevorstehenden Übergang von der Anbetung an einem bestimmten Ort zur Anbetung im Geist (!) und in der Wahrheit (Johannes 4,23). Also doch Spiritualisierung? Wie kommen wir hier

---

6 Hans Joas, *Die Macht des Heiligen. Eine Alternative zur Geschichte von der Entzauberung*, Berlin: Suhrkamp, 2017, S. 349f. Von Joas auch die soeben aufgezählten sieben Durchbrüche.

7 Frank-Lothar Hossfeld, »Die Metaphorisierung der Beziehung Israels zum Land im Frühjudentum und im Christentum«, in: Ferdinand Hahn, Hans Jorissen und Angelika Neuwirth (Hgg.), *Zion. Ort der Begegnung.* Festschrift für Laurentius Klein zur Vollendung des 65. Lebensjahres (Bonner biblische Beiträge 90), Bodenheim: Athenäum, 1993, S. 19–33: S. 23.

weiter? Vorwegnehmend können wir sagen: Die Vergeistigung ist hier nur *eine* biblische Tendenz von zweien. Wer nur Spiritualisierung sieht, auch wer nur die Tendenz zur Metaphorisierung beobachtet, hat noch nicht im Blick, dass es eine bleibende biblische Gegenströmung gibt. Wir werden beides sogleich verdeutlichen – und zusammenzuhalten versuchen.[8]

Das heilige Geviert – wie man es nennen könnte – wird nicht einfach überschritten: Eine Theologie von Gottes Land, Gottes Stadt, Gottes Haus und von Gottes Volk überwinden die Schriftzeugnisse nicht. Gott erwählt sich einen Ort, und dies in bleibender Treue. Das hat guten Sinn, wie wir gleich zeigen können. Ausgehen müssen wir davon, dass die Vergeistigung des Ortsbezugs in der Bibel selbst ihre deutliche Gegenbewegung hat.

---

[8] Was in der frühjüdischen ebenso wie in der frühchristlichen Land- und Jerusalem-Theologie geschieht, will auch Frank-Lothar Hossfeld nicht als Spiritualisierung beschreiben. Ihm zufolge »metaphorisieren« solche Theologien den Ortsbezug vielmehr. Diese Bezeichnung erlaube es, verschiedene Vorgänge der Bedeutungserweiterung zu benennen, die das Konkrete nicht negieren: Frank-Lothar Hossfeld, »Die Metaphorisierung der Beziehung Israels zum Land im Frühjudentum und im Christentum«, in: Ferdinand Hahn, Hans Jorissen und Angelika Neuwirth (Hgg.), *Zion. Ort der Begegnung.* Festschrift für Laurentius Klein zur Vollendung des 65. Lebensjahres (Bonner biblische Beiträge 90), Bodenheim: Athenäum 1993, S. 19–33: S. 23. Trotz allem hört sich ›Metaphorisierung‹ nach Entkonkretisierung, Abstrahierung an. Treffender hätte er den Vorgang wohlmöglich als semantische Amplifikation beschrieben, als Allegorisierung oder Versinnbildlichung. Andererseits sollte man eine *Tendenz* zur Vergeistigung nicht in Abrede stellen, wenn der johanneische Christus ja von der Anbetung an einem bestimmten Ort übergeht zur Anbetung in Geist und Wahrheit (Johannes 4,23). Nur handelt es dabei um lediglich *eine* Tendenz von zweien. So ist noch nicht im Blick, dass es eine bleibende biblische Gegenströmung gibt. Wir werden beides sogleich verdeutlichen.

Sie lässt sich am besten zeigen, indem wir zunächst die Entzugsbewegung neutestamentlich weiterverfolgen. Das Neue Testament scheint ja die »achsenzeitliche« Linie der Propheten Israels fortzusetzen. Auf dieser Linie schien alle Ortsbindung aufgehoben. Schon die Bibel Israels bezeugte ja, dass Gott überall wohnt und auch in der Fremde wirkt. Daran kann das neutestamentliche Zeugnis natürlich anknüpfen.

Der christliche Grundimpuls ist die Osterbotschaft, die Botschaft vom leeren Grab, die offenbar alle Ortsbindung überwindet. Die Frauen, die Jesu Leiche suchen, erfahren ja:

> **Markus 16,6** ἠγέρθη, οὐκ ἔστιν ὧδε· ἴδε ὁ τόπος ὅπου ἔθηκαν αὐτόν – Er ist auferstanden; er ist nicht hier. Seht, da ist die Stelle, wohin man ihn gelegt hat.

Diese scheinbare Ortlosigkeit der Evangelien schlägt sich auch in ihrer Israel-Theologie nieder. Man beachte, was Jesus über einen nichtjüdischen Offizier sagt, über einen heidnischen Hauptmann, der auf die Heilkraft des Jesuswortes vertraut – und der die Heiligkeitsregeln der Juden berücksichtigt:

> **Matthäus 8,10** Jesus war erstaunt, als er das hörte, und sagte zu denen, die ihm nachfolgten: Amen, ich sage euch: Einen solchen Glauben habe ich in Israel noch bei niemandem gefunden.

Hier wendet sich der Blick also nach außen. Damit deutet sich schon an, was dann in der Geschichte der frühen Kirche nach Ostern geschehen wird: Die Christusbotschaft findet Aufnahme vor allem außerhalb von Jerusalem, außerhalb des Heiligen Landes, außerhalb der jüdischen Gemeinden. Das Lukasevangelium bereitet diese Wendung nach außen schon vor, wenn es die ersten öffentlichen Auftritte Jesu schildert. Jesus kommt in sein Heimatdorf, Nazareth. Erst sind die Bewohner begeistert, offenbar stolz auf den wortmächtigen Prediger und erfolgreichen Heiler aus ihren Reihen. Aber schnell wendet sich die Stimmung. Sie erhoffen sich Sonderrechte, Vorteile von dem in der ganzen Gegend bekannt gewordenen Wundertäter. Doch Jesus enttäuscht sie: gerade hier keine Großtaten! Bei Lukas begründet Jesus dies nun nicht nur mit dem Weisheitswort vom in seiner Heimat regelmäßig abgelehnten Propheten, das alle Evangelien bieten;[9] sondern er bringt provokant eine biblische Begründung, die die ›Fremdenbevorzugung‹ als Gottes doch längst bekannten Stil aufweist:

> **Lukas 4,25** Wahrhaftig, das sage ich euch: In Israel gab es viele Witwen in den Tagen des Elija, als der Himmel für drei Jahre und sechs Monate verschlossen war und eine große Hungersnot über das ganze Land kam. **26** Aber zu keiner von ihnen wurde Elija gesandt, nur zu einer Witwe in Sarepta bei Sidon. **27** Und viele Aussätzige gab es in Israel zur Zeit des Propheten Elischa. Aber keiner von ihnen wurde geheilt, nur der Syrer Naaman.

So bereitet das Lukasevangelium vor, was die Apostelgeschichte dann ausführt. Eine regelrechte Gegentheologie des Ortes, eine theologische Ortsüberwindung, legt dort der Diakon Stephanus vor. Er wird zum ersten für Christus sterbenden Jesus-Jünger, zum »Protomärtyrer«: Wegen seines Glaubens wird er zu Tode gesteinigt. Er stirbt in gewisser Weise sogar nicht nur wegen, sondern wie Christus, nämlich mit der Vergebungsbitte für seine Mörder auf den Lippen (Apostelgeschichte 6,70). Zuvor hält der Protomärtyrer eine große, eindrucksvolle Predigt: nicht um sich herauszureden, sondern um aufgrund des Geschichtszeugnisses Israels seinen Mitjuden zu begründen, dass Gottes Geist über den Ort hinausdrängt. Der Vorwurf gegen Stephanus lautete, er habe behauptet, Jesus wollte den Tempel zerstören:

---

[9] Matthäus 13,57; Markus 6,4; Lukas 4,24; Johannes 4,44. – Die oben im Text gleich zu zitierende Begründung Jesu aus Gottes Fremdenbevorzugung spielt an auf 1 Könige 17 und 2 Könige 5.

Apostelgeschichte 6,14 Wir haben ihn nämlich sagen hören: Dieser Jesus, der Nazoräer, wird diesen Ort zerstören und die Bräuche ändern, die uns Mose überliefert hat.

Tatsächlich hatte Jesus wohl etwas Mehrdeutiges gesagt, das in der griechisch geprägten Ausdrucksweise des Markusevangeliums lautet:

Markus 14,58 Ich werde diesen von Menschenhand gemachten Tempel niederreißen und in drei Tagen einen anderen aufbauen, der nicht von Menschenhand gemacht ist.

Stephanus will seinen Anklägern, Juden wie er selbst, nun in einem Geschichtssummarium[10] zeigen, wie Gottes Geist über den Jerusalemer Tempel und alle göttliche Ortsbindung hinausgeht. Der Protomärtyrer konnte in der Schilderung der Apostelgeschichte dafür einfach von einem Thoravers ausgehen. In der Fremde, in Midian, keineswegs im Heiligen Land, hatte doch die Gottesstimme aus dem brennenden Dornbusch dem Mose zugerufen: »Leg deine Schuhe ab; denn der Ort, wo du stehst, ist heiliger Boden« (*'admat qodæš*: Exodus 3,5; Apostelgeschichte 7,33: γῆ ἁγία / *gē hagia*); und durch die Fremde, durch die Wüste, begleitet Gott sein Volk. Auch hier also wohnt und wirkt er offenbar. Daher kann Stephanus fortfahren:

Apostelgeschichte 7,44 Unsere Väter hatten in der Wüste das Bundeszelt. So hat Gott es angeordnet; er hat dem Mose befohlen, es nach dem Vorbild zu errichten, das er geschaut hatte. **45** Und unsere Väter haben es übernommen und mitgebracht, als sie unter Josua das Land der Heidenvölker besetzten, die Gott vor den Augen unserer Väter vertrieb, bis zu den Tagen Davids. **46** Dieser fand Gnade vor Gott und bat für das Haus Jakob um ein Zeltheiligtum. **47** Salomo aber baute ihm ein Haus.

---

10 Den Ausdruck hat wohl der Heidelberger Alttestamentler Gerhard von Rad eingeführt.

> 48 Doch der Höchste wohnt nicht in dem, was von Menschenhand gemacht ist, wie der Prophet sagt: 49 »Der Himmel ist mein Thron und die Erde der Schemel für meine Füße. Was für ein Haus könnt ihr mir bauen?«, spricht der Herr. »Oder welcher Ort kann mir als Ruhestätte dienen? 50 Hat nicht meine Hand dies alles gemacht?« (Jesaja 66,1–2a).
> 51 Ihr Halsstarrigen, unbeschnitten an Herzen und Ohren! Immerzu widersetzt ihr euch dem Heiligen Geist, eure Väter schon und nun auch ihr.

Stephanus greift also eine ganze Reihe von Motiven der Hebräischen Bibel auf, verknüpft sie zu einem Geschichtssummarium und begründet so, dass nun, mit Christus, eine neue Zeit angebrochen ist, ein neuer Auszug: Das Heil bricht aus, über Allerheiligstes, Tempel, Stadt und Land hinaus in die ganze Welt. Der Autor der Apostelgeschichte wird dies in seiner Erzählung denn auch nachvollziehen: In schnellen Schritten führt er das Wachstum der Christusgemeinde vor. Von Jerusalem aus verbreitet sich das Evangelium Zug um Zug über eine geographische Grenze nach der anderen: in Israel, in Samarien, auf nichtjüdische Gläubige, nach Europa und schließlich nach Rom.

1.2.4 »Im Geist« – »von den Juden«. Johanneische Spannung?

Nun aber müssen wir die erwähnte Gegenbewegung genauer in den Blick bekommen und verstehen. Betrachten wird sie zunächst gerade in dem neutestamentlichen Buch, das besonders anti-lokal zu sein schien: im Johannesevangelium. Mitten in der Rücknahme von Lokalität findet sich hier doch wieder eine Rückkehr in die Lokalität. Wir hören im Johannesevangelium, wie Jesus auf seinem Weg nach Süden durch Samarien kommt. Der Jesus des Johannesevangeliums ist nicht der eines historischen Protokolls. So hat er kaum gesprochen. Das Johannesevangelium lässt ihn so reden, um den Jesus der Osterzeugnisse und daher der frühchristlichen Verehrung schon in der Zeit vor seiner Hinrichtung und Auferstehung aufscheinen zu lassen. Jesus spricht hier mit einer Samariterin.

> **Johannes 4,9** Die Frau sagte zu ihm: Herr, ich sehe, dass du ein Prophet bist.

Denn Jesus hat ihr ihre schlimme Lebensgeschichte auf den Kopf zugesagt. Sie selbst hatte sie verheimlichen wollen. Wenn ihr Gesprächspartner nun offenbar so viel Erkenntnis hat, ergreift sie die Gelegenheit und legt ihm eine Grundfrage vor, die zwischen dem Juden Jesus und der Samariterin strittig ist; nämlich, wo der wahre Kultort ist:

> **20** Unsere Väter haben auf diesem Berg Gott angebetet; ihr aber sagt, in Jerusalem sei die Stätte, wo man anbeten muss.

Sie stellt also die Frage, ob der Berg Garizim, auf dem die Samaritaner bis heute ihre Riten feiern, der richtige Kultort ist. Dafür spricht immerhin, dass dort der gemeinsame Stammvater Abraham – damals unter seinem ersten Namen »Abram« – seine Verheißung erhalten und dem Herrn seinen ersten Altar errichtet hatte (Genesis 12,8), dass sich dort die Patriarchengräber befinden sollen und dass sich dort die Stämme Israels nach Exodus und Landnahme versammelten und – nach dem Geschichtssummarium und der Entscheidungsfrage des Josua – für den reinen Gottesdienst entschieden hatten (auch dies im Vokabular der »Erwählung«: *b-ḥ-r*, Josua 24,15.22). Die Frage der Samariterin ist also durchaus berechtigt. Entscheidet Jesus dagegen für Jerusalem? Hier seine Antwort.

21 Jesus sprach zu ihr: Glaube mir, Frau, die Stunde kommt, zu der ihr weder auf diesem Berg noch in Jerusalem den Vater anbeten werdet.

Jesus scheint erst einmal alle Ortsbindung der wahren Religion zu beenden. Und – wir überspringen vorerst einen Vers, um die Argumentationslinien unterscheiden zu können – Jesus scheint eine ganz vergeistigte Religion zu predigen. Denn er fährt kurz darauf fort:

23 Aber die Stunde kommt und sie ist schon da, zu der die wahren Beter den Vater anbeten werden im Geist und in der Wahrheit; denn so will der Vater angebetet werden.
24 Gott ist Geist und alle, die ihn anbeten, müssen im Geist und in der Wahrheit anbeten.

Doch davor hat er etwas Erstaunliches gesagt, das einer so vergeistigten Universalreligion zu widersprechen scheint:

22 ὑμεῖς προσκυνεῖτε ὃ οὐκ οἴδατε, ἡμεῖς προσκυνοῦμεν ὃ οἴδαμεν, ὅτι ἡ σωτηρία ἐκ τῶν Ἰουδαίων ἐστίν· – Ihr betet an, was ihr nicht kennt, wir beten an, was wir kennen; denn das Heil kommt von den Juden.

Und damit ist natürlich auch Judäa im Unterschied zum Nordreich – »Israel« – und Jerusalem im Unterschied zu Sichem – in Samarien – gemeint. Jesus erkennt also sehr wohl, dass Gott sich festgelegt hat: Er hat sich erkennbar gemacht. Durch ein bestimmtes Volk, das jüdische, und über einen bestimmten Ort, den Jerusalemer Kult, will Gott sich aller Welt bezeugen. Geist heißt also nicht: ortlos. Gottes Allgegenwart hat einen ganz konkreten Ausgangspunkt. Jesus vertritt keine prinzipiell universalistische Theologie. Er stellt sich vielmehr in die Heilsgeschichte. Jesus betont ihren partikulär-lokalen Ausgangspunkt.

Das ist ja die uns bereits vertraute andere Linie der ganzen Bibel: Gott erwählt sich einen Ort; von hier aus kann man alle Spuren Gottes erkennen und deuten; und wenn man das anerkennt, dann kann man auch über den Einzelort hinausgehen. Die Grundfrage einer Theologie des Ortes lautet also nicht nur: Hat Gott einen Ort oder nicht? – Nochmals, technischer, gefragt: Ist das Christentum partikularistisch oder universalistisch? Denn beides besteht nebeneinander; die Grundfrage lautet daher vielmehr, *wie* gehört beides zusammen? *Warum* bestehen Lokalität und Geistigkeit zugleich?

1.2.5 Gnostisch oder abergläubisch

Besonders ortsbezogene, ja geradezu ortsfixierte Glaubensvollzüge finden sich in der Volksfrömmigkeit. Die schlimmsten Mafiosi fördern die konkretesten Kulte mit Marienstatuen und anderem leiblichen Ausdruck; aber ihr Kult scheint abgekoppelt von der inneren Wandlung der Herzen.[11] Muss die Theologie die Volksfrömmigkeit also einfach ruhigstellen und richtigstellen?

Nein. Theologie und Volksfrömmigkeit müssen immer voneinander lernen. Sonst landen wir bei einem ›ethischen Reduktionismus im banalen Wertekanon, oder bei einem ›systemstabilisierenden Ritualismus im Unrecht‹, wie man die beiden Straßengräben nennen könnte. In der Theologiegeschichte waren es zwei etwas anders gelagerte Extreme, die die Kirche erkannte und vermeiden wollte: das Gnostische und der Aberglaube.

Einfach gesagt, wäre Gnostizismus die Behauptung ›Ich habe alle heilsnotwendige Erkenntnis schon immer in mir; ich muss mir ihrer nur bewusst werden‹. Und als Aberglaube markiert man die Gegenbehauptung: ›Ich muss nur be-

---

[11] Vgl. z. B. https://www.vaticannews.va/it/vaticano/news/2020-09/cardinale-pietro-parolin-religiosita-popolare-mafia-criminalita.html (Zugriff am 26.08.2021).

stimmte Riten vollziehen, dann habe ich die Erlösung.‹ Beide Behauptungen enthalten den Anspruch, dass man das Heilsnotwendige ›hat‹. Insofern könnte man von ›Gehabe‹ sprechen. Was die Kirche dagegen einwendet, ist, dass sowohl das Gnostische wie das Abergläubische Versuche einer Selbsterlösung sind; sie aber führt nur immer weiter hinein in das, woraus man sich nicht selbst befreien kann: die Selbstverstrickung.

Nun haben wir also zwei Gefahren vor uns – Gnostizismus und Aberglaube; und zwei biblisch klare Zeugnisse: Gottes Lokalität – seine Ortsbindung – und den Ausbruch des Geistes – scheinbar das Ende aller Lokalität. Aber offenbar ist die Dialektik doch damit nicht aufgelöst: Es handelt sich ja weder einfach um zwei Straßengräben noch um ein Vorher-und-Nachher.

1.2.6 Der Ort Jesu

Der christliche Glaube ist durchaus nicht ortlos; ganz im Gegenteil. Es beginnt schon mit Jesu Erstverkündigung:

> **Markus 1,15** Die Zeit ist erfüllt, das Reich Gottes ist nahe. Kehrt um und glaubt an das Evangelium!

Dieser Ausspruch erhebt einen riesigen Anspruch. Jesus beansprucht nämlich hier: Mit meinem Auftreten bricht die neue Zeit des himmlischen Vaters an; du kannst aus seiner Zukunft leben, indem du dich auf mein Leben einlässt. – Zwar verkündet Jesus also nicht sich selbst, sondern den Vater und sein Reich; aber er weiß, dass er selbst der Punkt ist, an dem sich das Leben mit dem Vater entscheidet, das Leben in seinem Reich. Und so wird ihn nach Ostern auch die Kirche verkünden: Wenn du dich von der Freude der Auferstehung Jesu ergreifen lässt, bist du in der Gemeinschaft des ewigen

Lebens. Jesus ist damit also der Ort, an dem sich alles entscheidet. In verschiedener Weise greifen die frühen Denker des Christentums dies auf. Hier drei Beispiele.

Johannes

Das Johannesevangelium verdeutlicht Jesu entscheidende Rolle als Heilsort durch einen Vergleich mit Israels Wüstenerfahrung: Das Volk war lebensgefährlich bedroht von giftigen Schlangen. In Gottes Auftrag machte Mose daher

> **Numeri 21,9** eine Schlange aus Kupfer und hängte sie an einer Stange auf. Wenn nun jemand von einer Schlange gebissen wurde und zu der Kupferschlange aufblickte, blieb er am Leben.

Das Johannesevangelium greift dies auf. Jetzt geht es nicht mehr um den Blick auf eine Schlange, sondern auf Jesus am Kreuz. Jesu Erniedrigung, seine Kreuzigung, heißt im Vierten Evangelium nun »Erhöhung«; und Jesus bekommt die Rolle des Fluchtpunktes, des Blickpunktes, von dem aus Menschen heil werden können:

> **Johannes 3,14** Wie Mose die Schlange in der Wüste erhöht hat, so muss der Menschensohn erhöht werden, **15** damit jeder, der glaubt, in ihm ewiges Leben hat.

Und schon davor, bei der johanneisch ja an den Anfang seines öffentlichen Wirkens gestellten Tempelreinigung, sagt Jesus:

> **Johannes 2,19** Reißt diesen Tempel nieder und in drei Tagen werde ich ihn wieder aufrichten. […] **21** Er aber meinte den Tempel seines Leibes.

Das Johannesevangelium deutet das oben (S. 92) bereits erwähnte und als mehrdeutig gekennzeichnete Tempelwort also in eine bestimmte Richtung: Der neue Ort der Gotteswohnung und -begegnung ist der Leib Christi.

Paulus

Paulus bietet eine dieser Deutung entsprechende Bezeichnung: Er bezeichnet Christus sogar als das uns von Gott Hingestellte ἱλαστήριον (*hilastērion*, Römer 3,25). Was bedeutet das? Luther übersetzt das Wort mit »Gnadenstuhl« (sicher unter dem Einfluss von Hebräer 4,16: θρόνος τῆς χάριτος). Bedeuten wird dies in jedem Fall, dass Christus das »Sühnemittel« ist, vielleicht sogar der »Sühneort«. Denn Hilasterion heißt auch der Deckel der Bundeslade im Allerheiligsten des Tempels, der zur Sühne – zur Herstellung der Gottesnähe – mit Opferblut besprengt wird. Eine höchst lokale Vorstellung! Eine solche steht auch in der Anrede des Paulus an die Gemeinde (ἐκκλησία / *ekklēsia* – »Kirche«) der Jünger Jesu:

> **1 Korinther 12,27a** Ihr seid der Leib Christi.

Damit ist ausgesprochen, dass die Jüngerinnen und Jünger Ort der Gegenwart Christi sind – wohl aber noch mehr: Wie Jesus selbst beanspruchte, Gemeinschaft mit ihm sei Zugangsbedingung zum Gottesreich, so scheint dies nun, nach Ostern, für seine Gemeinschaft, die Gemeinde seiner Zeuginnen und Zeugen zu gelten. Dies wird in einer anderen Metapher deutlich:

Matthäus

Im Matthäusevangelium vertraut Jesus dem Petrus »die Schlüssel zum Himmelreich« an (Matthäus 16,19). Angesprochen ist der eine Jünger hier stellvertretend für die Gemeinde aller Jesusanhänger. Durch sie wird der Zugang zum Gottesreich bereits jetzt ermöglicht; und da nur diese Gemeinschaft die Schlüssel hat, wird von ihr beansprucht: Sie ist heilsentscheidend.

1.2.7 Aufbruch

Es ist auch ein Schlüsselgedanke, der diesen behaupteten »Lokalitäten« zugrunde liegt. Hier geht es nicht um kleinliches Abzirkeln oder archaisches Absondern. Ausgangspunkt ist vielmehr eine Einsicht. Sie lautet: Wenn ein Mensch meint, er könne sich selbst aus dem Dunkel befreien, wird er sich darin verfangen. Wer meint, er müsse nur in sich hineinhören, um geheilt zu werden, kommt nicht heraus. Die Bibel vertritt genau die gegenteilige Dynamik zu einer gnostischen Selbsterleuchtung. Die biblische Grunddynamik kann man benennen als »Aufbruch«; und wiedergeben ließe sich dies als eine Einsicht: Besitzen kann man das Leben nicht; du musst es dir schenken lassen; ziehe aus – aus deinen selbstgemachten Gespinsten; mache dich auf zum andern; du musst aufbrechen zu dem hin, der Lebensquelle ist. Mit einem schönen Wort kann man diese Grundeinsicht im Deutschen treffen: »Verlasse« dich auf Gott. Die Doppelbedeutung von »sich verlassen« als Aufbruch und Vertrauen scheint schon Luther an einer Zentralstelle zu sehen und zu nutzen:

> Worauf du nu (sage ich) dein herz hengest und verlessest, das ist eygentlich dein Gott.[12]

Deswegen gibt es auch christlicherseits heilige Orte, heilige Stellen. Weil man dorthin aufbrechen muss. Das ist kein Aberglaube. Es ist ein Ausdruck für die Einsicht und Anerkennung, dass wir das Entscheidende nicht selbst schon haben; dass wir angewiesen sind auf das Geschenk.[13] So kann

---

[12] Martin Luther, *Großer Katechismus* (Weimarer Ausgabe, Band 30), Weimar: Hermann Böhlaus Nachfolger, 1910, S. 133, Zeile 7 f.

[13] Gerade während der Muslimisch-christlichen Werkwochen 2021 betonte Papst Franziskus in Ur im Irak, wie wichtig es ist, »zu den

man auch verstehen, warum Lutheraner vom Leben »extra nos in Christo« sprechen;[14] so kann man auch verstehen, warum Orthodoxe die Ikonen berühren und Katholiken ins Weihwasserbecken greifen, wenn sie eine Kirche betreten. Die Körperlichkeit der Geste zeigt: Ohne dich habe ich es nicht! Kurz gesagt: Warum Gottes Lokalität? Damit wir aufbrechen.

1.2.8 Der neue Ort

Nun fragt sich aber doch, *warum* es in der Bibel doch auch das Gegenstück zur Lokalität gibt; warum den Gedanken, dass Gott überall ist – und warum den Ausruf Jesu, dass ausgerechnet der heidnische Hauptmann gläubiger sei als das heilige Volk. Weil in der Ortsbindung Gottes eine Gefahr lauert. Gottes Lokalität kann magisch missverstanden werden. Wenn wir nämlich meinen, mit der Wallfahrt zum heiligen Ort hätten wir alles ›im Kasten‹; wenn wir meinen, mit dem Eintritt in die Kirche – die Organisation, das Gebäude, die Gemeinschaft – besäßen wir das Leben nun wie einen Gegenstand, dann sind wir nicht mehr in der Dynamik des Aufbruchs. Dann sind wir genau wieder bei dem verkehrten Ver-

---

heiligen Orten zu pilgern: Es ist das schönste Zeichen der Sehnsucht nach dem Himmel auf Erden.« http://www.vatican.va/content/francesco/de/speeches/2021/march/documents/papa-francesco_20210306_iraq-incontro-interreligioso.html (Zugriff am 16.03.2021).

14 Ausgehend von Luther selbst: in seiner Galaterbriefvorlesung von 1531 und ihrer Druckfassung als Galaterbriefkommentar von 1535 (Weimarer Ausgabe, Band 40, Teil I), Weimar: Hermann Böhlaus Nachfolger, 1911, S. 589, Zeilen 8 und 26: »extra nos«; sowie »jnn Christo ausser mir selbs« in seiner Schrift *Von der Winkelmesse und Pfaffenweihe* von 1533 (Weimarer Ausgabe, Band 38), Weimar: Hermann Böhlaus Nachfolger, 1912, S. 205, Zeilen 28 f.

ständnis, dass wir das Entscheidende selbst haben könnten. Daher bricht das biblischen Zeugnis Gottes Ortsbindung immer wieder auf. Plötzlich ist Gott gerade draußen: In der Wüste, im heidnischen Propheten Bileam, im persischen Herrscher Kyros; im heidnischen Hauptmann und »im Geist und in der Wahrheit«. Nicht um sich zu entziehen, nicht um uns zu enttäuschen, sondern um uns in der lebendigen Beziehung leben zu lassen; um uns offen zu halten.

Wir können diese Bewegung auch im Ausgang des Neuen Testaments beobachten. Der Kanon besteht aus 27 Büchern. Da ist offenbar nichts dem Zufall überlassen. Als fünftes Buch – wie das Deuteronomium der Thora – schließen die Evangelien mit der Apostelgeschichte. Hier hörten wir in der Rede des Stephanus, wie die Ortsbindung Gottes aufgebrochen wird, wie Gottes Gemeinde aufbricht, über Jerusalem hinausströmt. Und wo endet die Erzählung? In Rom. Schon im 2. Jahrhundert heißt es von Rom: Es ist die Stadt, in der die beiden wichtigsten Apostel ihr Martyrium erlitten. Und bald werden ihre irdischen Ruhestätten lokalisiert: Sankt Peter im Vatikan und Sankt Paul vor den Mauern. Von großer Bedeutung für die frühchristliche Romtheologie ist dann auch eine bildliche Darstellung von Petrus und Paulus gemeinsam: die sogenannte Traditio Legis. Christus ist hierbei der neue Gesetzgeber, der an die Stelle des römischen Kaisers tritt und als der neue Mose handelt. Schafe weidet er, denn er ist der gute Hirte; und er übergibt den beiden eine Schriftrolle. Auf ihr heißt es »Dominus legem dat«: der Herr gibt das Gesetz. Das neue Gesetz ist das Neue Testament. Wenn es diese beiden Apostel empfangen, dann bedeutet das: Hier, im alten Rom, nicht in Jerusalem – und bald auch: nicht in Konstantinopel – ist der maßgebliche Ort.

Das Ende des Neuen Testamentes und damit der gesamten christlichen Bibel hat ebenfalls Rom im Brennpunkt. Nur kommt der Name der Stadt und des Reiches dort nicht vor.

Die Rede ist vielmehr von einer Frau, die Babylon heißt und als Mutter aller Huren (oder aller Hurer) und aller Abscheulichkeiten auf Erden gekennzeichnet ist (Offenbarung 17,5: ἡ μήτηρ τῶν πορνῶν καὶ τῶν βδελυγμάτων τῆς γῆς). Weil sie aber auf sieben Bergen sitzt (17,9), ist klar: Die Rede ist von Rom. Am Ende des Neuen Testamentes haben wir keine Abkehr von Rom; Romkritik aber ist hier verborgen und doch deutlich. Dort, in dieser schwierigen, schmutzigen, gewalttätigen Welt müsst ihr nun einmal wirken, so scheint die Botschaft zu lauten.

Das Neue Testament verliert damit Jerusalem allerdings nicht aus den Augen. Es kennt das himmlische Jerusalem; aber es blickt nun auch nicht nur sehnsuchtsvoll auf diese himmlische Zukunft. Sondern das himmlische Jerusalem wird »begehbar«.[15] Wie am Ende der Evangelien die Apostelgeschichte steht und am Ende des gesamten Kanons die Apokalypse des Johannes, so hören wir am Ende der Paulusbriefe jene Predigt, die man den »Hebräerbrief« nennt. Dort hört, am Zielpunkt des ganzen Vortrags, die versammelte Gemeinde: Was ihr hier tut und erlebt, das ist nicht Moses am Sinai, sondern Jesus in Jerusalem. Denn hier ist nicht Bund der Gesetzesübergabe, nicht Ort der Angst, hier geschieht nichts Irdisches; sondern hier ist Bund der Versöhnung und Verwandlung, neues Tempelgeschehen, Ort des Festes: Ihr nehmt jetzt teil an der feiernden Gottesversammlung im himmlischen

---

[15] Bertram Stubenrauch lässt das Wort ›begehbar‹ offenbar bewusst zwischen zwei Bedeutungen changieren – ›Gott selbst kann man feiern‹ und ›in Gott kann man geradezu räumlich eintreten‹: »Pascha-Mysterium«, in: *Lexikon für Theologie und Kirche*, Band 7, Freiburg im Breisgau: Herder, [3]1998, Sp. 1410–1411, Sp. 1410; vgl. die Kritik an der Verwendung »Gott wird begehbar« von Angelus A. Häußling, »›Pascha-Mysterium‹. Kritisches zu einem Beitrag in der dritten Auflage des Lexikon für Theologie und Kirche«, in: *Archiv für Liturgiewissenschaft* (1999), S. 157–165.

Jerusalem (Hebräer 12,22). So ist also Jerusalem wieder da: als Ort, zu dem man sich stets neu aufmachen muss.

1.2.9 Nachfragen. Klärungen

Die Örtlichkeit Gottes ist etwas Anstößiges, aber damit auch Anstoß zum Aufbruch. Wir müssen dies noch nach sieben Richtungen klären, in sieben Verhältnisbestimmungen zu theologischen Fragestellungen: im Verhältnis von Ekklesiologie und Geographie (a), von Eschatologie und Sozialethik (b), im Verhältnis von Anthropologie und Soteriologie (c), sodann von Lokalitäts- und Inkarnationstheologie (d), von christlicher Israel-Theologie zur Schrifthermeneutik (e) sowie im Verhältnis von Verheißungstheologie und Völkerrecht – nämlich im Blick auf den heutigen Staat Israel (f), und anschließend im Verhältnis von Metaphysik und Christusbekenntnis – nämlich im Blick auf die Behauptung, der unendliche Gott habe doch Grenzen (g).

(a) Ekklesiologie und Geographie

Die christliche Gemeinde ist nicht *von* der Welt, aber *in* der Welt (vgl. Johannes 17,14f.). Das heißt: Der Grund ihres Daseins und ihrer Freude liegt nicht in Menschenentscheidungen oder Naturerscheinungen. Vielmehr hat die Gemeinde ihr Dasein und ihren Trost aus dem Ostergeschehen. Die Welt ihrer Gegenwart scheint den Christenmenschen von Anfang an eine »Fremde« gewesen zu sein (παροικία: 1 Petrus 1,17; und 5,13 sogar »Babylon«). Dennoch: Die Gläubigen gehen auf die Bedingungen vor Ort ein; und hier scheint sich ein Dialog zu ergeben: Jede örtliche Kultur prägt die Kirche – aber auch umgekehrt. Damit sich die Kirche allerdings nicht einnistet, nicht abfindet mit den Unveränderlichkeiten vor Ort, sich nicht unterwirft – dem Stil oder der Macht eines Landes, feiert sie – begeht sie sichtbar – ihren Bezug auf ein Anderswo. Die Heimat der Gläubigen ist im Himmel (Philipper 3,20). Ihre grundlegende Feier ist Vorfeier des himmlischen Festmahls. Jedoch erwies es sich als Stütze, auch auf Erden einen Bezugsort zu haben. Mit diesem Gedanken lässt sich zum Teil erklären, warum Kaiser Konstantin die Heilsorte der Jesusgeschichte lokalisieren und mit Basiliken markieren will; und warum sich junge Menschen Lateineuropas dazu bewegen ließen, Jerusalem mit roher Gewalt von den Muslimen zu »befreien«: Jerusalem ist wieder christliches Pilgerziel. Andere Bezugsorte werden ebenfalls zum Endpunkt von Pilgerfahrten. Man richtet sich wandernd daraufhin aus, ja, man richtet seinen ganzen Lebenswandel darauf aus. Das Pilgerziel erweist sich als »Andersort«.[16] Wie Kirchen, wie Friedhöfe, Schiffe oder Heime wird es zum inspirierenden, orientierenden, zugleich beheimatenden *und* befremdenden Gegenüber. Seine Funktion kann ein Andersort vor allem dann erfüllen, wenn er nicht zum eigenen Kulturbereich gehört, ja gar keinem irdischen Machthaber untersteht. Besonders aufschlussreich ist hierbei der katholische Rom-Bezug. Katholikinnen und Katholiken haben häufig ein schwärmerisches Verhältnis zu Rom: Sie halten die Schönheit der Stadt und der Liturgien als Erinnerung sowie am Bildschirm lebendig und lassen sich von Papstworten in ihrer kontrakulturellen Eigenart ansprechen. Zugleich aber sind katholische Gläubige oft durchaus romkritisch: Sie leiden an der Lebensferne römisch-kurialer Verhältnisse und Entschei-

---

16 »Andersort« ist die eingebürgerte Wiedergabe des Foucault'schen Heterotopie-Gedankens: Michel Foucault, »Des espaces autres. Hétérotopies«, in: *Architecture, Mouvement, Continuité* 5 (1984), S. 46–49 (ein Radiovortrag von 1967).

dungen. Jedoch erweist sich auch darin eine lebendige Bezugnahme – eben auf den Andersort.

(b) Eschatologie und Sozialethik

Jerusalem kommt als himmlische Stadt auf die Erde herab: So schaut es eine Vision in der Apokalypse (Offenbarung 21,10). Die Stadt ist groß und schön und licht; und sie hat keinen Tempel mehr. Denn Gott ist selbst in ihr gegenwärtig (V. 22): keine bloße Repräsentanz. So ist Jerusalem das Geschenk eines Ideals, das wir nicht selbst vollbringen können. Aber der Blick auf diese ideale Stadt bleibt nicht in der Sehnsucht; er wird Ermutigung und Ausrichtung zum Bauen einer neuen Civitas der stets offenen Tore: einer Zivilisation für alle Völker. Damit orientiert und motiviert der Ortsbezug auf eine neue Menschheit und Menschlichkeit hin. Der Weg nach Jerusalem erhält damit eine sozialethische Komponente. So erinnerte etwa Papst Franziskus 2017 in Kairo an die Berufung der Menschen, unterwegs zu sein zu Zielen, die über den irdischen liegen; und dass es deshalb

> notwendig ist, den Geist dem Höchsten zuzuwenden, um zu lernen, wie man die Stadt der Menschen erbaut – *è necessario elevare l'animo verso l'Alto per imparare a costruire la città degli uomini.*[17]

Der Weg nach Jerusalem wird damit allerdings nicht zum Aktivismus. Denn das Erreichen des Ziels ist doch keine Menschenleistung; es ist ein Gottesgeschenk.

---

[17] https://www.vatican.va/content/francesco/it/speeches/2017/april/documents/papa-francesco_20170428_egitto-conferenza-pace.html (Zugriff am 17.05.2021). Von der Sehnsucht nach einer wahrhaft menschlichen Stadt, nach einer humana civitas – nach einer rechtsstaatlichen Zivilisation – sprach bereits Dante Alighieri († 1321).

(c) Anthropologie und Soteriologie

An dieser Stelle sind wir imstande, auch eine einigermaßen vertraute theologische Begrifflichkeit anzubieten zur Bezeichnung der Wechselwirkung zwischen göttlicher Ortsbindung und »aufgehobenem«[18] Ortsbezug, für den bleibenden Aufbruch, für die Vermeidung sowohl von kultischem Aberglauben wie von gnostischem Spiritualismus. Theologisch verständlich wird die Dynamik der Lokalität als ›sakramentale Einbeziehung‹.[19] Die hier zu beschreibende Dynamik lässt

---

[18] Hier ist »entzogen« gemeint; jedoch eignet sich die Dreifachbedeutung von »Aufhebung« für alles, was hier angesprochen ist: Abschaffung, Beibehaltung und Erhöhung. So ja bereits von Hegel gesehen; vgl. z. B. *Die objektive Logik* (1812/13; erste Auflage 1831), in: Walter Jaeschke (Hg.), Georg Wilhelm Friedrich Hegel. *Gesammelte Werke*, Band 11, Hamburg: Meiner, 1978, S. 57 f.

[19] Das tut auch Christian Rutishauser, »Versuche zu einer katholischen Theologie des Landes Israel«, in: *Theologische Quartalschrift* 201 (2021), S. 72–89: S. 87. Rutishauser zufolge wird demnächst auch Dirk Ansorge eine Möglichkeit aufzeigen, die Landfrage, ja Staatsfrage Israels über die christliche Sakramententheologie zu verstehen: Dirk Ansorge, »Does Catholic Theology of Sacraments Help to Achieve an Affirmative Approach to the State of Israel?«, in: Gavin D'Costa und Faydra Shapiro (Hgg.), *Contemporary Catholic Approaches to the People, Land and State of Israel*, Washington: Catholic University Press, 2022, S. 178–199, zitiert nach Rutishauser, »Versuche«, S. 85. Evangelische Christen lehnen gelegentlich eine Rede vom Sakrament ab, die sich nicht auf Taufe und Abendmahl bezieht oder unmittelbar auf Christus selbst; denn er ist das Sakrament schlechthin. Klassische Theologien reformatorischer Tradition sprechen dann erklärend von »Gnadenmitteln«, so z. B. Wolfhart Pannenberg, Artikel »Gnadenmittel«, in: *Evangelisches Kirchenlexikon*, Band 1, Göttingen: Vandenhoeck & Ruprecht, ^{1}1956, Sp. 1615–1617. Doch wird auch von evangelischer Seite der Sakramentsbegriff mitunter zum Verständnis der Heilig-Land-Theologie angeführt, z. B. von Friedrich-Wilhelm Marquardt, *Was dürfen wir hoffen, wenn wir hoffen dürften? Eine Eschatologie*, Band 2, Gütersloh: Gerd Mohn, 1994, S. 187 f., zitiert nach Georg

sich gut mit dem Adjektiv »sakramental« ansprechen. Denn hier geschieht mehr als bloß moralischer Appell, ethische Neubesinnung, mahnende Denkmalsetzung oder schmückende Abstrahierung: Bestimmte konkret materielle Schöpfungselemente – auch das irdische Jerusalem – sind als Christusgedächtnis einbezogen in das Gotteswirken wie Brot und Wein bei der Abendmahlsfeier. Doch braucht es für das Zustandekommen des transformativen Ortsbezugs nicht bloß den Ort: Notwendig sind ebenso die pilgernden Gläubigen. Ihre Bereitschaft, sich von Gott beschenken und verwandeln zu lassen, ist einbezogen in das sakramentale Geschehen. Das gilt für alle Sakramente.[20]

(d) Lokalitäts- und Inkarnationstheologie

Als wir unsere Theologie der Lokalität biblisch zu begründen versuchten, gingen wir oben von Jesu galiläischer Verkündigung und der Ostererfahrung aus. Viele christliche Theologien suchen ihren Ausgangspunkt jedoch anderswo. Sie setzen bei der Menschwerdung an.[21] Dass das göttliche Wort in Jesus Christus in die Geschichte eintrat und Mensch wurde:

Röwekamp, »Das Heilige Land ein ›fünftes Evangelium‹?«, in: *Theologische Quartalschrift* 201 (2021), S. 35–52: S. 50.

[20] Hierzu das Dokument aus dem Jahre 2020 der Internationalen Theologischen Kommission, *Die Reziprozität zwischen Glaube und Sakramenten in der sakramentalen Heilsordnung*: https://www.vatican.va/roman_curia/congregations/cfaith/cti_documents/rc_cti_20200303_reciprocita-fede-sacramenti_ge.html (Zugriff am 23.07.2021).

[21] Z.B. Frank Crüsemann, »Christen können den Anspruch des jüdischen Volkes auf das Land Israel respektieren«, in: Hubert Frankemölle (Hg.), *Juden und Christen im Gespräch über »Dabru emet – Redet Wahrheit«*, Paderborn: Bonifatius, 2005, S. 155–180: S. 179 f., zitiert nach Röwekamp, »Das Heilige Land ein ›fünftes Evangelium‹?« (wie oben, Fußnote 19), S. 35–52: S. 50.

Dieser Gedanke stellt schon eine etwas spätere Reflexionsstufe der Christusereignisse dar. Daher empfiehlt es sich zwar, die Menschwerdung des Logos nicht als letzten Grund einer christlichen Theologie anzunehmen, sondern aus den früheren Schichten des Christuszeugnisses zu zeigen, wie es zum Inkarnationsgedanken kam: aufgrund des an Ostern vorwegnehmend erfüllten Anspruchs Jesu, dass mit ihm das Gottesreich anbricht. Doch auch »inkarnationsbasierte« Theologien vollziehen auf ihre Weise das nach, was wir Gottes Lokalität genannt haben. Mit dem Bekenntnis der Menschwerdung Gottes können verschiedene Theologien begründen, warum der christliche Glaube einen Ortsbezug hat; etwa: Wenn Gott Mensch geworden ist, gibt es heilige Orte und hat das Pilgern einen Sinn. Gottes Menschwerdung kann aber nicht nur als Begründung, sondern auch als ein Beispiel der Lokalität Gottes dienen, ja lässt sich verstehen als der göttliche Radikalvollzug seiner Ortsbindung. Schließlich lässt sich im Lichte der hier entwickelten Theologie der Lokalität sogar die Frage neu beantworten, warum Gott Mensch werden wollte. Selbstverständlich ist die Behauptung, man habe diese Frage beantwortet, ebenso kess, wie die Frage keck ist. Ein Versuch, Gottes Weisheit zu erahnen, sei aber gewagt: Gott bindet sein Heil an einen bestimmten Ort – Israel, Christus, Kirche –, weil die Menschen erst *so* heilsam herausgefordert sind, sich aufzumachen aus dem Selbstbezug in die versöhnte Einheit mit allem. Tatsächlich deutet ein neutestamentlicher Text offenbar diesen Gedanken an, wenn er sagt, Gottes Erlösungsprojekt sei:

> **Epheser 1,10** alles in Christus zusammenzubringen – ἀνακεφαλαιώσασθαι τὰ πάντα ἐν Χριστῷ.

Der irische Gelehrte Johannes Scottus Eriugena (9. Jahrhundert), ein unbewusst neuplatonischer Denker, nennt Gott selbst den Ort aller Orte: locus locorum. Denn alles kommt in ihm zur Ruhe, hat in ihm sein Ziel.[22]

(e) Christliche Israel-Theologie und Schrifthermeneutik

Der christliche Glaube ist nicht die Religion *eines* Volkes, kein Kult an einem einzigen Ort; aber er beseitigt die Erwählungsgeschichte Israels mit ihrem eindeutigen Ortsbezug auch nicht. Deshalb schafft er die Bezeugung von Israels Erwählung – die Hebräische Bibel – nicht ab: Die Kirche übernimmt die Schriften Israels und versteht sie als »in Christus erfüllt«. Diese Erfüllung wird von der Kirche täglich nachvollzogen. Die Christusgläubigen begeben sich immer wieder in einen *hermeneutischen Übergang*. Es ist ein Übergang, wie ihn auch Israel auf seine Weise schon begeht. Es ist der Vorgang, der »Gedächtnis« heißt (*z-k-r, ἀνάμνησις/anamnēsis*, memoria): aus der Sklaverei in die Freiheit – aus der Trauer in die Freude – von der Not zur Feier; von der Verheißung zur Erfüllung – vom »noch nicht« zum »jetzt schon« – vom Gesetz zum Evangelium – aus der Vergangenheit in die Zukunft. Solch ein hermeneutischer Übergang geschieht auch vom Partikularen ins Universale.

Nun ist es aber wichtig zu sehen, dass das Volk dieses Gedächtnisses beim hermeneutischen Übergang von einem Zustand in den andern den Ausgangszustand nicht einfachhin abgeschüttelt. Das Alte ist nicht nur didaktisch kurz erinnerte, längst überwundene Durchgangsstation. Das irdisch Bindende gehört vielmehr zum Leben, bis zum Ende der Geschichte.

So liest denn auch das Zweite Vatikanische Konzil die Heilsgeschichte nicht als eine Abfolge von Vorbereitung und

---

[22] *de Divisione naturae* Buch 1, Kapitel 21: *Patrologia Latina*, Band 122, Spalte 468 D.

Erfüllung etwa in dem Sinne, dass ›das erstberufene Gottesvolk aufgrund der Christusereignisse abgelöst wurde: vom neuen Gottesvolk, der Kirche‹. Nein; vielmehr »bleiben« die Juden »ganz und gar gottgeliebt«: Deo … carissimi manent.[23] Wie fasst das Zweite Vatikanum dann das Verhältnis zwischen Israel und der Kirche? Die Konzilstheologie bestimmt diese Beziehung fünffach – mit fünf zugleich traditionellen und hermeneutisch anspruchsvollen Begriffen: als »geistliche Verbindung«, als ein »Schon« (Antizipation), als »inklusive Berufung«, »geheimnisvolle Vorausbildung« und »Einfügung«.[24] Daher lässt sich der Anfang der göttlichen Ortsbindung auch nicht erst an der Inkarnation des Gotteswortes in Christus festmachen; vielmehr ließe sich im Sinne der eben nachgezeichneten »bleibenden« Israel-Theologie sagen: Gottes Erwählung der Kirche als Ort seiner Gegenwart beginnt mit der Berufung Abrahams.

(f) Verheißungstheologie und Völkerrecht

Der Vatikan erkennt den Staat Israel seit 1993 offiziell an. Das Jahr ist das Stichdatum, weil vor der Anerkennung durch den Heiligen Stuhl die palästinensisch-israelischen Gespräche entscheidend weitergekommen waren. Theologisch sind vier Gesichtspunkte beizutragen:

- Der Grund für die Anerkennung ist das Völkerrecht, demzufolge jedes Volk ein Recht auf sicheres Land hat, und das Menschenrecht, das jeder Religionsgemeinschaft

---

[23] Zweites Vatikanum, *Erklärung über die Haltung der Kirche zu den nichtchristlichen Religionen ›Nostra Aetate‹*, Nr. 4: https://www.vatican.va/archive/hist_councils/ii_vatican_council/documents/vat-ii_decl_19651028_nostra-aetate_ge.html (Zugriff am 04.09.2021).

[24] Ebd.: spiritualiter coniunctus – fidei et electionis suae initia iam … inveniri – in eiusdem Patriarchae vocatione includi – mystice praesignari – inserti (»eingepfropft«).

ihr Recht auf ungehinderte Religionsausübung zuspricht, selbstverständlich mit den anderen Menschenrechten ebenso im Blick.

- Die Anerkennung Israels durch die katholische Kirche ist damit kein theologisches Urteil. Die Kirche sagt nicht, dass das jüdische Volk ein offenbartes Recht auf dieses Land hätte oder dass die Staatsgründung die Erfüllung göttlicher Verheißungen wäre. Verheißungen, von denen die Bibel berichtet, erfüllen sich in der Geschichte immer wieder anders, als es die Menschen erwarten.
- Zwar geschieht die offizielle Anerkennung des Staates Israel durch den Heiligen Stuhl also unter äußerster theologischer Zurückhaltung: Weder Staatsgebiet noch Staatsgründung werden biblisch begründet. Jedoch sollte sich die Theologie bei aller berechtigten Zurückhaltung gegenüber der Politik nicht ganz und gar aus den politischen Fragen heraushalten. Die Politik allein war offenkundig nicht imstande, den Nahostkonflikt theologiefrei einer Lösung näherzubringen. Schon deshalb sollten Stellungnahmen des Heiligen Stuhls zur Israelfrage künftig – in aller selbstkritischen Bescheidenheit – auch Gedanken aus der theologischen Sozialethik einbringen.[25]
- Was die Kirche anerkennt, ist der Rechtsstaat Israel, in dem die Rechte aller dort Ansässigen gleichermaßen geschützt sind einschließlich Grund und Boden sowie die Religionsfreiheit auch nichtjüdischer Personen und Institutionen.[26]

---

[25] Christian Rutishauser sieht diesen Mangel. Er behebt ihn, indem er daran erinnert, dass das jüdische Volk das Land bewohnen dürfen soll, um hier ungestört der Thora zu folgen; die Thora aber enthält auch ein Recht für die im Lande wohnenden Fremden – enthält auch den Auftrag an Israel, Licht für die Völker zu sein (»Versuche«, wie oben, Fußnote 19, S. 79.88).

[26] David Neuhaus, »A Catholic Perspective on the People, Land and

(g) Metaphysik und Christusbekenntnis

Abschließend sei noch einmal auf die Ausgangsfrage einer Theologie der göttlichen ›Lokalität‹ eingegangen. Denn offenbar ist die Behauptung anstößig, Gott lege sich fest, grenze sich ein. Kann der Ortlose einen Ort haben? So haben wir schon gefragt.[27] Eine paradoxe Antwort lautet:

> Non coerceri maximo, contineri tamen minimo divinum est[28] – Göttlich ist es, vom noch so Großen nicht umfasst, doch im noch so Kleinen enthalten zu sein.

Die staunende Anerkennung, dass der Unbegrenzte sich selbst begrenzt, bezieht sich in der patristischen Literatur vor allem auf Christus, und zwar in seiner Menschwerdung, in seiner Kreuzigung oder Grablegung, diese vorwegnehmend aber auf sein Leben im Schoße Mariens. Sie birgt Gott wie der Tempel.[29] Das Bekenntnis, dass der Größte im Kleinsten

---

State of Israel«, in *Contemporary Catholic Approaches* (wie oben, Fußnote 19), S. 200–225.

27 S. 84.

28 Oben habe ich frei übersetzt. Friedrich Hölderlin stellt seinem *Hyperion* (1797–1799) diesen Satz voran. Er ist aber ursprünglich keine Charakterisierung Gottes, sondern des Ignatius von Loyola: Ein flämischer Jesuit feiert damit 100 Jahre nach Gründung des Ordens der Societas Jesu deren Gründer. So nachgewiesen von Hugo Rahner, »Die Grabschrift des Loyola«, in: *Stimmen der Zeit* 139 (1946/7), S. 321–337. Wiederabdruck in ders., *Ignatius von Loyola als Mensch und Theologe*, Freiburg im Breisgau: Herder, 1964, S. 422–440.

29 Stefan Heid, »›Non coerceri maximo, contineri tamen a minimo divinum est.‹ Die frühchristlichen Wurzeln der ›Grabschrift des Loyola‹«, in: Thomas Marschler und Christoph Ohly (Hgg.), *Spes nostra firma.* Festschrift für Joachim Kardinal Meisner zum 75. Geburtstag, Münster: Aschendorff, 2009, S. 29–44. Dort auch der Hinweis auf Philo von Alexandrien, der Gott als den »unumfassten Umfasser« πάσης περιέχοντα, οὐ περιεχόμενον bezeichnete (*de Migratione Abrahami* 35:192, *pasēs periechonta ou periechomenon).*

eingeschlossen sei, ist nicht bloß eine schicke Formel. Es benennt vielmehr die Herausforderung, sich auf die Unerwartetheit Gottes einzulassen. Sie erst reinigt uns von unseren Gottesbildern. Auch ein Gottesbegriff, der behauptet, Gott ist zu groß, um sich binden, legt Gott auf eine menschlich bestimmte Art von Transzendenz fest. Solche Gottesbegriffe scheinen weitherzig zu sein, sind aber tatsächlich Einseitigkeiten und Einschränkungen Gottes. Der Gott, den die Schrift bezeugt, wählt aus Liebe gerade das Unerwartete als Ort seiner Gegenwart. Theologisch nachvollziehen lässt sich diese Wahl mit dem Gedanken: Wenn Gott nicht den irdischen Erwartungen von Größe und Stärke entsprechen will, reinigt er die Menschen von ihren Festlegungen und Götzen. Daher fordert ein solcher Gott die Menschen auch heraus, Grenzen zu überschreiten: Feindesliebe; seine heilsentscheidende Gegenwart in Israel, in Christus, in der Kirche anzuerkennen und ihm im Verachteten zu begegnen:

> **Matthäus 25,40** Was ihr dem Geringsten getan habt, das habt ihr mir getan.

Nun können wir die in diesem Kapitel entwickelte Theologie des Ortes – die Topologie, die aus der Dialektik der Lokalität lebt – zusammenfassen. Wir haben gesehen, dass die Annahme eines Gottes-Ortes keine menschlich-kleinliche Festlegung Gottes sein muss und dass die Ablehnung jeglicher Gottes-Orte gerade nicht vor einer solchen menschlichen Gottesverkleinerung bewahrt. Sakramente sind gerade nicht magisch.[30] Wir konnten dies aus der Schrift selbst begründen:

---

[30] Max Weber hat »zwischen vorachsenzeitlich ›Magischem‹ und nachachsenzeitlich ›Sakramentalem‹ nicht durchgehend sauber unterschieden, sondern beides häufig durch einen bloßen Bindestrich (›magisch-sakramental‹) so gereiht, als wäre es praktisch dasselbe.« Hans Joas, *Im Bannkreis der Freiheit. Religionstheorie nach Hegel und Nietzsche*, Berlin: Suhrkamp, 2020, S. 261.

Verortung Gottes und Versinnbildlichung des Ortes gehören biblisch zusammen, denn sie brauchen einander: damit das Gotteszeugnis der immer neue Aufbruch aus dem angeblichen Heiligkeitsbesitz in die lebendige Heiligkeitsbeziehung bleibt. Als theologische These ließe sich daher formulieren:

> Gott erwählt sich einen Ort, zu dem wir uns aufmachen müssen, weil das wahre Leben Geschenk ist, keine Habe; aber genau deshalb hat man Gott auch am heiligen Ort nicht, sondern muss ihn immer neu ›im andern‹ suchen: als seine überraschende und so reinigende Gegenwart.

Hier komme ich nun zu meiner ersten Kontroversfrage an den islamischen Theologen. Wenn man die Rechtslage betrachtet, scheint der Islam sein Verständnis von Orten vor allem zur Abgrenzung zu nutzen. Haus des Islam gegen Haus des Krieges – heilige Bezirke, verboten für Nichtmuslime: Steht dahinter ein Weltbild, in dem es nur zwei Pole gibt: »wir« und »die anderen«? Und diese beiden Pole scheinen grundsätzlich gegeneinander zu stehen und zu handeln. Schafft man sich so nicht ein Wirgefühl, einen Zusammenhalt der Muslime gerade, indem man andere als anders, ja als gefährlich ausschließt? Während ich gerne mit muslimischen Freundinnen und Freunden den Petersplatz in Rom besuche, darf ich als Christ nicht nach Mekka. Was steht dahinter?

1.3 Serdar Kurnaz | Wir-Konstitutionen (I) Geopolitik heiliger Orte

1.3.1 Warum Nichtmuslime nicht nach Mekka dürfen – »Die reine Gemeinde«?

Gehen wir mit einem Blick über die Geschichte der Religionen, so können wir feststellen, dass Gemeinschaften bemüht sind, sich von anderen abzugrenzen. Dazu gehört das Recht, bestimmte Orte zu betreten. Mit dem Zutritt von Orten stehen nicht selten Reinheitsvorstellungen in Verbindung. In diesem Sinne gilt für die muslimische Tradition, dass sie den Nichtmuslimen – u. a. mit dem Argument, sie seien unrein – den Zutritt nach Mekka verwehrt. Dies wiederum ist einem binären Wir-Ihr-Denken verschuldet. Wie genau diese Binarität mit Bezug auf die Zulässigkeit, heilige Orte zu betreten, begründet wird und was einen Ort zu einem heiligen macht, möchte ich im Folgenden darstellen.

Begründet wird der Ausschluss von Nichtmuslimen unter Berücksichtigung von Sure 9:28:

> **9:28** O ihr, die ihr glaubt! Die Beigeseller sind doch unrein. Daher sollen sie sich, nach Ablauf dieses Jahres, nicht der geheiligten Anbetungsstätte nahen. Wenn ihr Verarmung fürchtet – Gott wird euch gewiss aus seiner Huld Reichtum schenken, wenn er will. Siehe, Gott ist wissend, weise.[1]

Geht man vom allgemeinen Wortlaut des Verses aus, besagt er, dass die Beigeseller (die *mušrikūn*, d. h. die polytheistischen Araber) nach einer vorgesehenen Frist die Anbetungsstätte *(al-masǧid al-ḥarām)* nicht mehr betreten dürfen. Als Grund nennt der Vers, dass sie unrein *(naǧas)* seien. Diese

---

[1] Übersetzung nach *Der Koran*, übers. v. Hartmut Bobzin, München: C. H. Beck, 2017.

Passage gibt keine Informationen darüber, welcher Ort mit der Anbetungsstätte gemeint ist, in welchem Jahr die vorgesehene Frist abläuft und was es genau bedeuten soll, dass die Beigeseller unrein seien. Ferner ist unklar, ob unter Beigeseller alle Nichtmuslime verstanden sind oder doch nur eine bestimmte Gruppe von Menschen. Gehen wir diesen Unklarheiten nach, werden wir sehen, mit welchen Argumenten die muslimischen Gelehrten den Ausschluss von Nichtmuslimen von heiligen Orten begründeten und dies teilweise noch heute tun.

Über die o. g. Unklarheiten gibt die koranexegetische Literatur Aufschluss. Beginnen wir zunächst mit der historischen Kontextualisierung. Sure 9 wurde zu einer Zeit herabgesandt, in der es zu Auseinandersetzungen zwischen Muslimen und den polytheistischen Arabern kam. Zuvor schlossen die Muslime mit ihnen im Jahre 628 in Ḥudaybiya einen Friedensvertrag. Folgen wir den muslimischen Quellen, so wissen wir, dass die *mušrikūn* diesen brachen, was einer Kriegserklärung gleichkam. Als Folge des Vertragsbruchs galt fortan der Kriegszustand. Im Jahre 630 eroberten die Muslime daraufhin Mekka. Im Rahmen dieser Auseinandersetzungen wurde Sure 9 herabgesandt. Konkret heißt es über Sure 9:28, dass sie herabgesandt wurde während der ersten Pilgerfahrt nach der Eroberung von Mekka. Diese Pilgerfahrt stand unter der Leitung von Abū Bakr (gest. 13/634) – und nicht vom Propheten Muḥammad –, und sie ist auf das Jahr 631 (das Jahr 9 nach der Hedschra) zu datieren. Ab diesem Zeitpunkt sollen die polytheistischen Araber die »geheiligte Anbetungsstätte« nicht mehr betreten.[2]

[2] Zur Datierung s. Muḥammad b. Ǧarīr aṭ-Ṭabarī, *Ǧāmiʿ al-bayān ʿan taʾwīl āy al-Qurʾān*, ʿAbadallāh b. ʿAbd al-Muḥsin at-Turkī, Kairo: Dār al-Hiǧr, 2001, Band 11, S. 399.

Die Gelehrten sind sich nicht einig darin, was unter der »geheiligten Anbetungsstätte« *(al-masǧid al-ḥarām)* gemeint ist. Der Begriff *al-masǧid al-ḥarām* ist bereits im vorislamischen Arabien bekannt. In vorislamischen Gedichten kommt er vor und bezeichnet die Kaaba. Viele Gelehrte verstehen unter *al-masǧid al-ḥarām* entsprechend die Kaaba und die unmittelbare Umgebung als Ort der Anbetung. Daneben legen die Gelehrten diesen Vers so aus, dass mit *masǧid al-ḥarām* Mekka, also ein ganzer Bezirk, der *ḥaram* gemeint sei. Dies würde bedeuten, dass um die Kaaba herum in etwa 6–18 km Radius der Ort geschützt ist. Dass der Vers nicht nur den Ausschluss vom Besuch der Kaaba meint, wird nach den Exegeten im Vers angedeutet. Es heiße dort nämlich, dass die Polytheisten sich dem *masǧid al-ḥarām* nicht nähern sollen. Das Annähern geschehe schon allein dadurch, dass man sich im *ḥaram* befinde, und nicht unbedingt direkt vor der Kaaba.[3] *Ḥaram* in diesem Kontext bedeutet, dass sich der Ort durch besondere Vorschriften von anderen abgrenzt und daher einen besonderen Schutz genießt. So ist es dort etwa verboten, Tiere zu jagen oder Pflanzen zu zerstören. Es sind dort zudem kriegerische Handlungen grundsätzlich untersagt; nur bei akuter Gefahr und zu Verteidigungszwecken ist es erlaubt, entsprechende Maßnahmen zu ergreifen. In der Rechtsliteratur diskutieren die Gelehrten sogar darüber, ob die Häuser, die sich im *ḥaram* befinden, verkauft oder zur Miete freigegeben werden dürfen. Viele Gelehrte sind dagegen, da sie u.a. befürchten, dass den Pilgern damit z.B. durch überteuerte Übernachtungspreise geschadet werden könnte.[4]

---

[3] S. z.B. aṭ-Ṭabarī, *Ǧāmiʿ al-bayān*, Band 11, S. 398.

[4] S. z.B. ʿAbdallāh b. Maḥmūd al-Mawṣīlī, *al-Iḫtiyār li-taʿlīl al-muḫtār*, hg. v. Maḥmūd Abū Daqīqa, Kairo: Matbaʿat al-ḥalabī, 1937, Band 4, S. 162; Salim Öğüt, »Harem *(al-ḥaram)*«, in: *Türkiye Diyanet Vakfı*

Da dieser Ort einen besonderen Schutz genießt, fordert der Koran, dass die Polytheisten sich davon fernhalten sollen. Als Grund führt er an, dass sie *nağas* seien. *Nağas* bezieht sich wörtlich auf eine Unreinheit. Was aber genau darunter zu verstehen ist, ist unter den Gelehrten umstritten: Geht es um physische oder rituelle Unreinheit oder um eine amoralische Haltung, ein Fehlverhalten, das der Koran als »unrein« beschreibt?

Die muslimischen Gelehrten verstehen unter *nağas* in erster Linie physische Unreinheit. Sie kennen daneben die Kategorie der rituellen Unreinheit, die sie mit den Begriffen *ğunub* und *ḥadaṯ* wiedergeben. Letzterer kommt als solcher im Koran nicht vor. Grundsätzlich verwenden die Gelehrten *nağas* nicht, um ein Fehlverhalten wiederzugeben oder darauf aufmerksam zu machen, dass eine Handlung oder Haltung amoralisch ist. Daher vertreten einige unter ihnen, dass die polytheistischen Araber physisch unrein gewesen seien, was zu ihrem Ausschluss geführt habe. Der Grund der Unreinheit ist für sie der Unglaube; der Unglaube führe zur physischen Unreinheit. Diese Auffassung vertreten die Zwölferschiiten, die die Unreinheit sogar auf alle Nichtmuslime ausweiteten. Die sunnitische Tradition geht einen anderen Weg. Für sie sind Nichtmuslime bzw. die im Vers genannten polytheistischen Araber nur rituell unrein. Diese Unreinheit ergibt sich nicht aus dem Unglauben, sondern dadurch, dass sie und auch Muslime durch bestimmte Handlungen unrein werden können. Zu den Faktoren, die zur Unreinheit führen, gehört z.B. der Geschlechtsverkehr oder der Toilettengang. Jeder Mensch wird durch solche Handlungen rituell unrein. Nur durch eine rituelle Reinigung neben der physischen Reinigung kann man wieder rein werden. Da aber Nichtmuslime

---

İslâm Ansiklopedisi (https://islamansiklopedisi.org.tr/harem-mekke-medine, Zugriff am 16.05.2021).

bzw. die polytheistischen Araber sich nicht nach den Vorschriften des islamischen Rechts rituell reinigen, gelten sie für die muslimischen Gelehrten als ständig rituell unrein. Dieser Zustand wird neben *ḥadaṯ*, je nach Schwere der Unreinheit, als *ǧunub* bezeichnet (*ǧanāba* bedeutet wörtlich »Ausschluss«). In diesem Zustand dürfen die Gläubigen keine Gebete verrichten. So gilt für Nichtmuslime erst recht, dass ihr Zustand der Unreinheit sie vom geschützten Ort, dem *masǧid al-ḥarām*, ausschließt.[5]

Es gibt neben diesen beiden Deutungen noch eine dritte Option, den Vers auszulegen. Wir wissen, dass *naǧas* und Begriffe mit ähnlicher Bedeutung im Koran (z. B. *riǧs* und *ruǧs*) die Haltung der polytheistischen Araber beschreiben. Darunter fällt die Haltung, Gott zu widersprechen und amoralisch zu handeln.[6] Es wäre somit möglich, Sure 9:28 so zu deuten, dass die amoralische Haltung ausschlaggebend dafür ist, ob man vom *masǧid al-ḥarām* ausgeschlossen wird. Diese Deutung wird ferner vom historischen Kontext unterstützt, sofern wir den muslimischen Überlieferungen folgen: Die polytheistischen Araber haben den Friedensvertrag gebrochen, haben also ihr Versprechen nicht gehalten, was zu einem Krieg geführt hat. In diesem Falle wäre weder der Unglaube noch die rituelle Unreinheit der Faktor, der zum Ausschluss

---

[5] Für diese Ansichten, ihre detaillierte Begründung und ihre Konsequenzen für die Gläubigen s. A. Kevin Reinhart, »Impurity/No Danger«, in: *History of Religions* 30/1 (1990), S. 1–24; Richard Gauvain, »Ritual Rewards: A Consideration of Three Recent Approaches To Sunni Purity Law«, *Islamic Law and Society* 12/3 (2005), S. 333–393; Marion Holmes Katz, *Body of Text: The Emergence of the Sunnī Law of Ritual Purity*, Albany: State University of New York Press, 2002.

[6] Vgl. Joseph E. Lowry, »Ritual Purity«, in: Jane Dammen McAuliffe (Hg.), *Encyclopaedia of the Qur'ān*, Leiden/Boston: Brill, 2004, Band 4, S. 498–508, hier S. 502–506.

führte, sondern das amoralische Verhalten in einer konkreten Situation.

Je nach Deutung des Koranverses variiert also der Grund, der zum Ausschluss führt. Der Ausschlussgrund stellt auch dar, wie die Gruppe zu konstituieren ist, die nicht ausgeschlossen wird. Die Eigenschaft, die sie zusammenhält, variiert entsprechend: a) Glaube, b) rituelle Reinheit, c) moralische Haltung. Je nachdem, welche Eigenschaft als Inklusions- bzw. Exklusionsgrund gewählt wird, kann dies auf die innere Organisation der verschiedenen Gruppen innerhalb derselben Religion führen. So können variierende Reinheitsvorstellungen dafür genutzt werden, Gruppen innerhalb der eigenen Tradition zu markieren. Auf diese Vorstellungen und ihre Konsequenzen werde ich später noch eingehen.

Kommen wir zurück zur Deutung von Sure 9:28. Betrachtet man den allgemeinen Wortlaut der Sure, kann man den Ausschluss vom *masǧid al-ḥarām* auf die (damaligen) polytheistischen Araber beschränken. Dennoch haben sich die Gelehrten gefragt, ob mit dieser Anweisung des Verses alle Nichtmuslime vom *masǧid al-ḥarām* ausgeschlossen werden. Entscheidet man sich dafür, den Grund im Unglauben zu suchen, so können die Gelehrten eine Parallele zwischen den polytheistischen Arabern und Nichtmuslimen sehen. Beide Gruppen werden im Koran u.a. als *kāfir* (wörtl. Leugner) bzw. als solche, die ungläubig sind, (vgl. Sure 5:68, 9:17) bezeichnet. Folgt man der Logik, dass diese Eigenschaft die Gruppe, die diese besitzt, ausschließt, so müssen Nichtmuslime ebenfalls ausgeschlossen werden. Diese Argumentation würde jedoch übersehen, dass viele Koranpassagen die polytheistischen Araber von allen anderen Gruppen unterscheiden (vgl. 2:105; trotz gleicher Kritik werden z.B. die Schriftbesitzer von den polytheistischen Arabern klar unterschieden) und nichtmuslimische Gruppen loben (vgl. Sure 3:199 über die »Leute der Schrift«). Geht man dem rituellen

Reinheitsgedanken nach, so müssen alle, die sich nicht nach dem islamischen Recht rituell reinigen, ausgeschlossen werden. Wir dürfen nicht vergessen, dass der Gedanke, solche Personen, die nicht unter muslimischer Herrschaft leben, vom »geschützten Ort« fernzuhalten, ausschlaggebend sein kann. Denn sie sind potenzielle Feinde und stellen eine Gefahr dar. Dieser Logik folgend fragen die Gelehrten, ob diese bisher genannten grundsätzlichen Entscheidungen Ausnahmen zulassen, und zwar für Personen, die unter muslimischer Herrschaft lebten und sie anerkannten. Diese Personen haben den Status von Schutzbefohlenen (Sg. *ḏimmī*; was unter Schutzbefohlenen verstanden wird und welche Rechte sie haben, werde ich unten besprechen, s. u. S. 164). Ihnen gewähren viele muslimische Gelehrte Zutritt zum *ḥaram*, obwohl sie per definitionem Nichtmuslime sind. Einen permanenten Aufenthalt im *ḥaram* und Zutritt zur Kaaba lehnen sie allerdings in jedem Fall ab.[7] Bei all den Ausführungen dürfen wir also nicht vergessen, dass die damalige politische Situation ausschlaggebend dafür gewesen sein könnte, Ausschlussmechanismen zu begründen. Damit hätten wir eine dritte Gruppe neben den »Outsidern« (»Ihr«) und den »Insidern« (»Wir«), und zwar diejenigen, die aufgenommen und dennoch teilweise ausgeschlossen sind (also »die, die zu uns gehören«; ein Teil des Wir mit Einschränkungen).

Diese an den Ort und u. a. an rituelle Reinheitsvorstellungen gebundene Wir-Konstitution wird in der muslimischen Tradition auf zwei weitere Orte ausgeweitet. In einem Hadith

---

[7] Für die kurze Darstellung der klassischen Diskussion, ob die Schutzbefohlenen den *masǧid al-ḥarām* betreten dürfen bzw. überhaupt Moscheen betreten dürfen s. z. B. al-Mawṣilī, *al-Iḫtiyār*, Band 4, S. 166; Abū l-Ḥasan al-Māwardī, *al-Ḥāwī al-kabīr fī fiqh maḏhab al-Imām aš-Šāfiʿī raḍiya llāh ʿanhu wa-huwa šarḥ Muḫtaṣar al-Muzanī*, hg. v. ʿAlī Muḥammad Muʿawwaḍ und ʿĀdil Aḥmad ʿAbd al-Mawǧūd, Beirut: Dār al-kutub al-ʿilmīya, 1994, Band 11, 48 f.

heißt es, dass neben Mekka auch Medina und Jerusalem Orte seien, zu denen Menschen pilgern dürfen.[8] Die Wichtigkeit Medinas ergibt sich daraus, dass sie der Fluchtort für die ersten Muslime war. Sie flüchteten vor den polytheistischen Arabern und wanderten 622 von Mekka nach Medina (zuvor: Yaṯrib) aus. Der Prophet Muḥammad hat dort seine letzten zehn Jahre verbracht und ist dort verstorben. Für gewöhnlich besuchen die Muslime sein Grab und seine Moschee, die sog. »Moschee des Propheten« *(masǧid an-nabī)*. Sie besuchen sie oft in Verbindung mit der Pilgerfahrt. Die Bedeutung Jerusalems ergibt sich für Muslime u.a. dadurch, dass der Prophet seine Himmelsreise *(miʿrāǧ)* von Jerusalem, dem Tempelberg bzw. der Aqsa-Moschee *(masǧid al-aqṣā)* aus begonnen haben soll. Sure 17:1 berichtet nach dem traditionellen Verständnis im Rahmen der Himmelsreise von der nächtlichen Reise (*isrāʾ*) des Propheten von Mekka nach Jerusalem. Überlieferungen ist zu entnehmen, dass er nach der Ankunft während dieser nächtlichen Reise von Mekka nach Jerusalem die Himmelsreise erlebt habe, in der er u.a. Gott begegnet sei.[9] Die Nacht der Himmelsreise feiern Muslime jedes Jahr während der 27. Nacht des arabischen Mondkalendermonats Raǧab.

Nicht wenige Gelehrte wollen als Folge des Ausschlusses aus diesen Orten die Meinung durchsetzen, dass Nichtmuslime Gebetsräume *(masāǧid)* insgesamt nicht betreten dürfen: Setzt man voraus, dass zum Betreten dieser Räumlichkeiten die Person, die den Raum betreten möchte, rein sein muss,

---

[8] Vgl. Muslim b. al-Ḥaǧǧāǧ, *Ṣaḥīḥ (al-Musnad aṣ-ṣaḥīḥ al-muḫtaṣar bi-naql al-ʿadl ʿan al-ʿadl ilā Rasūlillāh ṣallā llāh ʿalayhi wa-sallam)*, hg. v. Muḥammad Fuʾād ʿAbd al-Bāqī, Beirut: Dār Iḥyāʾ at-turāṯ al-ʿarabī, (o.J.), Hadith Nr. 511–513 (1397), Band 2, S. 1014f.

[9] Für die Darstellung der Nacht- und Himmelsreise s. Hartmut Bobzin, *Mohammed*, München: C. H. Beck, 2000, S. 87–90; ausführlicher: Bertram Schrieke, »Die Himmelsreise Muhammeds«, in: *Der Islam* 6 (1916), S. 1–30.

führt es zum Ausschluss von Nichtmuslimen. Das aber wird unter den Gelehrten, insbesondere den Sunniten, kontrovers diskutiert; viele erlauben den uneingeschränkten Zutritt.

Wir können also festhalten, dass durch bestimmte Vorstellungen, die an einen Ort gebunden sind, Ausschlussmechanismen greifen, die zugleich in Abgrenzung zur ausgeschlossenen Gruppe ein »Wir« konstituieren. Die Mehrheit der Gelehrten geht davon aus, dass diese Ausgrenzung durch die rituelle Unreinheit geschieht – ungeachtet dessen, dass *nağas* im Koran, wie wir oben gesehen haben, nicht unbedingt mit ritueller Unreinheit gleichzusetzten ist. Reinheitsvorstellungen konstituieren also ein »Wir«. Sie können sogar dazu führen, dass innerhalb einer religiösen Gruppe Hierarchien konstruiert werden und Abgrenzungsmechanismen stattfinden. Um die Tragweite der Konsequenzen solcher Vorstellungen nachzuzeichnen, möchte ich im Folgenden die Reinheitsvorschriften der muslimischen Tradition in groben Zügen zusammenfassen und ihre Auswirkung auf den Alltag der Menschen darstellen. Diese beiden Schritte werden es uns ermöglichen, die Gruppenbildungs- und Abgrenzungsmechanismen genauer einzuordnen.

1.3.2 Reinheitsvorstellungen und Wir-Konstitutionen

Schaut man sich die Ausführungen der Rechtsgelehrten aus den verschiedenen Rechtsschulen zu den Reinheitsvorstellungen an, so kann man einen gemeinsamen Nenner herauslesen. Im Detail gibt es große Unterschiede, die ich meistens übergehe. Im Folgenden werde ich nur den kleinsten gemeinsamen Nenner vorstellen,[10] was für unser Erkenntnisinteresse ausreichend ist.

---

[10] Die Darstellung zur Reinheitsvorstellung folgt Reinhart, »Impurity/

Die muslimische Tradition kennt vier unterschiedliche Begriffe für Unreinheit:
1) *naǧis*: physische Unreinheit,
2) *ḥadaṯ*: kleine rituelle Unreinheit,
3) *ǧanāba*: große rituelle Unreinheit und
4) *ḥayḍ*: Menstruation.
Physische Unreinheit kann durch gewöhnliches Waschen und Schrubben behoben werden. Daneben gibt es Substanzen und Dinge, die nicht gereinigt werden können und substanziell unrein sind. Dazu gehören Alkoholika und Schwein.[11] Rituelle Unreinheit dagegen kann nur durch vorgeschriebene rituelle Handlungen behoben werden, da sie nicht mit physischer Unreinheit gleichzusetzen ist. Die kleine rituelle Unreinheit kommt u. a. durch den Toilettengang, Flatulenz, Schlaf und Bewusstseinsverlust zustande. Rituelle Reinheit *(ṭahāra)* stellt

---

No Danger«, 1–24; Katz, *Body of Text*; Birgit Krawietz, »Vom Nutzen und Nachteil ritueller Unreinheit – Identitätsstiftung durch islamische Reinheitsregeln«, in: Angelika Malinar, Martin Vöhler und Bernd Seidensticker (Hgg.), *Un/Reinheit*, München: Fink, 2009, S. 67–102; Stephan Conermann, »Reinheitsvorstellungen im Islam«, in: Stephan Conermann (Hg.), *Mamlukica. Studies on the History and Society of the Mamluk Period/Studien zur Geschichte und Gesellschaft der Mamlukenzeit*, Göttingen: Vandenhoeck und Ruprecht, 2013, S. 427–446. Für die Übersetzung eines traditionellen rechts-praktischen Werks mit der einschlägigen Diskussion in rechtsvergleichender Analyse s. Abu l-Walid Ibn Rushd, *The Distinguished Jurist's Primer*, übers. v. Imran Ahsan Khan Nyazee, London: Garnet, 1994–1996, Band 1, S. 1–95. Für das arabische Original s. Abū l-Walīd Ibn Rušd, *Bidāyat al-muǧtahid wa-nihāyat al-muqtaṣid*, hg. v. Abū Aws Yūsuf Aḥmad al-Bakrī, Amman: Bayt al-afkār ad-duwalīya, 2007, S. 21–111.

[11] Umstritten ist, wie ein handwerklicher Eingriff von Menschen, der dazu führt, dass sich z. B. Alkoholika substantiell verändern, zu bewerten ist. Entsteht dadurch eine Substanz, die rein ist? Beispiele hierfür sind der Essig, der aus Wein hergestellt worden ist, oder gegerbtes Schweinsleder.

sich erst dann wieder ein, wenn gemäß Sure 5:6 die Hände bis zu den Ellenbogen und das Gesicht gewaschen sowie die Haare und Füße benetzt werden; Sunniten setzen voraus, dass die Füße nicht nur benetzt, sondern regelrecht gewaschen werden. Dieser Waschvorgang heißt *wuḍūʾ*. Daneben führen der Geschlechtsverkehr, verschiedene Praktiken sexueller Befriedigung und die Menstruation zur großen rituellen Unreinheit *(al-ḥadaṯ al-akbar)*. Der Reinheitszustand kann erst durch die Waschung des ganzen Körpers, also durch Duschen, und – nach der Mehrheitsmeinung – durch die Absicht, sich rituell zu reinigen, wiederhergestellt werden. Dieses Duschen heißt *ġusl*.

Der Zustand der Unreinheit ist für die Muslime kein »gefährlicher« Zustand. Ist man rituell unrein, kann man seinen Alltag dennoch wie gewöhnlich bewältigen. Untersagt ist nur der Vollzug von rituellen Handlungen, wie etwa das Gebet zu verrichten. Ferner schließen die Sunniten es aus, dass rituell unreine Personen ihre Unreinheit übertragen können. Im Gegensatz zur jüdischen Tradition übertragen z. B. Frauen ihre Unreinheit während der Menstruationsphase nicht. Nur die Schiiten sind der Auffassung, dass Nichtmuslime ihre Unreinheit übertragen können: Fasst ein Nichtmuslim einen Muslim an, so muss der Muslim seine rituelle Reinigung erneut vollziehen.[12] Viele Gelehrte sind der Auffassung, dass Muslime den Zustand der Unreinheit, so gut es geht, vermeiden sollten, da sie ansonsten zu befürchten hätten, den Schutz von Engeln zu verlieren. Ihrer Meinung nach verließen die

---

[12] Die durchaus verbreitete Ansicht, dass der Zustand der rituellen Reinheit durchbrochen wird, wenn Männer Frauen und vice versa berühren, hat nichts mit der Übertragung von Unreinheit zu tun. Vielmehr besteht der Verdacht, dass es zu einer sexuellen Erregung kommen kann. Ist dies nicht der Fall, ist das Berühren für den rituellen Reinheitszustand ungefährlich.

Engel Personen, die unrein seien. Zudem stelle der Zustand der Unreinheit eine Gefahr dar, von Dschinnen befallen zu werden, was eher aus dem Volksglauben und der altarabischen Tradition stammen dürfte. Es liegen hierfür zumindest keine theologischen Belege vor. Daneben ist die rituelle Reinheit so zentral für die Ausführung von rituellen Handlungen wie etwa das Gebet *(aṣ-ṣalāt)*, sodass beim Fehlen von Wasser die rituelle Waschung ergänzt werden kann. Für diesen Fall wird eine symbolische Reinigung vollzogen; sie heißt *tayammum*. Dabei wischt man mit der Hand, die mit reiner, trockener Erde bzw. mit Sand in Berührung kommt, über das Gesicht und die Arme.

Es lässt sich nun fragen, wie sich diese Vorstellungen auf das Leben der Menschen ausgewirkt haben. Wir können beobachten, dass im Laufe der Geschichte die Reinheitsvorschriften identitätsstiftend waren. Um diese Beobachtung zu belegen, möchte ich einen Ausflug in die Geschichte, und zwar nach Andalusien machen. Die verschiedenen Religionsgemeinschaften – Juden, Christen, Muslime –, die dort zusammenlebten, führten Reinheitsvorschriften als Einwand gegen die jeweils andere Gruppe an. Das Muster ist bei allen gleich: Christen warfen Muslimen vor, unrein wie Hunde zu sein (Hunde gelten nach dem islamischen Recht als unrein), und ordneten den Juden an, dass sie all das, was sie auf dem Markt berührten, kaufen mussten. Denn mit dem Berühren würden sie ihre Unreinheit auf die Dinge, die sie anfassen, übertragen. Muslime warfen den Christen vor, dass sie unrein sind, weil sie Blut essen. Ferner seien sie deshalb nicht rein, da ihre Männer nicht beschnitten sind – die Beschneidung wird von den Muslimen als *ṭuhr*, also Reinigung bezeichnet. Sie nutzten sogar Reinheitsvorstellung als ein theologisches Argument gegen die Auffassung, Gott sei in Jesus zum Menschen geworden. Die Inkarnation hat ihrer Auffassung nach zur Folge, dass sich Gott mit Unreinem begeben müsste (Blut,

Kot), was für ein reines Wesen wie Gott ausgeschlossen sei. Den Juden warfen Muslime dagegen vor, mit den eigenen Reinheitsvorschriften allzu lässig umzugehen.[13] Wahrscheinlich beschränkten sich solche Vorwürfe auf die polemisch-apologetische Literatur und den Disput der Gelehrten. Sie dürften nicht die Haltung der Menschen repräsentieren; wohl aber werden sie sie gedanklich beschäftigt haben.

Wir können daneben direkte Auswirkungen auf den Alltag erkennen. Es kam die Frage eines andalusischen Muslims auf, ob man von einem Christen hergestelltes Papier kaufen dürfe, um z. B. den Koran darauf zu schreiben. Das Rechtsgutachten, also die Fatwa, verfasste der malikitische Gelehrte Ibn Marzūq al-Ḥafīd (gest. 842/1439). Er bespricht en détail die verschiedenen Fälle im islamischen Recht, die es erlauben, Dinge zu benutzen, die man von Nichtmuslimen erworben hat, wie etwa Kleidung. Was Nichtmuslime produzieren, ist seiner Meinung nach nicht per se unrein, da sie selbst nicht substanziell unrein sind. Ferner argumentiert Ibn Marzūq mit Rücksicht auf die »ökonomische Notwendigkeit«: Die muslimische Papierherstellung ging damals stark zurück und wurde von der Produktion der Christen ersetzt. Schon der Umstand, dass man nicht drum herum kam, das von Christen produzierte Papier zu kaufen, erlaube solch ein Kaufgeschäft.[14]

Auch dieser Fall scheint nicht die gängige Skepsis der Menschen wiederzugeben, die sie gegenüber der jeweils ande-

---

13 Für detaillierte Ausführungen über den Disput unter den Christen, Juden und Muslime s. Mònica Colominas Aparicio, »Disputes about Purity in Late Medieval Iberia. Interreligious Contacts and the Polemical Language of the Mudejars«, in: *Journal of Transcultural Medieval Studies* 1/1 (2014), S. 117–141.

14 Für eine detaillierte Besprechung der Fatwa s. Leor Halevi, »Christian Impurity versus Economic Necessity. A Fifteenth-Century Fatwa on European Paper«, in: *Speculum* 2008, 83/4, S. 917–945.

ren Glaubensgemeinschaft gehegt haben könnten. Vielmehr scheinen solche Fragen aus dem Bedürfnis heraus entstanden zu sein, sich als Minderheit in Andalusien zu behaupten und sich gegenüber Vereinnahmungen zu schützen. So lässt sich auch erklären, weshalb malikitische Gelehrte die interreligiöse Ehe für muslimische Männer mit Skepsis betrachteten, obwohl der Koran diese Ehen eindeutig für erlaubt erklärt (vgl. Sure 5:5). Schauen wir auf den damaligen Kontext ab dem 13. Jahrhundert, so können wir sehen, wie sich die Situation der Muslime auf der iberischen Halbinsel graduell verschlechterte. Wir treffen z. B. auf eine Gruppe, die wir als Mudejaren (span. Mudéjares, von arab. *mudağğan*, zu Dt. etwa »dienstbar gemacht«) kennen. Es sind Muslime, die unter christlicher Herrschaft lebten, die im Rahmen der Reconquista muslimisches Territorium eroberte. Zunächst durften sie ihrer religiösen Praxis nachgehen, mussten aber verschiedene Restriktionen in Kauf nehmen, wie etwa den Ausschluss aus Verwaltungsposten, geringere Bestrafung von Tätern, deren Opfer sie waren, und sogar Versklavung. Im 15. Jahrhundert verschlechterte sich ihr Status weiter. Sie wurden zur Konversion zum Christentum gezwungen. Ab diesem Zeitpunkt sprechen wir von Morisken (span. Moriscos). Ihnen wurde es untersagt, ihren religiösen Pflichten nachzugehen. Öffentlich erkennbare Rituale hatten für sie strafrechtliche Konsequenzen. Schließlich wurden sie im 17. Jahrhundert mit den Juden zusammen vertrieben. Die Reise beider Gruppen ging nach Nordafrika und ins Osmanische Reich.[15]

---

[15] Für mehr Informationen s. Gudrun Krämer, *Geschichte des Islam*, Bonn: bpb, 2005, S. 139–160; Klaus Herbers (Hg.) *Integration – Segregation – Vertreibung. Religiöse Minderheiten und Randgruppen auf der Iberischen Halbinsel*, Berlin [u. a.]: Lit, 2011; Mercedes García-Arenal Rodriguez und Gerard A. Wiegers (Hgg.), *The Expulsion of the Moriscos from Spain. A Mediterranean Diaspora*, Leiden/Boston: Brill, 2014. Für den historischen Kontext auf der iberischen Halbinsel s. Maribel

Muslimische Gelehrte im Zentrum des muslimischen Herrschaftsgebiets befassten sich nicht bzw. weniger detailliert mit solchen Fragen. Doch hatten sie selbst genaue Vorstellungen darüber, wie sich Nichtmuslime von den Muslimen abzugrenzen haben. Dies werde ich unten unter Kapitel 2 im Rahmen des Status der Schutzbefohlenen *(ḏimmī)* unter muslimischer Herrschaft besprechen.

Wie stark Reinheitsvorstellungen zur Wahrung der eigenen Identität dienen, sehen wir an einem anderen Beispiel. Der Reisende Ibn Faḍlān (gest. 310/922) beruft sich in seinen Reiseberichten immer wieder darauf, wie er bzw. die Muslime sich von den Reinheitspraktiken anderer Völker und Religionsgemeinschaften unterscheiden. Er habe, folgen wir der Darstellung von Abed, durch die Umsetzung praktischer Reinheitsvorschriften seine Identität im fremden Lande wahren können.[16] Minderheiten innerhalb der muslimischen Herrschaft versuchten ebenfalls durch Rückbezug auf Reinheitsvorstellungen, die z. B. genau dem widersprechen, was Muslime für rein und unrein hielten, ihre Identität zu wahren und sich abzugrenzen. Ein Beispiel dafür sind Reinheitsvorstellungen der Zoroastrier. Für sie sind z. B. Hunde heilige Tiere, wogegen für Muslime Hunde als unrein gelten.[17]

Fierro (Hg.), *The Western Islamic World. Eleventh to Eighteenth Centuries* (*The New Cambridge History of Islam*, Band 2), Cambridge: Cambridge University Press, 2011, S. 48–143.

16 Vgl. Sally Abed, »Water Rituals and the Preservation of Identity in Ibn Fadlan's *Risala*«, in: Albrecht Classen (Hg.), *Travel, Time, and Space in the Middle Ages and Early Modern Time*, Boston/Berlin: de Gruyter, 2018, S. 165–187.

17 Vgl. Michele Campopiano, »Zoroastrians, Islam and the Holy Qur'ān. Purity and Danger in Pahlavi Literature in the Early Islamic Period (Seventh-Tenth Centuries)«, in: *Journal of Trancultural Medieval Studies* 5/1, S. 75–98, hier S. 86. Campopiano sieht darin eine Reaktion der Muslime auf Zoroastrier. Ich werde hier nicht überprüfen

Reinheitsvorstellungen hatten nicht nur eine Auswirkung auf die Interaktionen im interreligiösen Kontext. Sie beeinflussten auch den Handelsverkehr innerhalb muslimischer Gesellschaften. Muslime dürfen unreine Waren nicht verkaufen und grundsätzlich nicht besitzen, wie etwa Schweinefleisch. Daher macht sich die Rechtsliteratur detailliert Gedanken darüber, welche Substanzen als substanziell oder akzidentell (also den Umständen verschuldet) unrein gilt. Denn je nachdem, wie eine Ware eingestuft wird, hat dies direkte Auswirkungen auf die Gültigkeit von Handelsgeschäften, was auch heute für Muslime relevant ist, sowohl als aktive Händler als auch als Investoren. Auf der anderen Seite können interreligiöse Geschäftspartnerschaften Handel mit unreinen Waren erlauben.

Darüber hinaus können Reinheitsvorstellungen innerhalb einer religiösen Gruppe zu einer Hierarchisierung führen, indem behauptet wird, dass die eine Gruppe reiner als die andere sei. Die muslimische Tradition ist einer Hierarchisierung nicht gefolgt. Sie ging eher den Weg eines egalitären, »demokratischen« Systems:

> »Jeder Einzelne ist in ähnlicher Weise dem Phänomen ritueller Unreinheit ausgesetzt und hat theoretisch die gleichen Chancen auf gelungene Normerfüllung und folglich auf göttliches Wohlgefallen. Umsetzungsfehler, die trotz besten Wissens und Gewissens gemacht werden, gehen nicht zu Lasten der Betroffenen. Gesundheitliche Beeinträchtigungen, wie etwa Inkontinenzprobleme, werden vorab zugestanden und führen nicht zu negativen Folgen für die Jenseitsbilanz. Niemand kann sich laut herrschender sunnitischer Auffassung dadurch qualifizieren, reiner als andere zu sein, oder dezidierten Anlaß finden, Formen von ›hypermodesty‹ an den Tag zu legen.«[18]

können, ob diese Entscheidung der Muslime sich auf den Abgrenzungsgedanken aufbauen lässt.

[18] Krawietz, »Vom Nutzen und Nachteil ritueller Unreinheit«, S. 96 f.

Dennoch wurden Reinheitsvorschriften bzw. die Art und Weise, wie sie erfolgen sollen, in Betracht gezogen, um bestimmte Gruppen voneinander zu unterscheiden. So etwa kann die Auffassung, dass Hunde als reine Wesen zu betrachten sind, klar den Malikiten zugeordnet werden.[19] Setzt man für die rituelle Reinigung nicht voraus, dass man auch die Absicht *(nīya)* dazu haben muss, ist man ein Hanafit. Alle anderen Rechtsschulen setzen dies voraus, damit man das Waschen zur Abkühlung von der rituellen Reinigung unterscheiden kann.[20] Wer bei der kleinen rituellen Waschung *(wuḍūʾ)* die Füße nur benetzt, anstatt dass er sie regelrecht zu waschen hat, ist möglicherweise Schiit. Dass die Füße tatsächlich zu waschen sind, wird dagegen eindeutig als Meinung der Sunniten festgelegt. In diesem Rahmen wurde folgende Frage, die eigentlich zum islamischen Recht gehört, später in dogmatischen Traktaten behandelt: Wenn man die rituelle Reinigung vollzogen und daraufhin Ledersocken angezogen hat, darf man dann bei einer erneuten Waschung die Ledersocken benetzen, oder muss man die Füße waschen bzw. benetzen? Dies ist die berühmte Frage nach dem »Benetzen der Ledersocken« (arab. *masḥ ʿalā l-ḫuffayn*). Lehnt man ab, dass es nach der rituellen Reinigung genügt, die Ledersocken zu benetzen, so gilt dies für Sunniten als eine ketzerische Meinung. Man widerspreche damit den klaren Hadithen, die dazu vorlägen.[21]

Daher spricht Krawietz auch nur von einer bedingten Exklusion von Frauen, die aufgrund der Menstruation weiterreichenden Restriktionen ausgesetzt sind als Männer. Die Einschränkungen beziehen sich aber nur auf die Teilhabe an gottesdienstlichen Handlungen und haben kaum soziale Folgen; s. ebd., S. 97 f.

[19] Vgl. Ibn Rušd, *Bidāya*, S. 44–46, 518–522.

[20] In hanafitischen Werken kommt die Bedingung nicht vor, dass man die Absicht für die rituelle Reinigung formulieren muss.

[21] S. z. B. Saʿd ad-Dīn at-Taftāzānī, *Šarḥ al-ʿaqāʾid an-nasafīya*, hg. v. ʿAlī Kamāl, Beirut: Dār Iḥyāʾ at-turāṯ al-ʿarabī, 2014, S. 150 f. Für ein

Wenn wir die gegenwärtige muslimische Praxis in Deutschland und Europa beobachten, stellen wir fest, dass die meisten muslimischen Kreise Reinheitsvorstellungen nicht als Anlass für Abgrenzungen nutzen. Reinheitsvorstellungen wirken jedoch immer noch identitätsstiftend. Sie sind nicht wertend, sondern beschreiben eher die anerkannte rituelle Praxis. Dennoch gibt es Kreise, insbesondere puristische Bewegungen, die Reinheitsvorstellungen als Grenzmarkierungen nutzen und sich damit von anderen abgrenzen.[22]

1.3.3 Besondere Orte als Pilgerstätten

Reinheitsvorstellungen und der Bezug auf Orte können damit Gruppen formen, Identität schaffen und zugleich zu Abgrenzungen führen. Bisher haben wir hauptsächlich Reinheitsvorstellungen betrachtet. An dieser Stelle möchte ich darauf eingehen, wie auch Orte zur Konstitution eines »Wir« Anlass geben können. Das prominenteste Beispiel mit Mekka haben wir bereits oben besprochen. Zu ergänzen wäre die Pilgerfahrt *(ḥaǧǧ)*, die mit Reinheitsvorstellungen in Verbindung steht. Viele Bestandteile der Pilgerfahrt setzen die rituelle Reinheit voraus. Grundsätzlich gilt, dass Muslime einmal im Leben die Pilgerfahrt nach Mekka unternehmen müssen. Sie kann nur einmal im Jahr während des arabischen Mondkalendermonats *Ḏū l-ḥiǧǧa* durchgeführt werden. Die Pilgerfahrt hat klare Vorschriften und einen festen Ablauf, der je

früheres Werk s. Abū Ǧaʿfar aṭ-Ṭaḥāwī, *Matn al-ʿAqīdat aṭ-Ṭaḥāwīya*, Beirut: al-Maktab al-islāmī, (o. J.), S. 12.

22 Vgl. Paula Schrode, »Practices and Meanings of Purity and Worship among Young Sunni Muslims in Germany«, in: Petra Rösch und Udo Simon (Hgg.), *How Purity is Made*, Wiesbaden: Harrassowitz, 2012, S. 309–331.

nach Form der Pilgerfahrt variieren kann. Dies hat eine Auswirkung darauf, wie oft man den Weihezustand *(iḥrām)* verlassen darf. Ansonsten ist der Ablauf für alle Pilger derselbe. Der Weihezustand verbietet es Muslimen für einen bestimmten Zeitraum, alltägliche Handlungen zu verüben: etwa die Nägel zu schneiden, sich zu rasieren oder überhaupt Körperhaare zu entfernen, alltägliche Kleidung (zumindest für Männer) zu tragen oder sexuell zu verkehren. Darüber hinaus gilt ein Jagdverbot (was heute eher weniger relevant ist) und das Verbot, Pflanzen zu zerstören (sowie Blumen zu pflücken).

Zum festen Ablauf der Pilgerfahrt gehört die Umrundung der Kaaba, das Laufen zwischen den beiden Hügeln aṣ-Ṣafā und al-Marwa, die in unmittelbarer Nähe der Kaaba sind; die Reise nach Mina, von dort aus nach ʿArafat, um hier zu einer bestimmten Zeit ein Gebet zu verrichten, die Rückkehr nach Mekka über Muzdalifa und Mina, wo die Pilger symbolisch den Satan mit Steinen bewerfen und im Anschluss ein Tier opfern. Mit einer Rasur verlassen die Muslime den Weihezustand und besuchen zum Abschluss Mekka. Wer diese hier nur in den Grundzügen dargestellten Bestandteile der Pilgerfahrt unterlässt, wird seiner Pflicht, die Pilgerfahrt zu unternehmen, nicht gerecht.[23]

Eine oft mit der Pilgerfahrt nach Mekka zusammengeführte Reise ist die nach Medina, der Prophetenstadt. Medina ist ein berühmter Pilgerort, den die Muslime in der Regel im Rahmen der Pilgerfahrt nach Mekka ebenfalls besuchen. Es ist Vorsicht geboten, um die benutzten Begriffe richtig einzuordnen: Nur die Pilgerfahrt nach Mekka wird im Arabischen als *ḥaǧǧ* bezeichnet, und zwar auch nur während der Pilgersaison; wer außerhalb der Saison kommt, macht eine

---

[23] Für eine kurze Darstellung der Pilgerfahrt inklusive einer Karte s. Hans-Georg Ebert und Julia Heilen, *Islamisches Recht. Ein Lehrbuch*, Leipzig: Hamouda, 2016, S. 129–133.

sogenannte *ʿumra* (»kleine Pilgerfahrt«). Alle anderen Orte, die die Muslime besuchen, geben wir im Deutschen zwar als Pilgerorte an, die Reise können wir aber nicht als *ḥaǧǧ* bezeichnen – im Volksglauben wird dies trotzdem getan. Daher sind für diese Orte keine als verbindlich vorausgesetzten Handlungsvorschriften zu finden. Die Wichtigkeit Medinas für Muslime ergibt sich aus dem Umstand, dass der Prophet Muḥammad dort seine letzten zehn Jahre verbracht hat und dort verstarb. Für die Sunniten kommt noch hinzu, dass die ersten beiden Kalifen Abū Bakr und ʿUmar b. al-Ḫaṭṭāb (gest. 23/644) neben ihm beigesetzt worden sind.

Neben Mekka und Medina ist Jerusalem ein weiterer wichtiger Pilgerort. Nicht selten sprechen muslimische Kulturkreise davon, dass die Reise nach Jerusalem wie eine halbe *ḥaǧǧ* zu bewerten ist. Wir haben bereits oben gesehen, dass die Nacht- und Himmelsreise *(al-isrā wa-l-miʿrāǧ)* des Propheten diesem Ort seine Besonderheit verleiht. Die Überlieferungen schildern uns detailreich die Erlebnisse des Propheten auf dieser Reise. So habe er auf jeder der einzelnen sieben Himmelsstufen Propheten wie Moses und Jesus getroffen und mit Gott gesprochen. Es wird angenommen, dass der Ort, von dem aus der Prophet in die Höhen der Himmel gelangt sein soll, der Platz ist, auf dem sich der Felsendom (die *qubbat aṣ-ṣaḫra*) befindet.In der Literatur zur islamischen Geschichte wird betont, dass der umayyadische Kalif ʿAbd al-Malik b. Marwān (gest. 86/705, reg. 685–705) sie als Alternative zur Kaaba als Wallfahrtsort erbauen ließ.[24] Die Grundlage dafür fand er im o.g. Hadith, der Mekka, Medina und Jerusalem als Orte bezeichnet, die besucht werden sollten. Zu dieser Zeit befand sich ʿAbd al-Malik in Auseinandersetzung mit

---

[24] Oleg Grabar, »Ḳubbat al-Ṣakhra«, in: *Encyclopaedia of Islam*, Second Edition (http://dx.doi.org/10.1163/1573-3912_islam_COM_053; Zugriff am 21.05.2021).

ʿAbdallāh b. Zubayr b. ʿAwwām (gest. 73/692), der sich der umayyadischen Herrschaft widersetzte und versuchte, sich in Mekka und Umgebung von den Umayyaden loszulösen. Er konnte seine Herrschaft knapp zehn Jahre gegen die Umayyaden behaupten. Also konnten politische Auseinandersetzungen als Anlass dafür genommen werden, um bestimmte Orte stärker religiös zu konnotieren. Das sehen wir auch unter den Schiiten. Die zwei großen Pilgerstätten der Schiiten liegen im Irak, in Nadschaf und Kerbela. In Nadschaf befindet sich die Imam-Ali-Moschee, wo der nach den Sunniten vierte rechtgeleitete Kalif und der erste Imam der Schiiten ʿAlī b. Abī Ṭālib (gest. 40/661), Cousin und Schwiegersohn des Propheten Muḥammad, beerdigt ist. ʿAlī wurde nach mehreren Auseinandersetzungen mit den Ḫāriǧiten (einer fundamentalistischen Religionsgruppe, die sich früh von der Mehrheit der Muslime abwandte) von einem Ḫariǧiten ermordet. Aufgrund der besonderen Bedeutung dieses Ortes für die Schia wollten viele Schiiten dort beigesetzt werden. So entstand der wahrscheinlich größte Friedhof der Welt, das *Wādī as-salām* (Tal des Friedens). Der vielleicht wichtigste Ort für die Schiiten ist Kerbela. Dort befindet sich das Heiligtum al-Ḥusayns (gest. 61/680), ʿAlīs jüngeren Sohnes, der *Maqām al-Imām al-Ḥusayn.* Al-Ḥusayn und seine gesamte Familie wurden in der Schlacht von Kerbela im Jahre 680 brutal ermordet. An dieses Ereignis erinnern die Schiiten jedes Jahr im Monat Muḥarram mit Passionsfeiern. 40 Tage danach pilgern viele schiitische Muslime nach Kerbela, um das Grab al-Ḥusayns zu besuchen; das ist das Gedenkfest an al-Ḥusayn, das den Namen *al-Arbaʿīn* (»40«) trägt. Heilige Orte, die aus unterschiedlichen Anlässen als solche markiert werden, etwa weil dort ein Prophetengefährte oder eine verdienstvolle Person ruht, können somit identitätsstiftend wirken und ein »Wir« konstituieren.

Kapitel 2

Geschichte

2.1 Felix Körner | Teufel
Dialektik und Mysterium

Nun reißt eine besondere Figur das nächste Thema an. Eine Figur, die in Koran und Bibel vorkommt: der Diabolos. So übersetzt bereits die Septuaginta gelegentlich das hebräische Wort *śāṭān* – »Gegner«, wenn es als Eigenname *ha-Śāṭān* gebraucht wurde (z. B. Sacharja 3,1). Διάβολος *(diabolos)* bedeutet »Ankläger, Verleumder«, wörtlich »Verwerfer«. Als Name gelangte das griechische Wort ins Arabische: *Iblīs*; ins Deutsche aber als »Teufel«. Spätestens hier war er zu der Figur geworden, die man mit allen Mitteln loswerden muss – und sei es durch Wurf mit dem Tintenfass. So soll ja Martin Luther den Versucher verjagt haben, der ihn beim Übersetzen des Neuen Testaments auf der Wartburg störte.

Nun legt uns die Koranforschung eine Beobachtung, Herausforderung und Anfrage vor. Angelika Neuwirth nimmt nämlich in ihren noch nicht veröffentlichten Arbeiten die Rolle des Diabolos – und aller Dämonen – neu in den Blick. Es zeigt sich ihr: Im Koran ist der Diabolos keiner, der stört und hindert. Iblīs ist vielmehr eine Figur mit wichtiger Rolle: Er darf die Menschen versuchen, ihnen nämlich »alles im schönsten Licht erscheinen« lassen, um sie so zu »verleiten« (Q 15:39). Diese Macht gesteht Gott ihm zu. Da er aber über die Menschen, die sich nicht verleiten lassen, keine Macht hat, ist diese Rollenzuteilung für Gott »ein gerader Weg« (V. 41). Die koranische Teufelsrolle finden wir ähnlich in Goethes *Faust* wieder. Gott sagt am Ende des »Prologs im Himmel«, dass ihm der Teufel mit seinem Witz, als »Schalk«, von allen Gegengeistern »am wenigsten zur Last« sei. Ihm habe er vielmehr eine nützliche Rolle zugedacht. Der Mensch richte sich sein Leben sonst zu gemütlich ein. So lässt Goethe pfiffig den Schöpfer und Wirker von allem folgern:

Drum geb ich gern ihm den Gesellen zu,
Der reizt und wirkt und muss als Teufel schaffen.[1]

Nun fragt sich, welche Rolle die »Geister, die verneinen«, im christlichen Denken haben, wenn es das biblische Zeugnis ernst nimmt. Ist der Teufel Gottes Gegenkraft? Wo es zwei letzte Wirk-Kräfte gibt, herrscht ein Dualismus. Das aber scheint nicht die Vorstellung der christlichen Theologie zu sein. Sie versucht vielmehr, alles Geschehen als Gottes Geschichte zu verstehen. Wie das? Der Diabolos gibt uns also Anlass, eine Theologie der Geschichte zu entwerfen.

Für manche Theolog*innen ist »die Geschichte« geradezu ein Zentralbegriff geworden. Das gilt etwa für den lutherischen Theologen Wolfhart Pannenberg († 2014). Es ist denn auch kein Zufall, dass der Artikel, den er zur *Theologischen Realenzyklopädie* beigesteuert hat, genau davon handelt: »Geschichte«.[2] Pannenberg sagt sogar – angeregt von seinem Lehrer Karl Löwith († 1973) –, dass das Geschichtsbewusstsein ein Beitrag des biblischen Denkens zum abendländischen Weltverständnis ist.[3] Geschichtsbewusstsein meint hier: die Wirklichkeit als Geschehensfolge zu sehen, die sich am Ende als zielführend erweisen wird – als sinnvolles Ganzes. Gegen den behaupteten biblischen Einfluss könnte man nun einwenden: »Sinn« im Sinne von erfüllendem Gesamtzusammenhang ist doch gar kein biblisches Wort – und erst recht nicht »Geschichte«. Im Fall des Wortes »Geschichte« zumindest wurde das tatsächlich vorgebracht, und zwar genau

---

[1] Johann Wolfgang von Goethe, *Faust. Der Tragödie erster Teil* (1808), Z. 120 f. – Das folgende Zitat ebd., Z. 116.

[2] Wolfhart Pannenberg, Artikel »Geschichte / Geschichtsschreibung / Geschichtsphilosophie. VIII: Systematisch-theologisch«, in: *Theologische Realenzyklopädie* 12 (1984), S. 658–674.

[3] Wolfhart Pannenberg, *Systematische Theologie*, Band 2, Göttingen: Vandenhoeck & Ruprecht, ^{2}2015 (^{1}1991), S. 86.

gegen Pannenberg und seinen alttestamentlichen Lehrer Gerhard von Rad († 1971):[4] Wie soll die Bibel bitte zentral und originär ein Geschichtsbewusstsein vermitteln, wenn sie den Begriff nicht kennt? Pannenberg hielt allerdings dagegen, dass die Hebräische Bibel sehr wohl einen Geschichtsbegriff hat, der weit über ein Ereignis-Aufzählen hinausgeht; die Schrift bezeugt und erzählt nämlich »die Taten Gottes« *(ma ʿăśê YHWH)*. Ist dies aber ein Geschichtsbegriff?

Der Grundvollzug des Gottesvolkes ist, die Taten Gottes anzuerkennen: in Dankbarkeit und Bekenntnis. Beides – danken und bekennen – heißt auf Hebräisch *y-d-h* (daher das modern-hebräische Wort für »Danke«: *todâ*). Was man bei diesem bekennenden Dank tut, ist nicht die pflichtgemäße Erfüllung des Auftrages, sich auch recht schön zu bedanken. Sondern hier handelt man aus Ergriffenheit. Man erkennt, Gott hat gerettet; und darin hat er sich als mächtig erwiesen. Damit aber ist seine Zukunft vorweggenommen, in der er vor aller Augen seine Macht erweisen wird. Mehr und mehr verlagert sich im Laufe der Entstehungszeit der Schriften Israels der Akzent auf die Zukunft Gottes. Man erwartet nun: Am Ende wird sich Gott als Gott erwiesen haben. Am Ende wird seine Herrlichkeit offenbar werden. Aber wer sie in den Einzeltaten Gottes schon jetzt dankbar zu erkennen weiß, kann darin schon die angebrochene Ewigkeit ahnen. So wird die Haltung des Glaubens zur Hoffnung: Vorfreude auf die Erfüllung von allem.

Das aber ist der klassisch-abendländische Geschichtsbegriff: Die Welt ist keine beliebige Folge von Einzelereignissen, sondern wird sich als großer Zusammenhang erweisen, in dem alles zum guten Ende führt.

---

[4] James Barr, »Revelation through History in the Old Testament and in Modern Theology«, in: *Interpretation* 17 (1963), S. 193–205, S. 198 f.

Israels Bekenntnis zu seinem Herrn ist also in einem sehr genauen Sinn eine Theologie der Geschichte. Schon in dieser noch sehr allgemeinen Betrachtung lässt sich sehen, dass zur Geschichtstheologie dreierlei gehört: die Welt mit ihrem Wechsel der Zeitläufte als Folge von Ereignissen zu sehen; diese Ereignisse als Taten Gottes zu verstehen und in ihnen die Erfüllung von allem als sinnvolles Ganzes vorauszuahnen.

Dann aber stellt sich die Frage, was ist mit dem Schlimmen, dem Widrigen, dem Scheitern? Sind das Anzeichen göttlicher Strafe – seines Gerichts? Oder erweisen sie Gottes Schwäche, seine Unterlegenheit gegenüber seinen übermächtigen Feinden? Die Antwort, die Israel auf diese bohrenden Fragen findet, lautet: Am Ende wird sich alles als Gottes Geschichte erweisen; unterwegs dahin mag es so aussehen, als hätte Gott einen Gegenspieler, mit dem er noch im Kampf liegt; aber wer auf das Ende zu blicken weiß, erkennt, dass Gott auch alles Widrige, scheinbar Heilshindernde nicht bekämpft, sondern einbaut. Um dies genau auszudrücken, müssen wir eine unlogisch klingende Formel verwenden:

> Die Geschöpfe handeln nicht gott-gesteuert; dennoch wird sich Gott am Ende als der in allem handelnde Herr der Geschichte erweisen. Kurz: wir sind frei, und doch ist es seine Geschichte.

Am besten kann man das in der eindrücklichen Szene sehen, wie der ägyptische Josef seinen Brüdern wieder begegnet. Zuerst muss man hier mit Fug und Recht sagen: Es war verkehrt – es widersprach Gottes Gesetzeswille –, was die Jakobssöhne getan hatten: ihren Bruder Josef in die Sklaverei zu verkaufen. Durch dieses Unrecht aber kommt er nach Ägypten, macht dort Karriere, wird zum Nährer.

> **Genesis 45,4** Josef sagte zu seinen Brüdern: Kommt doch näher zu mir her! Als sie näher herangetreten waren, sagte er: Ich bin Josef, euer Bruder, den ihr nach Ägypten verkauft habt.

5 *wə-ʿattâ ʾal-teʿāṣəḇū wə-ʾal-yiḥar bə-ʿênêḵæm kî-məḵartæm ʾoṯî hennâ*
Jetzt aber schmerze es euch nicht und es brenne nicht in euren Augen, weil ihr mich hierher verkauft habt.
kî lə-miḥyâ šəlāḥanî ʾălōhîm li-pnēḵæm
Denn um Leben zu erhalten, hat mich Gott vor euch hergeschickt.

Das unrechte Handeln der Brüder und das Heilshandeln Gottes sind nicht zweierlei Wirkungsstränge, sondern: Gott wirkt im Handeln, durch das Handeln der Menschen, auch wenn sie Böses im Sinn haben. Die Brüder hatten Josef versklavt. Dadurch aber, so zeigt sich jetzt, konnte er sie vom Hungertod retten; und sogar ihren alten Vater. Nach dessen Tod kann Josef sagen, dass und warum er keine Rache gegen sie hegt:

Genesis 50,20 *wə-ʾattæm ḥăšaḇtæm ʿālay rāʿâ*
Ihr hattet gegen mich Schlechtes im Sinn.
ʾălōhîm ḥăšāḇāh lə-ṭōḇâ ləmaʿan ʿăśô ka-yôm ha-zæ
Gott (aber) hatte es zum Guten im Sinn, um wie heute zu handeln:
lə-haḥăyōṯ ʿam-rāḇ
um ein großes Volk leben zu lassen.

Diese Stellen sind vielleicht die treffendste Ausdrucksweise der biblischen Geschichtstheologie. Und so müssen wir es wohl auch heute sagen. Vollziehen wir die Geschichtstheologie, die uns die Bibel nahelegt, nochmals Schritt für Schritt:

Gott ist der Schöpfer. Das heißt, er lässt Wirklichkeit sein, die in relativer Unabhängigkeit von ihm bestehen kann. Weil Gott Schöpfer ist, steuert er die Geschöpfe nicht. Sie können sich gegen ihn wenden, können gegen die Verwirklichung seines Reiches wirken. Sein Reich, das ist der Zustand, in dem Gott alles in allem ist (1 Korinther 15,28): wenn alles einander das Dasein gönnt; wo es ehrfürchtige Liebe aller zu allen gibt. Die Geschöpfe können *dagegen* handeln. Dennoch – so das Zeugnis der Bibel: Am Ende wird sein Reich aufgerichtet sein, wird Gott alles in allem sein, werden alle einander in ehrfürchtiger Liebe anerkennen. Und das Zuwiderhandeln? Gott baut das Gegenwirken der Geschöpfe ein in seine Geschichte und gibt allem so einen guten Sinn.

Das Böse hat guten Sinn? Das ist ein gefährliches Wort. Denn es klingt, als wäre es gut, dass es so gekommen ist. Dabei ist oft überhaupt nicht gut, was geschehen ist. Vieles hätten wir wirklich nicht tun dürfen. Wir dürfen und wollen die Fehler nicht vergessen, die Verletzungen nicht verdrängen. Menschen haben gesündigt, schwer. Es entsprach ganz und gar nicht Gottes Willen. Aber Gottes Macht besteht gerade darin, das Geschehen dennoch zum Guten zu wenden; und dabei bezieht er unsere versuchten Verhinderungen seines Reiches gerade noch ein in dessen Verwirklichung.

So könnte man systematisch ausdrücken, was die Bibel uns vorführt. Das ist die Hoffnung, zu der uns das Zeugnis Israels und der Kirche führen will. Gott baut das Böse ein. Das ist die Gegenansicht zu den Weltbildern, die einen guten Gott im Kampf mit einer bösen Kraft zeichnen. Man spricht dann, wie gesagt,[5] vom Dualismus. Dualistisch gibt es den Gegenspieler Gottes. Biblisch wird dagegen alles scheinbar Gegengöttliche am Ende doch Teil der Gottesgeschichte sein. Das ist denn auch eine christliche Grundüberzeugung. Paulus scheint mit solchen Gedanken das Evangelium verkündet zu haben. Denn man wollte sein Zeugnis widerlegen, indem man Groteskes daraus folgerte. Man fasste nämlich seine Lehre mit einer reductio ad absurdum zusammen: »Lasst uns Böses tun, damit Gutes entsteht« (Römer 3,8: ποιήσωμεν τὰ κακὰ ἵνα ἔλθῃ τὰ ἀγαθά). Selbstverständlich wies er dies zurück; aber keine menschliche Pervertierung des göttlichen Erlösungsvorhabens vermag es auf die Dauer zu verhindern. Gott wirkt

---

[5] Oben, S. 139.

ja durch jene, die seinen Heilswillen schon erkennen und erfüllen, aber auch durch die Verhinderungsversuche hindurch.

Ist damit die Theodizeefrage, warum Gott das Böse und das Schlimme zulässt, ein für alle Mal beantwortet? Nein; und dies aus drei Gründen nicht.

Erstens hat damit das Warum ja noch keine Antwort gefunden. Man kann ja einerseits *allgemein* gegenfragen: Hätte Gott denn nicht auch eine Schöpfung hervorbringen können, in der keine Geschöpfe andere leiden lassen? Auf diesen ersten Einwand lässt sich noch einigermaßen klar antworten: Gott will sein Reich der Liebe nur in der Weise der Liebe aufrichten; das heißt, nicht durch Steuerung von Marionetten: ohne Zwang. Eine Welt von Geschöpfen, also von endlichen Wesen, die unablässig nach Gottes Gesetzeswillen handeln – das wäre ein Widerspruch.

Warum dann zweitens *im Einzelnen* dieses Leid geschieht und jenes nicht, lässt sich häufig nicht angeben.

Drittens und vor allem hängt die hier ausgeführte biblische Geschichtstheologie aber bis zum Ende der Geschichte noch daran, dass die Welt tatsächlich endet und gut endet. Das wird bis dahin umstritten bleiben. Die hier dargelegte Sicht auf das Ende ist nur der Blick, zu dem das Schriftzeugnis die Menschen befreien will; aber das ist nicht wenig. – Diese Theologie der Geschichte müssen wir nun entfalten im Lichte dreier Themen: Versuchung, Dämonen und Mysterium.

2.1.1 Versuchung

Das griechische Wort für »Versuchung« lautet πειρασμός. Mit ihm und seinen Ableitungen übersetzt schon die Septuaginta die hebräischen Wörter, die aus den Wurzeln *n-s-h* und *b-ḥ-n* gebildet sind. (Letzteres ist den Arabischkundigen vertraut in dem Wort *miḥna*, das ja auch »Versuchung« bedeutet und für die »Bürgerkriege« der frühen Muslime steht.) Im religiösen und theologischen Zusammenhang kann Versuchung nun dreierlei bedeuten. Fassen wir die drei Bedeutungen zunächst mit drei lateinischen Wörtern, die wir dann aufschlüsseln: probatio, seductio und confirmatio.

a. Probatio. Wie »probieren« im Deutschen ist Versuchen zuerst einmal das Kennenlernen durch die Erfahrung: empirisch-experimentelles Überprüfen.

b. Seductio. Der Versuch, einen Menschen von seinem guten Weg abzubringen, ist ebenfalls »Versuchung«: Verführung.

c. Confirmatio. Wer solche Verführungen übersteht, ist geläutert, bestätigt, erprobt: Festigung.

Versuchen wir, drei neutestamentliche Spitzenstellen so zu verstehen, dass sich eine ganze Theologie der Versuchung formulieren lässt. Gehen wir die Erzählung der Evangelien dafür in umgekehrter Reihenfolge durch.

1 Gethsemani

Wenn Jesus kurz vor seiner Gefangennahme die Jünger auffordert, zu wachen und beten, damit sie nicht in Versuchung geraten (Markus 14,38), dann besteht die Versuchung vor allem darin: statt Vatervertrauen selbstmächtig zu werden, statt Gottesgehorsam eine menschliche Erfolgslösung herbeiführen zu wollen.

2 Vater unser

»Führe uns nicht in Versuchung« lautet die ursprünglich wohl letzte Vaterunser-Bitte (Lukas 11,4, vgl. Matthäus 6,13). Damit sagt die betende Gemeinde dreierlei: Wir *fürchten*, deine Geschichte mit ihren Herausforderungen könnte uns überfordern. Wir *wissen* nämlich um unsere Gefährdung, aus unserem Vatervertrauen herauszufallen oder zu -springen. Wir *brauchen* dafür deine Hilfe.

3 Wüste

Die Versuchung Jesu geschieht gleich nach seiner Berufung. Soeben, bei der Johannestaufe, hatte Jesus seine Sendung als Sohn empfunden und empfangen. Nun wird er »vom Geist in die Wüste getrieben« und vom Diabolos »versucht« (Markus 1,12 f.). Bei Matthäus kommen die Versuchungen im einzelnen vor, erst Stein, dann Sturz, dann die Reiche. Den Versucher – wie er auch genannt wird (ὁ πειράζων, Matthäus 4,3) verjagt Jesus am Ende mit dem Ruf: »Ὕπαγε Σατανᾶ – Weg von mir Satan!« (4,10); und der lässt tatsächlich von ihm ab. Bei Lukas endet die Sache etwas anders, und auch die Reihenfolge weicht ab: Stein, Reiche, Sturz. Folgen wir hier seiner Fassung.

> **Lukas 4,1** Erfüllt vom Heiligen Geist, kehrte Jesus vom Jordan zurück. Er wurde vom Geist in der Wüste umhergeführt,
> **2** vierzig Tage lang, und er wurde vom Teufel versucht. In jenen Tagen aß er nichts; als sie aber vorüber waren, hungerte ihn. **3** Da
> sagte der Teufel zu ihm: Wenn du Gottes Sohn bist, so befiehl diesem Stein, zu Brot zu werden. **4** Jesus antwortete ihm: Es steht
> geschrieben: Der Mensch lebt nicht vom Brot allein. **5** Da führte ihn der Teufel hinauf und zeigte ihm in *einem* Augenblick alle
> Reiche des Erdkreises. **6** Und er sagte zu ihm: All die Macht und Herrlichkeit dieser Reiche will ich dir geben; denn sie sind mir
> überlassen und ich gebe sie, wem ich will. **7** Wenn du dich vor mir niederwirfst und mich anbetest, wird dir alles gehören.
> **8** Jesus antwortete ihm: Es steht geschrieben: Vor dem Herrn, deinem Gott, sollst du dich niederwerfen und ihm allein dienen.
> **9** Darauf führte ihn der Teufel nach Jerusalem, stellte ihn oben auf den Tempel und sagte zu ihm: Wenn du Gottes Sohn bist, so
> stürz dich von hier hinab; **10** denn es steht geschrieben: Seinen
> Engeln befiehlt er deinetwegen, dich zu behüten; **11** und: Sie wer-

> den dich auf ihren Händen tragen, damit dein Fuß nicht an einen
> Stein stößt. **12** Da antwortete ihm Jesus: Es ist gesagt: Du sollst
> den Herrn, deinen Gott, nicht auf die Probe stellen. **13** Nach die-
> sen Versuchungen ließ der Teufel bis zur bestimmten Zeit von
> ihm ab.

Dreimal antwortet Jesus mit einem Wort aus dem vielleicht wichtigsten Buch der Hebräischen Bibel. Er ist ja in der Wüste, wie einst sein Volk. Und was Israel in der Wüste gelernt hat, das finden wir geklärt im Buch Deuteronomium.

»Der Mensch lebt nicht vom Brot allein« (Deuteronomium 8,3) hieß: Gott kann euch auch anders nähren – aus seinem Mund kommt auch andere Nahrung: das Manna. Für Jesus wird dieser Augenblick zum Entscheidungsmoment: Ich darf nicht der Zauberer sein, der Menschen magisch zufriedenstellt; sondern Menschen müssen ins Vertrauen auf den Vater finden, der eine Lösung hat – eine Lösung, die unerwartet sein mag, unbequem, die aber so alles, auch die Freiheit, einbezieht und die Schöpfung damit verwandelt. Das steckt auch in Jesu Antwort auf die zweite Versuchung – auf das Angebot, mit Macht zu siegen:

»Vor dem Herrn, deinem Gott, sollst du dich niederwerfen und ihm allein dienen« (Deuteronomium 6,13 f.) hieß: Im Gelobten Land musst du treu bleiben dem dankbaren Gedenken an den, der dich befreit und in Sicherheit geführt hat. Für Jesus wird das Angebot Satans Anlass, sich zu entscheiden. Er sieht jetzt, dass er die Wandlung der Welt nicht mit Gewalt wirken soll. Sein Weg, wie er ihn jetzt erkennt, ist vielmehr: Wandlung immer im Gehorsam gegenüber dem Vater. Seine Wege können schwer, ja schmerzlich sein. Er will eben nicht durch Selbstdurchsetzung die Welt verwandeln, sondern in der Weise der Liebe; und sie zwingt niemanden.

Bei der dritten Versuchung versucht es der Versucher nun selbst mit einem Schriftzitat – einem Psalmwort (91,11 f.). Mit dem Heiligen Text kann man offenbar nicht nur Gottes Weg begründen, sondern auch den Abweg. Nicht schon aus dem bloßen Buchstaben, erst im Geist gelesen, findet man die richtige Richtung. Jesus bringt auch hiergegen ein Wort aus dem Deuteronomium: »Gott nicht auf die Probe stellen« (6,16). Hier findet sich also auch im Verhältnis zu Gott ein Versuchungswort: *n-s-h* / ἐκπειράζειν *(ekperiazein)*. Das hieß bei Mose: Gott nicht reizen. Bei Jesus heißt »Gott versuchen« nun: einen sinnenfälligen Beweis seiner Wirklichkeit herstellen wollen, statt ihm zu vertrauen. Empirie provozieren wollen aber ist gerade Vertrauensbruch.

Jesus wird also in dieser Auseinandersetzung mit dem Satan klar, was für ein Messias er sein muss – ein deuteronomischer: nicht durch Gewalt gewinnen, sondern durch gewonnene Herzen. Das heißt aber andererseits auch nicht, blindes Vertrauen zu fordern, sondern: den Menschen zu helfen, Gottes freies, überraschendes Wirken zu erkennen und anzuerkennen, sodass sie sich auf seine Lebensweise einlassen können – sein Reich.

Der Teufel ist also hier nicht der, der vernichtet werden muss, sondern der durch die Gegenrede selbst dazu beiträgt, dass andere den Gottesweg finden. Er lässt im Lukasevangelium denn auch nur »eine bestimmte Zeit« von Jesus ab (4,13).

Versuchungen haben damit also in der Geschichte Gottes eine wichtige Rolle. Nun geht das Johannesevangelium sogar so weit zu sagen, dass Jesus selbst einen Jünger »versucht«. Jesus fragt den Philippus angesichts der hungrigen Menge, wo man für sie Brot kaufen könne. Offenbar entnervt gibt Philippus zurück, das sei eine Überforderung. Der Evangelist aber hatte schon die Erklärung eingeschoben, dass dies nur ein πειρασμός/*peirasmos*, eine »Probe« für den Apostel war.

> **Johannes 6,5** Als Jesus aufblickte und sah, dass so viele Menschen zu ihm kamen, fragte er Philippus: Wo sollen wir Brot kaufen, damit diese Leute zu essen haben? **6** Das sagte er aber nur,

> um ihn auf die Probe zu stellen (πειράζων); denn er selbst wusste, was er tun wollte (ἔμελλεν). 7 Philippus antwortete ihm: Brot für zweihundert Denare reicht nicht aus, wenn jeder von ihnen auch nur ein kleines Stück bekommen soll.

Jesus »versucht« einen Jünger? Diese Erklärung des Evangelisten hilft eine häufige Auffälligkeit im Verhalten Jesu zu verstehen.

Lösungsverzögerung

Der von den Evangelien bezeugte Jesus schafft nicht einfach Abhilfe. Er fragt vielmehr vorher mitunter das Selbstverständliche. Ein Blinder, der ihn herbeigefleht hatte, muss sich erst noch aus dem Munde Jesu anhören: »Was soll ich dir tun?« (Markus 10,51). Einen seit 38 Jahren Gelähmten fragt Jesus gar: »Willst du gesund werden?« (Johannes 5,6). Oder er klärt erst einmal etwas, das mit der doch offenkundig erbetenen Heilung scheinbar gar nichts zu tun hat: Dem durch die Decke vor ihn herabgelassenen Gelähmten spricht er zuerst nicht das Heilungswort »Steh auf!« zu, sondern versichert ihm: »Deine Sünden sind dir vergeben« (Markus 2,9). Dabei drängt doch die Zeit Jesus zufolge so sehr, dass einen Menschen nicht heilen geradezu dasselbe ist wie ihn vernichten (4,3).

Jesus kommt nach allen vier Evangelien über das lebensbedrohliche Wasser zu seinen Jüngern, die kurz vor dem Untergang sind: Ihr Boot droht zu kentern. Statt jedoch sogleich Abhilfe zu schaffen, heißt es, Jesus »wollte an ihnen aber vorübergehen«, sodass die Seinen ihn zu allem Übel nicht erkennen, ja für ein Gespenst halten und vor Angst schreien (Markus 6,48 f.).

Johannes schildert gar, dass Jesus so lange wartet, bis sein todkranker Freund Lazarus stirbt: »Als er hörte, dass Lazarus krank war, blieb er noch zwei Tage an dem Ort, wo er sich aufhielt« (Johannes 11,6).

Schließlich tut der Auferstandene so, als wolle er nach Sonnenuntergang doch weitergehen: Er bleibt erst, als ihn seine Weggefährten bedrängen (Lukas 24,29).

Das Auffällige, das wir hier immer wieder beobachten, ist – wie wir es nennen wollen – eine ›Lösungsverzögerung‹. Will Jesus die Seinen quälen, sie schadenfroh zappeln lassen? Will er angebettelt werden? Nein; sondern: Jesus möchte nicht schnell ein isoliertes Einzelproblem lösen, denn das könnte das Grundproblem gerade noch verstärken. Er hatte sich ja gegen das Verwandeln von Stein in Brot entschieden (Lukas 4,4). Das Fasten zuvor, das Hungern hat seinen eigenen Sinn. So kann die tiefere Verwandlung freigesetzt werden: der unter dem Hunger nach dem Brot liegende Hunger nach der Gottesliebe. Gott will die Welt grundsätzlich verwandeln, nicht ein wenig ausbessern. Er will nicht das eine oder andere Leiden lindern, sondern die Menschheit ganz und gar heilen. Daher tritt der Gottessohn nicht auf als der punktuell-pünktliche Helfer. Er legt vielmehr zunächst die Eigendynamik der Welt frei. Eine ganze Reihe von Gesichtspunkten kommen durch die Lösungsverzögerung zum Vorschein: Die Erzählungen der Evangelien greifen die menschliche Erfahrung auf, dass Gott den Menschen oft spät, ja zu spät zu helfen scheint; aber das ist genau die Schöpfungssituation: Gott lässt Wirklichkeit zu, die nicht er selbst ist, die daher nicht vollkommen ist und daher auch widrig. Jedoch wird diese andere Wirklichkeit mit allem Schlimmen dann nicht zum Gegenspieler Gottes, sondern Gott kann sie zugleich sie selbst sein lassen *und* zum Teil seiner Heilsgeschichte werden lassen. In der Lösungsverzögerung entblößt sich das tiefe Sehnen der Menschheit – ausgedrückt im geradezu blamablen Schrei – und damit unsere Hilflosigkeit. Das Wartenmüssen kann Raum geben, die Welt der Geschöpfe zu bereiten: durchs Wünschen, durchs Bitten – darin sogar, sich zu beteiligen. In der verzögerten Hilfe wird jedoch klar, sie ist Geschenk; und daher überraschend, unverfügbar. Die Lösungsverzögerung erhält allerdings noch eine weiterführende Deutung, und zwar durch die johanneische Bemerkung, dass im Wartenmüssen »Versuchung« liegt. Versuchung hatten wir ja vorhin (S. 145) verstehen gelernt aus der Gethsemani-Bitte Jesu an seine Jünger, zu wachen und zu beten: Nicht in Versuchung geraten hieß, nicht auf die Eigenmacht zu vertrauen, keine Machtmittel in die Hand zu nehmen, sondern sich auf die wirkende Wirklichkeit Gottes zu verlassen. So können wir nun sagen, Versuchung ist der Augenblick, in dem wir vor der Wahl stehen: Lässt du dich auf Gottes Geschichte ein oder verschließt du dich eigenmächtig dem Gotteshandeln? Auch das Garnichts-Tun wäre ein solches Sich-Verschließen. ›Gottes Geschichte‹ heißt nämlich nicht, er wird's schon richten. Gott will sein Reich nicht einfach durchsetzen, sondern bezieht uns ein in dessen Wachstum. – Nun lässt sich diese kurze Theologie der Versuchung zusammenfassen.

> Wenn Versuchung an die Stelle von Vertrauen tritt, zerstört sie Beziehung: Kontrolle. Versuchung kann aber auch heilsam sein als Gelegenheit zur eigenen Stellungnahme, zur Selbstklärung: *Herausforderung, Gott als Herrn der Geschichte anzuerkennen*; das heißt, seiner Vatertreue zu trauen und zugleich die eigene Verantwortung anzunehmen.

2.1.2 Dämonen

Diese knappe Theologie der Versuchung hilft uns nun zum Verständnis eines zweiten anstößigen Themas, das uns die Koranforschung vorlegt und das in einer Geschichtstheologie Platz finden kann. Das, wovon wir hier reden, nennt das Neue Testament manchmal πνεῦμα ἀκάθαρτον – »unreinen Geist« (z. B. Markus 1,26, *pneuma akatharton*); meistens aber δαιμόνιον/*daimonion*. Das Wort ist interessant: Es kann nämlich ein substantiviertes Adjektiv sein; »das Dämonische«; oder aber ein Diminuitiv: »Dämönchen«. Dann handelte es sich um ein Spottwort, ähnlich der Vokabel, mit der die Hebräische Bibel Fremdgötter lächerlich macht: *ʾälîlîm* (Psalm 96,5 usw.) – »Götterchen«.

Es ist nun höchst aufschlussreich, die Entwicklung der Dämonenbegegnung in den Synoptikern zu beobachten. Wir können auch hier drei Phasen ausmachen.

Galiläa

Sowie Jesus öffentlich auftritt, rühren sich die Dämonen. Es wäre zu kurz gegriffen, sie wegzuinterpretieren. Viele neutestamentliche Autoren gehen nun einmal davon aus, dass es sie gibt. Um besser zu verstehen, was damit angesprochen wird, kann man sagen: Dämonen sind auf das Innere wirkende Einflüsse, die wie Personen wahrgenommen werden. Das Neue Testament kennt sie nur als gegen das Gottesreich gerichtete Mächte. Diese Dämonen können eine Person quälen und dazu bringen, das zu tun, was sie nicht will. In der Jesusgeschichte aber haben die Dämonen trotz allem eine wichtige Rolle. Sie bringen Jesus zu größerer Klarheit; sogar zu einer neuen Kraft. Angesichts des Leidens der Menschen geschieht mit Jesus nämlich etwas Verwunderliches: Er seufzt (7,34). Ja, er wird sogar wütend (1,41, der westliche Text hat die – wahrscheinlichere – lectio difficilior: statt »Mitleid«!). An solchen Stellen erfährt Jesus eine ›Geistergriffenheit‹, wie ich es nennen möchte: Der Geist ergreift Jesus. Er wird gerade im Gegenzug zu diesen Gegenmächten stark; und so erweist sich das Gottesreich als machtvolle Befreiung. Der Sieg des Machtwortes Jesu und seiner Jünger über die Dämonen gibt ihnen eine neue Rolle: Die Gegenspieler des Gottesreiches erweisen nolens volens Gottes Macht.

Aber die Dämonen tun *noch* etwas Erstaunliches. Sie rufen aus, wer Jesus ist! Sie sehen hier – im galiläischen Frühling des Jesuswirkens – klarer als alle Menschen, dass er »der Heilige Gottes« ist (Markus 1,24); sogar der »Sohn Gottes« (3,11) oder – im Heidenland etwas heidnischer gesagt: »Sohn des höchsten Gottes« (5,7). Gottessohn, das ist ja das Rahmenwort, um das es dem gesamten Zeugnis des Markusevangeliums geht: Jesus ist der Sohn Gottes (1,1; 15,39). Dann sind die Dämonen doch die besten Theologen, die klarsichtigsten Frommen? Nein. Ihre Namensnennung und Titulierung ist ein Versuch der Dämonen, Macht über Jesus zu bekommen. Jesus verbietet ihnen lokale und akustische Gegenwart: Dass er sie austreibt, ist zwar noch wenig verwunderlich. Sie machen Menschen ja unfrei; und nun bricht mit ihm das Gottesreich an. Aber warum verbietet Jesus ihnen auch auszurufen, wer er ist? Es geschieht aus demselben Grund, warum er Geheilten (1,44 usw.) und den Jüngern nach der Verklärung (9,9) immer wieder aufträgt, nichts davon weiterzusagen. Denn alles, was man in bekannten Begriffen über Jesus sagt, führt zu falschen Erwartungen.

Jünger-Krise

Das sieht man am besten, wenn auch Petrus sagt: »Du bist der Messias« (8,29). Da spricht Petrus wie die Dämonen. Denn er hat offenbar schon einen festen Begriff davon, was aus dem Messias-Sein folgt: kraftvoll siegen, nicht schwach leiden (8,31)! Jesus weist Petrus hart zurecht. Er nennt ihn Satan (8,33). Denn mit solchen Machterwartungen ist er genauso ein Gegenspieler wie der Versucher in der Wüste: Es könnte verlockend sein, darauf einzugehen, es klingt überzeugend, es ist ja logisch, dass der Messias keine Niederlage erleiden wird. Aber an der Versuchung wird Jesus nur umso klarer: Er muss den Messiasbegriff erst zu seiner Erfüllung bringen, muss ihn neu füllen. Was das Markusevangelium damit sagt, ist: Wir müssen Gottes Geschichte die Zeit lassen zur Klärung der Begriffe. Gott zeigt selbst, was das wirklich ist, der Messias, der Gottessohn. Höre erst das ganze Evangelium, einschließlich Leidensweg und Tod Jesu – und Auferstehungsbotschaft. Dann erst beginnst du zu sehen, was die Begriffe wirklich bedeuten, und kannst bekennen: »Wahrhaftig, dieser Mensch war Gottes Sohn« (15,39).

Jerusalem

Jerusalem erweist sich denn auch als die Stadt, in der Jesus zu Tode kommt – wie viele Propheten:

> **Lukas 13,34 // Matthäus 23,37** Jerusalem, Jerusalem, du tötest die Propheten und steinigst die Boten, die zu dir gesandt sind.

Von einem Wirken der Dämonen hören wir aber hier nichts mehr. Erzähltechnisch lässt sich das erklären: Anfangs brauchte es die Gegner als fremde Wesen, die Jesus noch gegenüberstehen. Im weiteren Verlauf aber sind die Gegner Menschen, die selbst Akteure der Geschichte sind. Der Widerstand ist völlig einbezogen in den Verlauf. Die Gegnerschaft hat jetzt nicht mehr nur eine Nebenrolle als kommentierende Beobachterin am Wegesrand, die von Jesus vertrieben wird, sodass sie nichts ausrichten kann. Die Gegnerschaft hat jetzt vielmehr eine Hauptrolle. Und Jesus vertreibt sie nicht, sondern liefert sich ihr aus. Sie will Jesu Niederlage bewirken, ermöglicht damit aber den alles wandelnden Sieg: den Tod des Todes.

2.1.3 Mysterium

Wir haben versucht, die Theologie der Geschichte, wie sie uns die Bibel anbietet, zur Sprache zu bringen. Wir haben gesehen, wie Gott das Entgegenstehende nicht ausschaltet, sondern einbezieht. Das klingt, als wäre es schwer greifbar. Aber die Bibel hat ein Wort und eine Weise, die überraschende Wendung, den Einbezug begehbar[6] zu machen: sie spricht vom Geheimnis. Wenn das Neue Testament vom μυστήριον redet *(mystērion)*, greift es ein doppelt bedeutsames Wort auf. In der aramäischen Tradition ist das Geheimnis (*rāz*, Daniel 2) das, was der apokalyptische Seher schon als den Gesamtverlauf der Ereignisse erschaut. Im Hellenismus hingegen sind Mysterien nur Eingeweihten zugängliche Kulte, die die kosmische Wandlung begehen können, etwa neues Leben aus einem Bad im Blut eines geschlachteten Stieres.

Die neutestamentlichen Briefe können das Christusgeschehen als Mysterium bezeichnen (z.B. 1 Korinther 2,7; Epheser 3,4.9). Gottes weise Leitung der gesamten Geschichte ist in dieser einen Geschichte deutlich geworden; und zwar so, dass man sich nun darauf einlassen kann. Bald heißen auch die Weisen, es zu feiern, Mysterien: die Sakramente; und die Einzelszenen, in denen sich die Christusgeschichte abspielt, sind die »Mysterien des Lebens Jesu«. Mysterium heißt also nicht das, was unverständlich ist, sondern ist die zwar überraschende, aber zugänglich gewordene Geschichte, die insgesamt als Heilsgeschichte deutlich geworden ist. Das Pessach-Mysterium ist dessen dichteste Form: der Sieg der Auferstehung hat den Tod weggetrunken: »Κατεπόθη ὁ θάνατος εἰς νῖκος – in den Sieg hineingeschlungen wurde der Tod« (1 Korinther 15,54: Jesaja 25,8).

[6] Vgl. zur Begehbarkeit oben, S. 103; und zur Weiterführung einer Theologie des Mysteriums unten, S. 203.

Es ist uns hoffentlich gelungen, den nicht-dualistischen Grundzug des biblischen Weltverständnisses herauszuarbeiten. Diesem Verständnis zufolge ist selbst das scheinbar Entgegenstehende einbezogen. Hier kann sich eine weitere Kontroversfrage anschließen. Im Gegenüber zu der eben entwickelten biblisch-inklusiven Grundhaltung – muss man nicht islamisch-rechtlich von einem grundlegenden Exklusionsgestus sprechen? Entsteht das »Wir« der Muslime nicht erst, als die Glaubensverkündigung nicht mehr andere Gläubige einschließt, sondern sie als andersgläubig und ungläubig ausschließt?

2.2 Serdar Kurnaz | Wir-Konstitutionen (II) Aufnahme und Ausschluss

2.2.1 Aufnahme

Mit der Prophetie Muḥammads begannen die Muslime eine neue Gruppe zu werden, die sich von der der mekkanischen Araber unterscheiden sollte. Da der Prophet Muḥammad mit seiner Botschaft an den Grundfesten der arabischen Stammesgesellschaft rüttelte und er die finanzielle, soziale sowie politische Vormacht der Elite der Stämme gefährdete, begannen die polytheistischen Mekkaner, die Muslime zu verfolgen. Diese kleine Gruppe, die zum geringen Teil aus angesehenen Mekkanern bestand und größtenteils Ausgeschlossene und Sklaven aufnahm, war der Elite, den »Aristokraten« des Stammes Quraisch ein Dorn im Auge. Der Prophet forderte ja von allen, Hab und Gut, Abstammung und Ansehen in der Gesellschaft nicht zum Unterscheidungsmerkmal zu machen, sondern sich auf die göttliche Botschaft und seine Aufforderungen einzulassen. Sure 90 ist ein Beispiel für die Kritik des Korans an der Elite der polytheistischen Araber; so auch Sure 89.

Aufgrund der Verfolgung der Muslime in Mekka und dadurch, dass Muḥammad seinen Schutzpatron, seinen Onkel Abū Ṭālib (gest. 619), verlor, mussten er und die Muslime sich nun umorientieren. Der Verbleib in Mekka wurde quasi unmöglich. Stämme in der Umgebung wie etwa die Banū Ṯaqīf in aṭ-Ṭā'if waren nicht dazu bereit, Muḥammad zu unterstützen. Er hatte bereits mit den beiden arabischen Stämmen Aws und Ḫazraǧ Kontakt aufgenommen, die in der Stadt Yaṯrib wohnten, ca. 300 km nördlich von Mekka. Einige von ihnen waren schon zum Islam konvertiert. Auf ihre Einladung hin verließen Muḥammad und seine Anhänger Mekka im Jahre 622 und wanderten nach Yaṯrib aus. Fortan wurde die Stadt als »die Stadt des Propheten« bezeichnet: *madīnat an-nabīy*, kurz Medina. Die ausgewanderten Muslime wurden von den nun zum Islam konvertierten Stämmen Aws und Ḫazraǧ willkommen geheißen. Sie halfen den Auswanderern *(al-muhāǧirūn)*, sodass sie den Beinamen »die Helfer *(al-anṣār)*« erhielten. Muḥammad verbrüderte die Helfer und die Auswanderer und gründete somit eine neue Gemeinschaft, die nicht nur aus Mekkanern bestand. Durch die Verbrüderung sollte der lang anhaltende Kampf unter den medinensischen Stämmen ein Ende nehmen. Daher berichten muslimische Quellen darüber, dass der Prophet Muḥammad als Schlichter *(ḥakam)* nach Medina gekommen war.[1]

In der Stadt Medina lebten nicht nur arabische Stämme, die vorher dem polytheistischen Glauben folgten. Auch mehrere jüdische Stämme gehörten zur medinensischen Bevölkerung, darunter die großen Stämme Banū Qurayẓa, Banū Qaynuqāʿ und Banū n-Naḍīr. Diese waren durch diverse Verträge mit den arabischen Stämmen verbündet. Sie standen im Klientenverhältnis und wurden so in das Stammesgefüge eingebunden. Mit der Ankunft des Propheten Muḥammad in Medina wurden die Verhältnisse neu ausgehandelt. Der Begriff *umma* (»Gemeinschaft«) umfasste zunächst nicht nur Muslime aus Mekka und Medina, sondern auch die in der Umgebung lebenden Juden. Festgehalten wurden die Verhältnisse innerhalb dieser Umma in der sogenannten Gemeindeordnung von Medina *(ṣaḥīfat al-Madīna)*: ein Bündnis, das wahrscheinlich im Jahre 623 geschlossen wurde und etwa ein Jahr, also bis 624, Bestand hatte. Auf die Gründe für dessen Kurzlebigkeit werde ich noch eingehen.

Die Gemeindeordnung von Medina verstand alle, die diese Ordnung unterschrieben, als eine Gemeinschaft *(umma)*. So

---

[1] Für diese und weitere Informationen s. Krämer, *Geschichte des Islam*, S. 17–22; Bobzin, *Mohammed*, S. 82–92.

werden die jüdischen Stämme klar der Umma zugeordnet und in sie aufgenommen (vgl. § 1, 2 und 25–31):

> »§ 1. Dies ist eine Urkunde von Muḥammad dem Propheten, zwischen den Gläubigen und den Muslimen von Qurayš und Yaṯrib und denen, die sich ihnen anschließen, ihnen beiwohnen und mit ihnen kämpfen.
> § 2. Sie bilden eine einzige Gemeinde gegenüber den Menschen.
> § 25–31. Die Juden der Banū ʿAwf, an-Naǧǧār, al-Ḥāriṯ, Sāʿida, Ǧušaym, ebenso die der Banū l-Aws und Ṯaʿlaba behalten zwar ihre Religion, bilden aber Eine Gemeinde mit den Gläubigen, sowohl sie selber als auch ihre Beisassen, ausgenommen wer Gewalt oder Verrat begeht. Ein solcher stürzt sich selbst und seine Familie in das Unglück.«[2]

Diese Aufnahme hatte aber Konsequenzen, wie etwa die Beteiligung der jüdischen Stämme an möglichen Kriegen mit verfeindeten Stämmen oder den Auftrag zum Schutz der Verbündeten:

> »§ 37. Die Juden bezahlen ihre Ausgaben, und die Muslime bezahlen ihre Ausgaben; sie leisten sich aber gegenseitig Hilfe gegen jeden, der die Genossen dieser bekriegt, und es herrscht zwischen ihnen ehrliche Freundschaft. Lauterkeit steht vor Trug, und keiner pflegt seinen Eidgenossen treulos zu behandeln.«[3]

Kamen die jüdischen Stämme und alle restlichen Parteien der Gemeindeordnung, worunter sich auch polytheistische Stämme befanden haben sollen, ihren Verpflichtungen nicht nach, galt dies als Vertragsbruch. Diese gegenseitige Hilfe wird im Dokument mehrfach betont. Der Prophet Muḥammad

---

[2] Die folgende Übersetzung stammt aus Julius Wellhausen, »Mohammeds Gemeindeordnung von Medina«, in: Julius Wellhausen, *Skizzen und Vorarbeiten*, Band 4, Berlin: Reimer, 1889, S. 67, 70. Ich habe die Übersetzung überarbeitet und die Transkription der arabischen Termini aktualisiert.

[3] Wellhausen, »Gemeindeordnung«, S. 71.

nimmt die Rolle des Oberbefehlshabers und des Schiedsrichters ein. Die unterschiedlichen Vertragspartner sind nach Stämmen geordnet, sodass wir sagen können, dass hier das Stammesrecht und die bekannte Form des Bündnisses – *ḥilf* – nach altarabischer Sitte die Rahmenbedingungen vorgaben. Die Stämme behielten im Rahmen der neuen Ordnung ihre innere Organisation und Obrigkeit bei. Über ihnen allen stand Muḥammad. Obwohl hier noch das Stammesgefüge eine wichtige Rolle spielte, versuchte er es teilweise zu durchbrechen, indem er den Glauben als gemeinsamen Nenner der Umma festzulegen versuchte. Doch bei näherer Betrachtung sehen wir, dass die ausgewanderten quraischitischen Muslime im Dokument ebenfalls wie ein Clan verstanden werden.

Die Zugehörigkeit der Juden zur Umma wird in der Literatur unterschiedlich gedeutet; a) eine religiöse Inklusion bzw. die Idee, dass Muslime und Juden denselben Glauben teilen, bis hin zur b) Hoffnung Muḥammads, dass die Juden den Islam annehmen mögen, und c) einer nicht näher definierten Zugehörigkeit der Juden zur Umma, die aus Gruppen besteht, die dasselbe Territorium teilen. Medina wird im Rahmen dieser Gemeindeordnung zum *ḥaram*, zu einem geschützten Ort. Den Begriff *ḥaram* haben wir oben bereits kennengelernt (s. o. S. 118).[4]

---

[4] Für die Gemeindeordnung in Medina s. Wellhausen, »Gemeindeordnung«, S. 65–83 (Digitalisat: http://archive.org/details/medinavordem isloosagoog/page/n74/mode/2up?view=theater, Zugriff 27.05.2021); Saïd Amir Arjomand, »The Constitution of Medina: A Sociolegal Interpretation of Muhammad's Acts of Foundation of the *Umma*«, in: *International Journal of Middle East Studies* 41/4 (2009), S. 555–575; Uri Rubin, »The ›Constitution of Medina‹ – Some Notes«, in: *Studia Islamica* 62 (1985), 5–23; Günter Schaller, *Die »Gemeindeordnung von Medina« – Darstellung eines politischen Instrumentes. Ein Beitrag zur gegenwärtigen Fundamentalismus-Diskussion im Islam,* unveröffentlichte Dissertationsschrift, Universität Augsburg, 1985 (Digitalisat:

Das Wort Umma ist dem Koran nicht unbekannt. Er kommt dort 62 Mal vor, bezieht sich aber nicht ausschließlich auf Muslime, zumindest nicht in spätmedinensischen Passagen. Häufig anzutreffen ist der Begriff Umma in spätmekkanischen Koranversen, wenn wir der Chronologie der Suren von Theodor Nöldeke (gest. 1930) folgen. Dies ist nicht verwunderlich, denn genau zu dieser Zeit nehmen die Auseinandersetzungen zwischen den Muslimen und den polytheistischen Mekkanern zu. Eine Verbindung zwischen dem muslimischen Glauben und dem Begriff der Umma ziehen erst spätmekkanische und dann vor allem medinensische Suren, wie etwa Sure 3:102–104. Dort heißt es:

> **3:104** Es werde eine Gemeinde aus euch, die zum Guten aufruft, das Rechte gebietet, das Schlechte verbietet. *Denen* wird es wohlergehen.[5]

Der Begriff Umma kann im Koran auch Juden und Christen umfassen, z. B. hier:

> **3:113** Sie sind jedoch nicht alle gleich. Unter den Buchbesitzern ist eine Gemeinschaft, die aufrecht steht *(ummatun qā'imatun)*. **114** Sie tragen Gottes Verse vor, zur Zeit der Nacht, und werfen sich dabei nieder. Sie glauben an Gott und an den Jüngsten Tag, gebieten das Rechte, verbieten das Schlechte und sind schnell bereit zu guten Taten. Jene gehören zu den Rechtschaffenen.[6]

---

https://archive.org/details/DieGemeindeordnungVonMedina/mode/2up?view=theater, Zugriff am 27.05.2021); Robert Bertram Serjeant, »The ›Constitution of Medina‹«, in: *Islamic Quarterly* 8 (1964), S. 3–16. Für weiterführende Literatur s. https://www.oxfordbibliographies.com/view/document/obo-9780195390155/obo-9780195390155-0209.xml#obo-9780195390155–0209-bibItem-0010 (Zugriff am 27.05.2021).

[5] Übersetzung nach Bobzin; Hervorhebung im Original.

[6] Übersetzung nach Bobzin; Ergänzung des arabischen Ausdrucks durch S. K.

Entsprechend könnte diese Passage darauf schließen lassen, dass der Glaube an Gott und nicht die Religionszugehörigkeit über die Zugehörigkeit zur Umma entscheidet. Doch sprechen Passagen wie die o.g. Sure 3:102–104 auch von der Exklusivität der Umma für den muslimischen Glauben. Vermutlich hat der Koran den Begriff Umma zum Ende der Offenbarungszeit hin auf die Muslime beschränkt. Die Forschung konnte aber zeigen, dass das Konzept der Umma mit Bezug auf Muslime in medinischen Koranversen keine gewichtige Rolle spielt; ebenso wenig nach dem Ableben des Propheten. Stammeszugehörigkeiten waren für die Muslime trotz des koranischen Aufrufs zur Gleichheit der Muslime, immer noch von zentraler Bedeutung, wie wir es z.B. bei der Wahl des Kalifen sehen können. Die Betonung der weltweit geeinten Umma ist eine deutlich spätere Entwicklung.[7]

Kommen wir nun zurück zum Bündnis zu sprechen. Es kam kurz nach diesem Bündnis zum Zerwürfnis der Muslime mit den jüdischen Stämmen. Die Chronologie ist, wie die Forschung zeigt, nicht immer eindeutig. Die traditionelle Literatur geht eher den Weg, dass es zu drei unterschiedlichen Zeitpunkten drei Auseinandersetzungen mit den Juden gab, jeweils nach den größeren Schlachten gegen die Mekkaner im Jahre 624 (Badr-Krieg), 625 (Uḥud-Krieg) und 627 (Grabenkrieg in Medina). Grundsätzlich wirft die muslimische Ge-

---

[7] Vgl. Josef van Ess, *Theologie und Gesellschaft im 2. und 3. Jahrhundert Hidschra. Eine Geschichte des religiösen Denkens im frühen Islam*, Berlin/New York: de Gruyter, 1991, Band 1, S. 17; Krämer, *Geschichte des Islam*, S. 28; Frederick Mathewson Denny, »Community and Society in the Qurʾān«, in: Jane Dammen McAuliffe (Hg.), *Encyclopaedia of the Qurʾān*, Band 1, Leiden/Boston/Köln: Brill, 2001, S. 367 f. Denny geht Begriffen wie *umma* und *ḥizb* in ihrer koranischen Verwendung nach und fasst die unterschiedlichen Deutungen in der Forschung zusammen. Meine Zusammenfassung basiert auf seinen Ausführungen.

schichtsschreibung den jüdischen Stämmen einen Bündnis- bzw. Vertragsbruch gegen die Muslime vor. Es werden einzelne Ereignisse tradiert, wie etwa die Belästigung einer muslimischen Händlerin, die zum Zerwürfnis geführt haben soll: Ein Mann vom jüdischen Stamm Banū Qaynuqāʿ habe sie belästigt. Ein muslimischer Mann habe sie schützen wollen, woraufhin es zu Auseinandersetzungen und Todesfällen kam. Die Strafe für diesen Übergriff war nach der Überlieferung die Ausweisung der Juden aus Medina. Dies soll nach dem Badr-Krieg geschehen sein. Das zweite Ereignis geht auf das Jahr nach dem Uḥud-Krieg zurück. Den Banū n-Naḍīr werfen die Muslime Vertragsbruch vor, bzw. es wird in den Überlieferungen erwähnt, dass sie ein Attentat auf Muḥammad verüben wollten. Sie wurden nach dem Attentatsversuch vertrieben. Die letzte Auseinandersetzung mit dem jüdischen Stamm Banū Qurayẓa trat nach dem Grabenkrieg ein. Da die Banū Qurayẓa während der Belagerung Medinas die Mekkaner unterstützt hätten, habe Muḥammad die Gemeinschaft mit ihnen aufgegeben. Als frühere verbündete des Stammes Aws sollte nun jemand aus diesem Stamm entscheiden, welches Strafmaß gelte; der Prophet selbst habe nicht die Entscheidung getroffen. Saʿd b. Muʿāḏ (gest. 5/627) sei der Entscheidungsträger gewesen. Sein Urteil fiel hart aus: Die Männer sollten getötet, Kinder und Frauen als Gefangene genommen und das Vermögen des Stammes beschlagnahmt werden. Der Ausschluss der jüdischen Stämme war also, wenn wir der muslimischen Tradition folgen, durch die Übertretung der geschlossenen Bündnisse, also durch Vertragsbrüche bedingt.[8]

---

[8] Für eine Übersicht über die Auseinandersetzungen Muḥammads, vgl. Bobzin, Mohammed, S. 96–114. Für die ausführliche Diskussion über die Geschehnisse zwischen den Juden und Muslimen zu Lebzeiten Muḥammads und ihre Datierung s. Marco Schöller, *Exegetisches*

Es sind somit keine rein religiösen Motive zu erkennen, die zur Ausgrenzung der jüdischen Stämme führten. Wenn wir den Blick auf den Ausschluss der Mekkaner wenden, verändert sich das Bild ein wenig. Die Konfrontation der Muslime mit ihnen scheint überwiegend politisch zu sein, wobei Religiöses auch eine Rolle spielt. Die Haltung der Muslime scheint nicht einer direkten Konfrontation und dem Wunsch nach einem grundsätzlichen Ausschluss aller Nichtmuslime zu entsprechen. Auch wenn es im ersten Moment den Anschein erweckt, dass die Umma relativ zügig auf den muslimischen Kern schrumpfte, scheint der Inklusionsgedanke immer ein Ziel gewesen zu sein: Der Status der Schutzbefohlenen (Sg. *ḏimmī*) gab Nichtmuslimen, insbesondere Juden und Christen, die Möglichkeit, immer noch Teil der Umma zu sein und den Schutz der Muslime zu genießen, unter ihrer Herrschaft zu leben und ihre eigene Religion auszuüben. Im Folgenden möchte ich auf diese Rechtsinstitution und ihre Folgen eingehen.

2.2.2 Ausschluss und Inklusion

1 Ausschluss durch Auseinandersetzung

Wir haben oben gesehen, dass die Muslime sich mit den Mekkanern in ständiger Konfrontation befanden. Dies nahm im Jahre 628 vorübergehend ein Ende. 628 schlossen die Muslime in Ḥudaybiya einen Friedensvertrag mit den polytheistischen Mekkanern. Dies bedeutete, dass die Mekkaner die Muslime zum ersten Mal diplomatisch anerkannten. Ara-

---

Denken und Prophetenbiographie. Eine quellenkritische Analyse der Sīra-Überlieferung zu Muḥammads Konflikt mit den Juden, Wiesbaden: Harrassowitz, 1998.

bische Stämme, die noch nicht den Islam angenommen hatten, sahen diese Anerkennung der Muslime als Möglichkeit an, sich ihnen anzuschließen. Muslime konnten durch fortlaufende Konversionen viele arabische Stämme auf ihre Seite ziehen. Der Friedensvertrag hatte auch zur Folge, dass sich die Muslime von den Mekkanern noch stärker abgrenzten. Durch den Bruch des Friedensvertrags im Jahre 630 seitens der Mekkaner konnten die Muslime im selben Jahr Mekka erobern. Der Koran rief dazu auf, alle, die den Vertrag brachen, zu bekämpfen (vgl. Sure 9:1–6). Diesen strengen Abgrenzungswunsch relativiert der Koran in derselben Sure (vgl. Sure 9:29). Sofern Nichtmuslime der muslimischen Herrschaft nicht widersprechen und sich unterordnen und eine Kopfsteuer *(ǧizya)* zahlen, können sie unter Schutz leben. Die polytheistischen Araber *(mušrikūn)* werden jedoch klar ausgeschlossen. Die Inklusion von Nichtmuslimen – nach der Meinung vieler Gelehrter, aller Nichtmuslime außer den polytheistischen Arabern – geschieht also durch eine vorausgehende Abgrenzung. Die Abgrenzung zeigt dabei den Inklusionsfaktor, der auf zweierlei Weise gelesen werden kann: theologisch und politisch bzw. historisch. Der Koran bestimmt in erster Linie, dass Juden und Christen den Schutz der Muslime genießen dürfen, sofern sie eine Kopfsteuer zahlen – sie ersetzt die Almosensteuer *(zakāt)*, die die Muslime zahlen sollen (ihre Verteilung bestimmt dieselbe Sure: 9:60).[9] Es ist auffällig, dass der Koran diese beiden Gruppen erwähnt, zu denen er ein ambiges Verhältnis hat: An einigen Stellen werden sie für ihren Glauben gelobt, an anderen wiederum

---

[9] Für eine Übersicht über Almosen und Almosensteuer s. Felix Körner, Serdar Kurnaz, Ömer Özsoy, *Wirtschaft und Gewissen. Eine islamisch-christliche Kontroverse*, Freiburg im Breisgau: Herder, 2020, S. 76–84.

kritisiert. Dennoch teilen Muslime, Juden und Christen denselben Glaubensgrundsatz, weshalb es heißt:

> **3:64** Ihr Buchbesitzer! Kommt her zu einem Wort zwischen uns und euch auf gleicher Basis! Dass wir keinem dienen außer Gott.[10]

Der Offenbarungskontext dieses Verses ist nach der muslimischen Tradition, dass Christen aus Nağrān (West-Arabien) den Propheten Muḥammad besucht hätten und sie über diverse Glaubensinhalte sprachen. Mit dem Besuch der Nağrāner sei dieser Vers, neben vielen weiteren,[11] herabgesandt worden. Der Vers wird gelegentlich auch unabhängig von diesem Offenbarungsanlass verstanden. Dann würde er Juden und Christen zugleich ansprechen und wäre (womöglich) vor dem Besuch der Nağrāner herabgesandt worden.[12] Entsprechend könnte man nach einer theologischen Deutung sagen, dass der Koran zu einem Glaubensbündnis aufruft, wobei hier die spätere Sure 9:29 die Pluralität im Sinne einer Gleichberechtigung, wie man sie aus Sure 3:64 herleiten könnte, relativiert.

Historisch gesehen, und meines Erachtens schauen insbesondere die Rechtsgelehrten aus dieser Perspektive, bedeutet die Entscheidung in Sure 9:29 Folgendes: All diejenigen, die die muslimische Herrschaft anerkennen, mit Ausschluss der polytheistischen Mekkanern, genießen unter den Muslimen Schutz und dürfen ihrer religiösen Tradition treu bleiben. Der neue Status der Nichtmuslime unter muslimischer Herrschaft wurde *ḏimma* genannt, ein Schutzbefohlener, entsprechend ein *ḏimmī*. Im Folgenden werde ich auf diese Art der Inklusion eingehen.

---

10 Übersetzung nach Bobzin.

11 Vgl. aṭ-Ṭabarī, *Ǧāmiʿ al-bayān*, Band 5, S. 171.

12 Vgl. aṭ-Ṭabarī, *Ǧāmiʿ al-bayān*, Band 5, S. 474–476.

2 Inklusion durch die Institution der *ḏimma*

Die folgenden Ausführungen beziehen sich auf die klassische Literatur im Bereich des islamischen Rechts.[13] Wie jedes Rechtssystem, das in der Geschichte auf den Grundlagen einer Religion basierte, hat auch im islamischen Recht die Religionszugehörigkeit den Status der Einwohner eines Ortes bestimmt. Begründet wird diese Bestimmung des islamischen Rechts durch den Koran. Der oben zitierte Vers (Sure 9:29) ist der Referenzpunkt. Er heißt entsprechend auch *ǧizya*-Vers: *āyat al-ǧizya*. Laut diesem Vers dürfen Juden und Christen unter muslimischer Herrschaft leben, sofern sie eine Kopfsteuer *(ǧizya)* zahlen. Bereits zu Lebzeiten des Propheten wurde die Vorschrift der Kopfsteuer erweitert: Auch Zoroastrier *(al-maǧūs)* durften unter muslimischer Herrschaft leben; sie wurden nicht kategorisch ausgeschlossen. Dieser Trend, *ǧizya* und *ḏimma* im weitesten Sinne zu nutzen, haben die Prophetengefährten nach dem Ableben des Propheten und die muslimischen Gelehrten danach weiterverfolgt. Denn diese Institution hat es ermöglicht, eine alternative Lösung zum Krieg zu bieten. Entsprechend gab es immer wieder Zeiten, in denen im Osten der muslimischen Herrschaftsgebiete Hindus und Buddhisten zur Gruppe der Schutzbefohlenen *(ahl aḏ-*

---

[13] Ich stütze mich auf Mathias Rohe, *Das islamische Recht. Geschichte und Gegenwart*, München: C. H. Beck, 2011, S. 147–162; Wael Hallaq, *Sharīʿa: Theory, Practice, Transformations*, Cambridge: University Press, 2009, S. 332–334; Mehmet Erkal und Halil İnalcık, »Cizye«, in: *Türkiye Diyanet Vakfı İslâm Ansiklopedisi* (https://islamansiklopedisi.org.tr/cizye, Zugriff am 23.05.2021); Mustafa Fayda, Ahmet Yaman und M. Macit Kenanoğlu, »Zimmî«, in: *Türkiye Diyanet Vakfı İslâm Ansiklopedisi* (https://islamansiklopedisi.org.tr/zimmi, Zugriff am 23.05.2021); Aibek Ahmedov, »Origins of Law of Religious Minorities in Islam. Evolution of Concept of Dhimmi as Portrayed in Early Sources«, in: *Journal of Islamic State Practices in International Law* 3/1 (2007), S. 23–47.

ḏimma) zugehörten, und im Westen, z. B. in Nordafrika, Berberstämme vor ihrer Konversion zum Islam. Entsprechend lässt sich beobachten, dass muslimische Gelehrte den Begriff der *mušrikūn*, zumindest in Bezug auf die normative Bewertung religiöser Gruppen, so eng wie möglich fassten.

Der Status des Schutzbefohlenen begründet in erster Linie, wie der Begriff selbst verrät, Schutz seitens der muslimischen Herrschaft. Die muslimische Literatur berichtet z. B. darüber, dass der muslimische Befehlshaber eine bestimmte Summe der *ǧizya* zurückzahlte, sofern er keinen vollständigen Schutz gewährleisten konnte. Das *ḏimma*-Verhältnis ist wie ein Vertrag zwischen zwei Parteien, der nicht ohne Weiteres aufgelöst werden kann. Es ist lediglich dem Schutzbefohlenen möglich, den Vertrag zu beenden und das Herrschaftsgebiet der Muslime zu verlassen. Der muslimische Herrscher dagegen kann den Vertrag nicht nach Belieben aufheben, was Rechtssicherheit gewährleisten soll. Die Kopfsteuer, die Nichtmuslime zahlen mussten, konnte von Ort zu Ort und Zeit zu Zeit stark variieren. So wie Muslime eine Almosensteuer zahlen mussten, zahlten die Schutzbefohlenen eine Kopfsteuer. Diese befreite sie von der Beteiligung an Kriegen, was für Muslime nicht galt; trotz Almosensteuer mussten sie Wehrdienst leisten. Es wird berichtet, dass man gegenüber Nichtmuslimen, die nicht in der Lage waren, die Steuer zu zahlen, Milde walten ließ. Ausnahmen wurden tatsächlich gemacht; so mussten Mönche keine Steuer zahlen. Auch die Konversion zum Islam befreite von der *ǧizya*; man zahlte aber dafür die Almosensteuer. Eine Bodensteuer *(ḫarāǧ* bzw. *ʿušr)* und weitere Steuerarten mussten alle zahlen. Die Art und Weise der Steuerzahlung konnte ebenfalls variieren: von individuellen Zahlungen bis hin zur kollektiven Zahlung durch einen Repräsentanten.

Das *ḏimma*-Verhältnis begründet nicht nur Schutz, sondern gewährleistet den religiösen Gruppierungen, die in diesem Verhältnis stehen, bestimmte Rechte. Dazu gehört das Recht der Religionsausübung. Unter dem Recht der Religionsausübung darf aber nicht das Recht auf Religionsfreiheit im modernen Sinne verstanden werden. Wie auch sonst zu jener Zeit üblich wurde das Recht auf Religionsausübung, je nach Ort und Zeit, einmal toleranter und einmal restriktiver ausgelegt. Es wurden zu verschiedenen Zeiten Auflagen für den Aufenthalt in muslimischen Ländern bestimmt. Die Unterscheidung hat weniger mit religiösen Vorstellungen zu tun, wie etwa, dass Muslime sich von Nichtmuslimen zu unterscheiden hätten,[14] sondern ist historischen Umständen geschuldet. Nicht nur muslimische, sondern auch christliche Herrscher haben auf das Mittel der Unterscheidung durch Kleidungsvorschriften etc. zurückgegriffen:

> »Im Vierten Laterankonzil von 1215 wird als Kanon 68 festgelegt, dass Juden und Sarazenen (Sammelbegriff für Muslime) eine Tracht zu tragen hätten, die sie von den Christen unterscheide, damit ›der verfluchte Verkehr zwischen ihnen und Christen durch Irrtum‹ verhindert werde.«[15]

Historische Dokumente zeigen, dass unter muslimischer Herrschaft u.a. gefordert wurde, dass Nichtmuslime sich zwar nach eigenem Ermessen kleiden durften, aber z.B. auf einige Kleidungsstücke, wie etwa einen Ledergürtel, zu verzichten hatten. So sollte an ihrer Kleidung erkennbar sein,

---

[14] Dies ist das Konzept der sogenannten *muḫālafa*, dem Widerspruch. Für eine Übersicht s. M. J. Kister, »›Do not Assimilate Yourselves …‹: Lā tashabbahū«, in: *Jerusalem Studies in Arabic and Islam* 12 (1989), S. 321–71. Außerdem: Robert Hoyland (Hg.), *Muslims and Others in Early Islamic Society*, London: Routledge, 2017, S. 126–157. Ob Muslime sich tatsächlich an diese Vorstellung gehalten haben, ist höchst fragwürdig.

[15] Mathias Rohe, *Das islamische Recht. Eine Einführung*, München: C. H. Beck, 2013, S. 50.

dass sie keine Muslime sind. Entsprechend variabel war die Haltung in Bezug auf das Tragen von religiösen Symbolen. Nichtmuslimen waren religiöse Symbole in der Öffentlichkeit grundsätzlich nur dann erlaubt, wenn es dazu einen feierlichen Anlass gab. Allerdings fordern theoretische Abhandlungen, religiöse Symbole im Alltag nicht zur Schau zu stellen. So sollten Gebete nicht in der Öffentlichkeit verrichtet werden. Missionarische Tätigkeiten waren ebenfalls verboten. Die Praxis in Bezug auf die religiösen Symbole dürfte anders ausgesehen haben; die Bevölkerung in weiten Teilen der muslimischen Herrschaft war mehrheitlich nichtmuslimisch, weshalb die tatsächliche Praxis anders war. Religiöse Symbole wurden womöglich nicht verdeckt, was wiederum je nach Ort und Zeit variieren konnte. In angespannten Zeiten, etwa auf Kreuzzügen, dürften die Vorstellungen restriktiver gewesen sein; ebenso in Zeiten der Reconquista.

Religiöse Gebäude wurden grundsätzlich instand gehalten. Es wird zwar berichtet, dass muslimische Herrscher dazu tendierten, die Neuerrichtung von Gebetshäusern von Nichtmuslimen zu verbieten; doch findet man auch Berichte, denen zufolge diese Vorschrift nicht unbedingt eingehalten wurde. Meist wurden Gebetshäuser nicht zu Moscheen umfunktioniert; es sei denn, man hat dadurch ein Zeichen setzen können, sowohl religiöser wie auch politischer Natur: so z. B. Fatih Sultan Mehmed II (reg. 1444–1446, 1451–1481) mit der Umfunktionierung der Hagia Sophia in eine Moschee. Außerhalb der muslimischen Gebetszeiten durften u. a. Kirchenglocken läuten.

All diese Regelungen ergaben sich aus kontingenten Entwicklungen, denen kein normativer Anspruch zukommt. Dennoch gab es Bestrebungen, diesen Regelungen einen verbindlichen Charakter zu verleihen. Es wird berichtet, dass die oben beschriebenen Restriktionen auf den Prophetengefährten und zweiten Kalifen ʿUmar b. al-Ḫaṭṭāb (gest. 23/644, reg.

634–644) zurückgehen. Sie werden u.a. als »Die Bedingungen ʿUmars« *(aš-šurūṭ al-ʿumarīya)* bezeichnet. ʿUmar soll diese Bedingungen der nichtmuslimischen Bevölkerung von Jerusalem nach der Eroberung im Jahre 638 gestellt haben. Diese Vereinbarung beinhaltet, dass Nichtmuslime keine Waffen tragen, produzieren, kaufen und verkaufen dürfen, dass sie sich anders als die Muslime kleiden sollen und keine religiösen Symbole tragen dürfen. Wiederaufbau, Ausbau und Neubau von nichtmuslimischen Gebetshäusern wird ebenfalls untersagt. Es ist aber nicht vollständig zu ermitteln, ob dieses Dokument tatsächlich auf ʿUmar zurückgeht und ob er, oder doch die Bewohner Jerusalems, diese Bedingungen gestellt bzw. angeboten haben, damit sie unter muslimischer Herrschaft leben können.

Die historische Forschung zeigt, dass muslimische Herrscher es den nichtmuslimischen Untertanen grundsätzlich erlaubten, politische Ämter zu bekleiden.[16] Die Herrscher waren sogar auf sie angewiesen, um sich politisch durchzusetzen. Die nichtmuslimischen Untertanen beherrschten die lokale Sprache, kannten die Strukturen am besten und konnten die Bevölkerung überzeugen, die muslimischen Herrscher anzuerkennen. Selten spielte die religiöse Zugehörigkeit einer Person für Ämter eine Rolle. Da es aber dabei auch um Macht ging, kritisierten z.B. Gelehrte genau die religiöse Zugehörigkeit von Personen und gingen sie hart an. Eine größere Bedeutung kam der nichtmuslimischen Bevölkerung im Bereich der Wissenschaften zu. Sie spielten im Wissenstransfer eine

---

16 Über *aš-šurūṭ al-ʿumarīya* s. Albrecht Noth, »Problems of Differentiation between Muslims and non-Muslims. Re-reading the ›Ordinances of ʿUmar‹ (*Al-Shurūṭ al-ʿUmariyya*)«, in: Robert Hoyland (Hg.), *Muslims and Others in Early Islamic Society*, London: Routledge, 2017, S. 103–124; Mustafa Fayda, »eş-Şürûtü'l-Ömeriyye«, in: *Türkiye Diyanet Vakfı İslam Ansiklopedisi* (https://islamansiklopedisi.org.tr/essurutul-omeriyye, Zugriff am 23.05.2021).

wichtige Rolle. Daher unterlagen sie hier kaum Einschränkungen, was auch für die Berufsausübung galt. Wir wissen, dass sie z. B. philosophische Werke ins Arabische übertrugen und somit den muslimisch-arabischen Gelehrten (ausgenommen Gelehrte aus anderen Kulturen, die entweder bereits Muslime waren oder zum Islam konvertiert sind) den Zugang zu solchen Schriften ermöglichten. In Privatrechtlichem, wie z. B. beim Personenstandsrecht, durften sich Nichtmuslime an ihre eigene Gerichtsbarkeit wenden. Sie mussten sich hier nicht nach dem islamischen Recht richten; durften es aber: Es stand ihnen frei, auch nach islamischem Recht Klagen einzureichen und vor die betreffenden Gerichte zu ziehen.

Ein weiterer Inklusionsmechanismus war die Institution des *amān* (zu Dt. etwa »Schutzgarantie«): Diejenigen, die nicht zu den Schutzbefohlenen (sg. *ḏimmī*) gehörten, aber auf muslimischem Boden Handel treiben wollten, konnten einen temporären Schutz genießen. Derjenige, der diesen Schutz genießt, wird *musta'man* genannt, also »derjenige, dem Schutz gewährt wird«. In der ihm gewährten Zeit der Schutzgarantie gelten für den *musta'man* alle Regeln, die für die Schutzbefohlenen gelten. Umstritten ist, ob das islamische Strafrecht für Nichtmuslime gilt; so etwa das Verbot der Unzucht und des Konsums von Alkohol sowie dessen Kauf und Verkauf.

Diese Haltung, die wir in klassischen Werken wiederfinden, ist nicht nur den historischen Umständen geschuldet. Nicht wenige Gelehrte machen sich Gedanken darüber, wie sie sich – wir würden heute »theologisch« sagen – begründen lässt. In Quellen der hanafitischen Rechtsschule kommt in diesem Rahmen der Begriff des *'iṣma* vor; die anderen Rechtsschulen erwägen dies ebenfalls. *'Iṣma* meint hier wörtlich das Geschützt-Sein von Personen. Diese rechtliche Verwendung unterscheidet sich vom Begriff der *'iṣma* in der systematisch-theologischen Literatur. Dort bezeichnet *'iṣma* die

Unfehlbarkeit der Propheten bzw. nach zwölfer-schiitischer Auffassung ebenfalls die der Imame.[17] Im Recht gibt *ʿiṣma* das Minimum an Rechten wieder, die der Mensch qua Mensch hat, unabhängig von seiner religiösen Orientierung und Zugehörigkeit. Dazu gehört der Schutz seines Lebens und Vermögens. Die harten Strafen im Koran für das Verbrechen, das Leben eines anderen zu beenden und sich am Hab und Gut eines anderen unrechtmäßig zu bedienen, dürften leitend für diesen Gedanken gewesen sein. Daneben folgt die hanafitische Rechtsschule der Erkenntnislehre, derzufolge der Mensch unabhängig von den religiösen Quellen einsehen kann, ob eine Handlung gut oder böse ist. Diese Erkenntnis ermöglicht es dann auch, darüber zu urteilen, ob eine Handlung verboten oder geboten ist. Der Mensch erkennt, wenn wir der hanafitischen Haltung folgen, dass der Schutz des Lebens und des Vermögens aller Menschen geboten ist, da man objektiv feststellen kann, dass alles, was diesen Schutz durchbricht, verboten ist.[18]

---

[17] Vgl. Faḫr ad-Dīn ar-Rāzī, *ʿIṣmat al-anbiyāʾ*, hg. v. Muḥammad Ḥiǧāzī, Kairo: Maktabat aṯ-ṯaqāfa ar-raʾīsīya, 1986, S. 39–48; aš-Šarīf al-Murtaḍā, *Tanzīh al-anbiyāʾ*, Qom: Amīr, 1376 (hiǧrī), S. 15–18; Ǧamāl ad-Dīn al-Ḥasan b. Yūsuf al-ʿAllāma al-Ḥillī, *Kašf al-murād fī šarḥ Taǧrīd al-iʿtiqād*, Qom: Manšūrāt Šakūrī, 1372 (hiǧrī), S. 375–377; Ahmad Hasan, »The Concept of Infallibility in Islam«, in: *Islamic Studies* 11/1 (1972), S. 1–11; Wilferd Madelung, »ʿIṣma«, in: *Encyclopaedia of Islam*, 2. Edition, Band 4, Leiden: Brill, 1997, S. 182–184; Nadjet Zouggar, »L'Impeccabilité du Prophète Muḥammad dans le Credo Sunnite d'al-Ašʿarī (m. 324/935) à Ibn Taymiyya (m. 728/1328)«, in: *Bulletin d'études orientales* 60 (2011), S. 73–89.

[18] Vgl. Baber Johansen, »Der *ʿiṣma*-Begriff im hanafitischen Recht«, in: Union européenne des arabisants et islamisants (Hg.), *La signification du Bas Moyen Âge dans l'histoire et la culture de monde musulman. Actes du 8 me Congrès de l'Union européenne des arabisants et islamisants*, Aix-en-Provence: Edisud, 1978, S. 89–108.

Diese theoretischen Gedanken wurden in der Geschichte unterschiedlich umgesetzt. An dieser Stelle sei als ein Beispiel das *millet*-System unter den Osmanen genannt.[19] Das türkische Wort *millet* (arabisch: *milla*) gibt dabei die Religionszugehörigkeit wieder. Das *millet*-System ist eine konkrete Umsetzung des *ḏimma*-Gedankens: Es handelt sich um eine Einordnung von Gruppen nicht nach ihrer ethnischen, sondern nach ihrer religiösen Zugehörigkeit. Entsprechend gab es unter den Osmanen verschiedene *millet*s unterschiedlicher Größen, die wieder innerhalb der eigenen Gruppen in Subgruppen unterteilt werden konnten, wie etwa die Aufteilung der Armenier in gregorianisch und katholisch. Idealerweise sollte das *millet*-System nicht für die Hierarchisierung unterschiedlicher Gesellschaftsschichten eingesetzt werden, sondern die Beziehung der Herrschenden zu den verschiedenen Religionsgruppierungen regeln, die Rechte der *millet*s festlegen. Dennoch konnte – je nach Ort und Zeit – das Verhältnis zu einigen *millets* angespannter sein als das zu anderen. Das *millet*-System wird als historisches Faktum aus heutiger Sicht unterschiedlich bewertet: Einige wollen darin eine tolerante Haltung gegenüber Nichtmuslimen sehen, andere sehen darin eine Partikularisierung der Gesellschaft nach religiöser Zugehörigkeit und den Wunsch, sie zu kontrollieren.

Die muslimischen Gelehrten nahmen den unterschiedlichen Status verschiedener Bevölkerungsteile zum Anlass, sich Gedanken darüber zu machen, wie sie die Welt über geo-

---

[19] Vgl. Lootfy Levonian, »The Millet System in the Middle East«, in: *The Muslim World* 42/2 (1952), S. 90–96; M. O. H. Ursinus, »Millet«, in: *Encyclopaedia of Islam*, 2. Edition (http://dx.doi.org/10.1163/1573-3912_islam_COM_0741, Zugriff am 23.05.2021). Für eine kritische Auseinandersetzung mit dem *millet*-System und eine Hinterfragung der Auffassung, dass die Osmanen mehrere Rechtssysteme gleichzeitig duldeten, s. Macit Kenanoğlu, *Osmanlı Millet Sistemi*, Istanbul: Klasik, 2004.

graphische Kategorien einteilen können. Ihre Vorstellungen über die Einteilung der Welt wird uns ebenfalls Hinweise darauf geben, wie Inklusions- und Ausgrenzungsmechanismen in der Geschichte funktionierten und welchen Einfluss sie auf heute haben (können). Die nächste Überschrift geht daher auf die Frage nach der geographischen Einteilung der Welt ein.

2.2.3 Territorialität: Geographische Einteilung der Welt in *dār al-islām* und *dār al-ḥarb*

Die muslimischen Gelehrten teilten einige Zeit nach dem Ableben des Propheten Muḥammad die Welt in zwei größere Bereiche: das muslimische und das nichtmuslimische Herrschaftsgebiet. Ersteres trug den Namen »Haus des Islam« *(dār al-Islām)*, letzteres »Haus des Krieges« *(dār al-ḥarb)* bzw. »Haus des Unglaubens« *(dār al-kufr)*.[20] Diese Unterscheidung geht weder auf den Koran noch auf den Propheten Muḥammad zurück. Sie ist eine von den religiösen Quellen unabhängige, kontingente Entwicklung, die bis heute gehalten hat, zugleich aber veränderbar ist. Entsprechend wurde

---

[20] Die Ausführungen in diesem Kapitel basieren auf den folgenden Texten: Sarah Albrecht, *Dār al-Islām Revisited. Territoriality in Contemporary Islamic Legal Discourse on Muslims in the West*, Leiden/Boston: Brill, 2018; Sarah Albrecht, »Relocating *Dār al-Islām*. Contemporary Islamic Perspectives on Territoriality«, in: Sohaira Z. M. Siddiqui (Hg.), *Locating the Sharīʿa. Legal Fluidity in Theory, History and Practice*, Leiden/Boston: Brill, 2019, S. 205–225; Giovanna Calasso und Giuliano Lancioni (Hgg.), *Dār al-islām/Dār al-ḥarb. Territories, People, Identities*, Leiden/Boston: Brill, 2017; Rudolph Peters, »Dār al-ḥarb, dār al-Islām und der Kolonialismus«, in: *Zeitschrift der Deutschen Morgenländischen Gesellschaft*, Supplement Band III/1: XIX. Deutscher Orientalistentag (1975), S. 579–587.

diese binäre Aufteilung der Welt im Laufe der Geschichte neu ausgehandelt, angepasst und teilweise ausgebaut.

In der frühen Literatur – dem Ende des 2./8. Jahrhunderts – sind Belege dafür vorhanden, dass Gelehrte allmählich begannen, muslimisches Herrschaftsgebiet von nichtmuslimischem terminologisch zu unterscheiden. Wörter wie »Land des Feindes« *(arḍ al-ʿadūw)* sind zwar früher belegt, geben aber keine klaren Begriffe wieder. Das Interesse, eine terminologische Unterscheidung vorzunehmen, war zunächst pragmatischer Natur: Die Muslime expandierten rasch; Menschen, die nichtmuslimisch waren, lebten unter muslimischer Herrschaft, und Muslime machten nur einen geringen Teil der Bevölkerung aus. Neben dem *ḏimma*-Status nichtmuslimischer Untertanen stellte sich die Frage, wie das Völkerrecht auszugestalten sei. Um das Verhältnis zwischen Muslimen und Nichtmuslimen innerhalb sowie außerhalb des muslimischen Einflussbereiches zu regeln, benutzten bereits Gelehrte wie Abū Yūsuf (gest. 182/798) und Muḥammad b. al-Ḥasan aš-Šaybānī (gest. 189/805), beides Schüler des Rechtsschulgründers der Hanafiten Abū Ḥanīfa (gest. 150/767), die Einteilung »Haus des Islam« und »Haus des Krieges«. Auch mystisch orientierte Gelehrte (Asketen: *zuhhād*, Sg. *zāhid*) wie ʿAbdallāh b. Mubārak (gest. 181/797) kennen diesen Begriff; er benutzt ihn in seinem Werk zum Dschihad. Gelehrte wie Mālik b. Anas (gest. 179/795) hingegen haben diese Unterscheidung zu jener Zeit noch nicht getroffen; sie sprechen daher noch vom feindlichen Gebiet und dem Gebiet der Muslime. Die Zweiteilung der Welt in »Haus des Islam« und »Haus des Krieges« hat direkte Auswirkungen auf das Dschihadverständnis (den Begriff Dschihad werden wir uns unten näher anschauen). Dagegen waren die Gelehrten, insbesondere die Rechtsgelehrten, daran interessiert, die Frage zu lösen, welchen Geltungsbereich das islamische Recht hat. Die genannte Teilung wertete somit die beiden Teile der Welt nicht als »gut« gegen »böse«. Sie sollte vielmehr u. a. die Frage beantworten, wo das islamische Recht gilt und wo nicht. Verbunden war damit auch die Frage, wo der Staat Steuern eintreiben kann und wo nicht, sei es von Muslimen oder von Schutzbefohlenen.

Wahrscheinlich hatte der Begriff »Haus des Islam« eine weitere Funktion: Er diente womöglich als eine vereinende Klammer für die diversen muslimischen Rechtstraditionen. Denn islamisches Recht war kein einheitliches Rechtssystem, sondern hatte unterschiedliche Ausprägungen: Rechtsschulen, die wiederum – innerhalb der eigenen Traditionen – unterschiedliche Rechtspraktiken aufweisen konnten. Entsprechend vielfältig, ja noch vielfältiger war die muslimische religiöse Praxis, die nicht nur nach den geltenden Normen oder der Idealpraxis in Gelehrtendiskursen fragte. Der Begriff »Haus des Islam« könnte diese unterschiedlichen Erscheinungen unter das »Wir« subsumiert haben.

Die Antwort auf die Frage nach dem Geltungsbereich des islamischen Rechts zeigt uns, was die Zugehörigkeit zur muslimischen Gemeinschaft konstituiert. Die Zugehörigkeit wird zum einen territorial, zum anderen moralisch bzw. religiös begründet. Die rein territoriale Begründung geht mehrheitlich auf die hanafitische Rechtsschule zurück. Sie ist der Auffassung, dass das islamische Recht unter nichtmuslimischer Herrschaft nicht gilt. Grund dafür ist: Eine Tat, die unter nichtmuslimischer Herrschaft begangen wurde, kann nicht von muslimischen Richtern sanktioniert werden. Dennoch sagen die Hanafiten, dass der Vollzug einer verbotenen Handlung unter nichtmuslimischer Herrschaft, auch wenn sie keine weltlichen Konsequenzen hat, eine Sünde ist. Muslime sind damit nicht rechtlich, wohl aber moralisch verantwortlich für ihre Handlungen. Gleiches gilt für gottesdienstliche Handlungen und Speisevorschriften: Obwohl muslimische Händler nach der Meinung einiger Gelehrter unter nichtmuslimischer Herrschaft alkoholhaltige Getränke verkaufen dürfen, dürfen sie Alkohol nicht konsumieren; der Konsum ist unabhängig vom Ort eine Sünde. Die Mehrheit der Gelehrten dagegen konzentriert sich stärker als die Hanafiten auf den religiösen Aspekt des islamischen Rechts. Sie sind der Auffassung, dass jedes Vergehen geahndet werden muss, sobald der*die Täter*in wieder unter muslimischer Herrschaft lebt und das Vergehen nachweisbar ist. Dass ein Vergehen, sofern die religiösen Quellen es als Sünde bezeichnen, auch tatsächlich eine Sünde ist, setzen sie ebenfalls voraus. Bemerkenswert ist, dass jede Rechtschule dazu aufruft, das geltende Recht vor Ort zu respektieren und dennoch nach der islamrechtlichen Legitimität der eigenen Handlungen zu fragen. Hier spielen natürlich religiöse Rechtsgutachten, sog. Fatwas (arab. *fatāwā*), eine wichtige Rolle: Sie sind individuelle Handlungsanweisungen für Menschen, die nach der religiösen Zulässigkeit ihrer Handlungen fragen, sind aber nicht staatlich durchsetzbar. Die Fatwa ist im Idealfall davon unabhängig, wo der Mensch lebt.

Wir können also festhalten, dass die Rechtsgelehrten neben territorialer Zugehörigkeit auch religiöse Aspekte im Sinn haben, was direkte Auswirkungen auf die Zugehörigkeit zum Wir hat: Dass eine Handlungsabfolge als Sünde angesehen wird, bestimmt den Handlungshorizont der Muslime und ihre Grenzen – zumindest im Idealfall. Diese Grenzen verleihen eine Zugehörigkeit zum Wir, wie z. B. der Verzicht auf den Konsum von Schweinefleisch.

Wir erinnern uns, dass die Gelehrten sich einig darin waren, das muslimische Herrschaftsgebiet als »Haus des Islam« und das nichtmuslimische als »Haus des Unglaubens« bzw. »Haus des Krieges« *(dār al-ḥarb)* zu bezeichnen. Dieses Modell stößt allerdings schnell an seine Grenzen: Wie ist der Ort zu bezeichnen, der von Nichtmuslimen beherrscht wird, in dem aber Muslime ihrer religiösen Orientierung entsprechend leben können? Handelt es sich dabei um das Haus des Islam, oder doch des Krieges? Gibt es eine dritte Kategorie?

Manche Gelehrte definieren einen solchen Ort als Haus des Islam, sogar dann, wenn Nichtmuslime das Land erobern und nun Muslime unter nichtmuslimischer Herrschaft leben. Als Kriterium gilt hier entweder die freie Religionsausübung – oder die Erlaubnis der nichtmuslimischen Herrscher, muslimische Richter zu ernennen, um die Verhältnisse der Muslime zu regeln. Solche Meinungen sind insbesondere an den östlichen und westlichen Grenzen der muslimischen Welt vertreten; im Osten standen Muslime unter dem Druck der vorstoßenden Mongolen; und die Muslime im Westen, gerade in Andalusien, in Auseinandersetzung mit den Christen. Die Haltung kann hier je nach Umständen variieren; vom Aufruf auszuwandern bis hin zum Aufruf, am jeweiligen Ort zu verbleiben. Der Verbleib kann ferner unterschiedlich begründet werden; von der Möglichkeit, so den Islam argumentativ vertreten zu können bis hin zur (emotionalen) Verbindung zur Heimat. Verlassen Muslime kollektiv einen Ort, wird der Einflussbereich der Muslime verringert; deshalb plädieren einige Gelehrte für die Präsenz der Muslime vor Ort. Wir werden noch sehen, dass in der Moderne ähnlich argumentiert worden ist.

Weitere Kategorien schlagen schafiitische Gelehrte vor; es gibt ja nicht nur Orte, in denen Muslime unter nichtmuslimischer Herrschaft leben. In welchem Verhältnis kann die muslimische Herrschaft zur nichtmuslimischen stehen? Muss es immer Krieg sein? Die Antwort lautet: Nein. Auch wenn die Gelehrten theoretisch gesehen ein dauerhaftes Friedensabkommen ablehnen, sind langanhaltende, vorübergehende, aber erneuerbare Friedensabkommen möglich. Orte, wo sich ein solcher Vertrag schließen lässt, heißen entsprechend »Haus des Abkommens« (*dār al-ʿahd*, auch *dār al-muʿāhada*; und »Haus des Friedens«, *dār aṣ-ṣulḥ*). Viele Gelehrte stimmen dieser Ausdrucksweise zwar zu, sehen sie allerdings nicht als eine unabhängige Kategorie. Sie subsumieren sie vielmehr unter das Haus des Islam.

Diese Aufteilung der Welt spielte in der Moderne während der Kolonialisierung ebenfalls eine wichtige Rolle, nicht nur auf Seiten der Muslime, sondern auch auf Seiten der Kolonialherren. Haben die muslimischen Gelehrten die kolonisierten Länder der Muslime als »Haus des Krieges« bestimmt, konnte dies eine Auswirkung darauf haben, dass Muslime den Wunsch zur Auswanderung hatten. Dies konnte zur Schwächung der Muslime führen, die sich dafür entschieden, das Land nicht zu verlassen. Ferner hatte die Entscheidung eine Auswirkung darauf, ob das Kriegsrecht greifen konnte und damit die Verteidigung mittels des Dschihad. Auf der anderen Seite wollten Kolonialherren von muslimischen Rechtsgelehrten (Sg. *muftī*) Rechtsgutachten darüber erhalten, dass die besetzten Gebiete immer noch als Haus des Islam gelten, um Massenauswanderungen zu unterbinden. Nicht selten bedienten (bedienen sich noch) fundamentalistische Gruppierungen des Konzepts vom »Haus des Islam«, um ihren bewaffneten Terror gegenüber Nationalstaaten zu begründen.

Heute versuchen auch Gelehrte, die dem traditionellen Verständnis des islamischen Rechts folgen, diese Binarität zu überwinden; so auch progressive Gelehrte und Autoren, die die Kontingenz des *dār-al-Islām*-Konzepts betonen. Viele halten an dieser Zweiteilung fest, sehen aber die Länder, in denen Muslime ihre Religion frei ausüben können, als Haus des Islam und legen diesen Begriff im weitesten Sinne aus. Daneben prägen andere den Begriff des Hauses des Abkommens als einen Dauerzustand für Orte, an denen Muslime ihre Religion frei ausüben können. Diejenigen, die die Binarität überwinden wollen, so etwa Tariq Ramadan, sehen die Welt als Gesamtheit und bezeichnen sie z. B. als »Haus des Zeugnisses« *(dār aš-šahāda)*. Viele, die dennoch an einer Zweiteilung festhalten wollen, versuchen negativ konnotierte Begriffe wie Haus des Krieges zu vermeiden. Sie benutzen statt dessen Ausdrücke wie »Haus des Rufs, der Einladung« *(dār ad-daʿwa)* und »Haus der Annahme« *(dār al-iǧāba)*. Dabei bezieht sich der Ruf auf den Ruf zum Islam, wohinter das Konzept der *daʿwa* steckt. *Daʿwa* ist der Aufruf zur Annahme des muslimischen Glaubens: Einladung. Gelehrte, die der *daʿwa*-Begrifflichkeit folgen, haben den Anspruch, dass Muslime ein Leben lang passiv zum Glauben aufrufen, indem sie religiös begründete und legitimierte Handlungen vollziehen. Damit sollen sie ein Vorbild sein und den Menschen die Botschaft des Islam verkünden. Man kann diese Haltung insofern kritisieren, als dass sie Muslime, die in ihrer Heimat in Beziehung zu anderen religiösen, weltanschaulichen etc. Traditionen eine kleine Gruppe ausmachen, nicht vollständig anerkennt. Sie wertet zudem die Gesellschaften höher, die in der Mehrheit muslimisch sind. Man sollte daher eine Terminologie verwenden, die die Binarität überwindet. Dies hat aber zur Konsequenz, dass das gesamte Erbe des islamischen Rechts, das nach dieser Binarität funktioniert, überarbeitet werden muss. Die territoriale Aufteilung der Welt hat damit direkte Auswirkungen auf die Ausgestaltung des islamischen Rechts und damit der religiösen Praxis der Muslime. Das ist auch der Grund, weshalb insbesondere ab den 1990er Jahren Gelehrte wie Ṭāhā Ǧābir al-ʿAlwānī (gest. 2016) und Yūsuf al-Qaraḍāwī (geb. 1926) begannen, das islamische Minderheitenrecht *(fiqh al-aqallīyāt)* auszuarbeiten. Der Grundgedanke ist, dass Muslime im nichtmuslimischen Ausland eine andere Lebensrealität haben als muslimische Mehrheitsgesellschaften und daher andere Lösungen brauchen als das, was das traditionelle Erbe des islamischen Rechts anbietet. Entsprechend kontrovers sind in diesem Diskurs die territorialen Einteilungen; wobei die Frage, ob Muslime, die z. B. in Europa leben, sich als eine Minderheit und im nichtmuslimischem Ausland fühlen, eher eine sekundäre Rolle spielt.[21]

Die Zweiteilung der Welt hatte daneben Auswirkungen darauf, das Kriegsrecht entsprechend auszuformulieren. Damit steht insbesondere der Begriff Dschihad in Verbindung. Dschihad hat allerdings mehrere Bedeutungen und wurde durch die Geschichte hinweg unterschiedlich geprägt. Im Folgenden möchte ich daher dem Begriff des Dschihad zusammenfassend nachgehen.

2.2.4 Auseinandersetzung

Mit der voranschreitenden Zeit und den etablierten Exklusions- und Inklusionsmechanismen, die wir bisher gesehen haben, kam es zu Auseinandersetzungen zwischen Muslimen und anderen Gruppierungen. Die Unternehmungen innerhalb dieser Auseinandersetzungen haben muslimische Gelehrte mit dem Begriff Dschihad *(ǧihād)* wiedergegeben. Nicht wenige Gelehrte, aber insbesondere die Herrscher, haben mithilfe der Dschihad-Vorstellung ihren Expansionsgedanken begründet. Dazu bezog man sich häufig auf Sure 9:5, und zwar in überzeitlicher Lektüre der Stelle als Aufruf zum permanenten Krieg. Dabei beriefen sich viele darauf, dass die göttliche Botschaft an alle Menschen herangetragen werden sollte. Damit wurden territoriale Machtinteressen mit

---

21 Für eine kurze Übersicht über *fiqh al-aqallīyāt*, s. Felix Körner, Serdar Kurnaz, Ömer Özsoy, *Identitäten und Kulturen. Kontexte im Konflikt*, Freiburg im Breisgau: Herder, 2021, S. 151–164. Detailliert zu dieser Frage, s. Albrecht, *Dār al-Isām Revisited*, S. 356–391; Sarah Albrecht, *Islamisches Minderheitenrecht: Yūsuf al-Qaraḍāwīs Konzept des* fiqh al-aqallīyāt, Würzburg: Ergon, 2010; Said F. Hassan, *Fiqh al-Aqalliyyāt: History, Development, and Progress*, Basingstoke/Hampshire et al.: Palgrave Macmillan, 2013.

religiösen Konzepten und Begriffen vermengt. Entsprechend lohnt sich ein Blick auf die Entstehung und Entwicklung des Begriffs Dschihad, der uns heute nicht minder interessiert.[22]

Wörtlich bedeutet Dschihad »sich abmühen, anstrengen«. Diese Bemühung kann sowohl karitativ als auch militärisch sein. Belegt sind beide Verwendungen von Dschihad bereits in vorislamischer Zeit. Es ist nicht unwahrscheinlich, dass der Koran von dieser Verwendung des Wortes ausgeht, was sich bei der Betrachtung der Koranpassagen bestätigen lässt. Derivate der Wurzel des Wortes Dschihad kommen im Koran 41 Mal vor. Die meisten Stellen berichten nicht von einer kriegerischen Handlung; nur zehn von ihnen stehen in Verbindung mit der Kriegsführung (vgl. Sure 4:95; 9:41). Schaut man sich andere Passagen (es lassen sich insgesamt 44 Stellen finden) an, die sich zur Kriegsführung äußern, beinhalten sie nicht das Wort Dschihad. Es kommen Begriffe vor, die noch klarer mit Kriegsführung konnotiert sind, wie etwa *qitāl* (vgl. Sure 2:191). Damit steht Dschihad im Koran nicht selbstverständlich für Kriegsführung. Ein kursorischer Blick auf die Dschihad-Passagen im Koran zeigt, dass das Wort oft nur

---

22 Die folgenden Ausführungen basieren auf diesen Quellen: Albrecht Noth, *Heiliger Krieg und Heiliger Kampf in Islam und Christentum*, Bonn: Röhrscheid, 1996; Albrecht Noth, »Der Dschihad: sich mühen für Gott«, in: Gernot Rotter (Hg.), *Die Welten des Islam. Neunundzwanzig Vorschläge, das Unvertraute zu verstehen*, Frankfurt: Fischer, 1993, S. 22–32; Ella Landau-Tasseron, »Jihād«, in: Jane Dammen McAuliffe (Hg.), *Encyclopaedia of the Qur'ān*, Band 3, Leiden/Boston: Brill, 2003, S. 35–43; Josef van Ess, *Dschihad gestern und heute*, Berlin/Boston: de Gruyter, 2012; Serdar Kurnaz, »Dschihad«, in: Heribert Hallermann, Thomas Meckel, Michael Droege und Heinrich de Wall (Hgg.), *Lexikon für Kirchen- und Religionsrecht*, Band 1, Paderborn: Schöningh, 2018; Mustafa Öztürk, »Cihâd Âyetleri – Tefsir Birikimine, İslâm Geleneğine ve Günümüze Yansımaları«, in: Ahmet Baydar (Hg.), *İslam Kaynaklarında, Geleneğinde ve Günümüzde Cihad*, Istanbul: KURAMER, 2016, S. 99–163.

mit Muslimen in Verbindung gebracht wird, die im Jahre 622 von Mekka nach Medina ausgewandert sind; sie werden daher »die Auswanderer« *(al-muhāğirūn)* genannt. Bemerkenswert ist, dass der Koran die Medinenser, die die Auswanderer empfangen haben (sie heißen daher »die Helfer«, *al-anṣār*), nicht mit Dschihad in Verbindung bringt. Es wäre daher nicht falsch anzunehmen, dass Dschihad im Koran u. a. für die Bemühungen stehen, die durch die Auswanderung und ihre Folgen zustande kommen. Dschihad gibt im Koran somit nicht selbstverständlich eine Art der Kriegsführung von Muslimen gegen Ungläubige wieder. Dies ist auch daran zu sehen, dass der Koran keine Antagonie zwischen den Gläubigen und den Ungläubigen voraussetzt, wenn er das Wort Dschihad benutzt. Die Dschihad-Passagen erwecken eher den Eindruck, dass Dschihad sich auf den*die Gläubige*n selbst bezieht. Der*Die Gläubige beweist durch das ständige Abmühen, das Richtige zu tun, seine/ihre Hingabe an Gott. Diese Hingabe prüft Gott, was sich u. a. am Einsatz im Krieg für den Schutz der muslimischen Gemeinde zeigen konnte. Der Koran kann auf die Aufforderung, auf dem Schlachtfeld zu kämpfen, nicht verzichten. Die historischen Gegebenheiten erlauben solch eine Distanzierung nicht. Im 7. Jahrhundert auf der arabischen Halbinsel, in einer Stammesgesellschaft mit knappen Ressourcen, waren Kampfhandlungen an der Tagesordnung. Sie waren notwendig, sogar ein hoher Wert. Die höchsten Verdienste, die ein Stammesangehöriger erlangen konnte, verdienten Männer durch heldenhafte Taten auf dem Schlachtfeld. Ruhm und Ehre konnten durch besonderen Mut und Heldentaten erlangt werden. Daneben waren Überfälle z. B. auf Karawanen eine wichtige Finanzquelle. Daher begleiteten Soldaten die Karawanen. Die erste Auseinandersetzung zwischen Muslimen und den polytheistischen Arabern im Jahre 624 entstand aufgrund solcher Überfälle, die die Muslime entsprechend dem damaligen Kriegsrechts gegen mekkanische Karawanen unternahmen. Eine historisierende Auslegung der Koranpassagen erlaubt es also, die unterschiedlichen Bedeutungsebenen des Dschihad zu berücksichtigen, die die klassische Koranexegese oft übersieht. Entsprechend muss Dschihad nicht mit ständigem Krieg gegen die Ungläubigen gleichgesetzt werden. Sure 2:190 und 9:5 z. B. zeigen, dass die Muslime sich zum einen gegen die aggressiven Mekkaner wehren durften und selbst sogar aktiv gegen die Mekkaner vorgingen, wie im Falle von Sure 9:5, da sie den Friedensvertrag von Ḥudaybiya im Jahre 628 brachen. Grundmotiv scheint dabei zu sein, dass jede Art von Unterdrückung bekämpft werden soll. Daher irrt man sich, wenn man mit Rücksicht auf Sure 9 behauptet, der Koran würde zu einem Dauerkriegszustand übergehen, was Koranexegeten nicht selten vertreten.

Ein ähnliches Bild zeichnet sich in der Hadith-Literatur ab. Hier kommt Dschihad in unterschiedlichen Formen vor. Dazu gehört die Erziehung der Triebseele dazu, das Gute zu gebieten und Schlechte zu verbieten und gegen die Ungläubigen zu kämpfen, die sich mit den Muslimen in einem kriegerischen Verhältnis befinden. Ausgehend von den koranischen Passagen und den Hadithen führen die Gelehrten insbesondere im Rechtsdiskurs vier Typen des Dschihad an: Dschihad a) mit dem Herzen im Sinne von Erziehung der Triebseele und Kampf gegen die satanischen Einflüsse, b) mit der Zunge im Sinne vom Gebieten des Guten und Verbieten des Schlechten, c) mit der Hand im Sinne von Einhaltung der Verpflichtungen, die aus dem Koran und Sunna hergeleitet werden, und d) mit dem Schwert im Sinne von Kampf gegen die Ungläubigen und Polytheisten. In der Koranexegese werden die meisten Dschihad-Passagen oft im Sinne von aktivem Kampf auf dem Schlachtfeld gedeutet, sofern das Wort Dschihad unbestimmt vorkommt. Entsprechend setzen die Koranexegeten Dschihad mit Wörtern gleich, die klar für die Kriegsführung stehen (z. B. *qitāl* und *ḥarb*). Diese Gleichsetzung erklären zeitgenössische Theologen und Wissenschaftler damit, dass für die muslimischen Gelehrten damals der Frieden die Ausnahme war und Krieg Normalzustand, weshalb sie nach der religiösen Legitimation der Kriegsführung suchten. Motive der Kriegsführung konnten unterschiedlich ausfallen: vom Expansionsbestreben bis hin zum Verteidigungskrieg.

Im letzten Kapitel haben wir unseren Blick auf Andalusien gewendet, um uns einige historische Beispiele anzuschauen. Ich möchte daher ein weiteres Beispiel aus Andalusien anführen, und zwar aus dem Leben des Koranexegeten und Juristen Abū ʿAbdallāh Muḥammad b. Aḥmad al-Qurṭubī (gest. 671/1273). Wir finden in Andalusien eine grundsätzlich große Bereitschaft der Gelehrsamkeit für den Aufruf zum Verteidigungskrieg im Sinne von Dschihad gegen die – für die Gelehrten als ständig wahrgenommene – Gefahr aus dem Norden, von den Christen erobert zu werden. Die Betonung des Dschihad geht so weit, dass er stärker betont wurde als die Pilgerfahrt, eine der fünf Säulen des Islam.[23] Eine besonders prägende negative Erfahrung machte unser Koranexeget al-Qurṭubī. Er berichtet in seinem exegetischen Werk bei Sure 3:169 »Halte die, die auf dem Wege Gottes getötet wurden, nicht für tot! Oh nein! Sie sind am Leben, bei ihrem Herrn, und werden wohlversorgt« über den tragischen Tod seines Vaters. Dieser sei während seiner täglichen Arbeit auf dem Feld von christlichen Kämpfern angegriffen und getötet worden. Al-Qurṭubī gibt sogar das genaue Datum an: 3. Ramadan 627, also 16. Juli 1230. Anlässlich des Todes seines Vaters habe al-Qurṭubī erforscht, ob er seinen Vater als Märtyrer bestatten durfte oder ihn dem gewöhnlichen Ritus entspre-

---

[23] Für diese Haltung s. Jocelyn Hendrickson, »Prohibiting the Pilgrimage: Politics and Fiction in Mālikī Fatwās«, in: *Islamic Law and Society* 23/3 (2016), S. 161–238.

chend beisetzen musste. Nach sorgfältiger Recherche habe er seinen Vater nach dem gewöhnlichen Ritus beigesetzt und erst danach tatsächlich erfahren, dass er ihn auch nach dem Recht als Märtyrer hätte beisetzen können.[24] An einer weiteren Stelle berichtet er zudem, wie christliche Krieger ihn verfolgten. Die Rezitation einiger Koranverse habe ihn vor ihnen retten können.[25] Al-Qurṭubīs schlechte Erfahrungen sind wahrscheinlich der Grund dafür, weshalb er sich an vielen Stellen seines Korankommentars über die zögerliche Haltung der Muslime beschwert, an den Kämpfen teilzunehmen. Dieses Beispiel zeigt eindrücklich, wie die persönlichen Erfahrungen und der historische Kontext die Exegeten dazu bewegen kann, Dschihad als Kriegsführung zu deuten und so das Dschihad-Verständnis zu prägen.

Ein Gegennarrativ gegen die Kriegsführung finden wir insbesondere, aber nicht ausschließlich, in der sufischen, der islamisch-mystischen Literatur. Dort wird Dschihad im Sinne von Kampf gegen die Seele verstanden und weniger der Charakter des Dschihad im Sinne von Krieg betont. Auch der Kampf gegen die Einflüsterungen des Satans, wie wir ihn in Hadithen ebenfalls finden, wird betont. Den Grundstein dafür legt ein Hadith, der betont, dass Muslime sich vom kleinen dem großen Dschihad zugewandt haben. Die Hadith-Kommentatoren legen den kleinen Dschihad als Kampf auf dem Schlachtfeld aus, wogegen der große Dschihad der Kampf gegen die Triebseele, die Versuchungen des diesseitigen Lebens und des Satans sei. In der Literatur wird dieses Konzept gerne als Gegenentwurf zum Dschihad im Sinne

---

[24] Vgl. Abū ʿAbdallāh Muḥammad b. Aḥmad al-Qurṭubī. *Al-Ǧāmiʿ li-aḥkām al-Qurʾān wa-l-mubayyin la-mā taḍammanahū min as-sunnati wa-āy al-Furqān*, hg. v. ʿAbdallāh b. ʿAbd al-Muḥsin at-Turkī. 24 Bände, Beirut: Muʾassasat ar-risāla, 2006, Band 5, S. 412 f.

[25] Vgl. al-Qurṭubī, *al-Ǧāmiʿ*, Band 13, S. 94.

von Kampfbeteiligung verstanden. Durch die Stagnation der Expansion und der Begierde nach irdischen Gütern durch die Kriegsbeute hätten sufische Kreise den Kampf gegen die Triebseele als Dschihad gedeutet. Man versuchte nun, die Gestaltung des Alltags nach den Grundsätzen der muslimischen Tradition ins Zentrum zu rücken: eine lebensbejahende Haltung, die die Bewältigung des Alltags als höheres Gut schätzt als den Tod auf dem Schlachtfeld. Entsprechend wurde auch der Begriff des Märtyrers *(šahīd)* – zunächst nur für den Soldaten, der auf dem Schlachtfeld fällt – nun ausgeweitet. Dies geschah nicht willkürlich, sondern durch Rückbezug auf Hadithe, die die Gelehrten weiterdachten. Menschen, die für die Sache Gottes im Allgemeinen eintreten, gehörten fortan zu Märtyrern, wenn sie auf diesem Wege starben. Als Märtyrer galten nunmehr auch Personen, die während der Rettung einer anderen Person oder an den Folgen von Naturkatastrophen starben. Mit der Zeit versuchten die Gelehrten den Kreis der Märtyrer entsprechend des Dschihads im weitesten Sinne auszudehnen.

Heute wird Dschihad von vielen traditionellen, modernistischen sowie progressiven Gelehrten und Wissenschaftler*innen vornehmlich im Sinne von Kampf gegen die Triebseele und Einstehen für das Gute verstanden. Die Passagen in Koran und Sunna deuten die meisten als Verteidigungshandlungen. Einige Kreise verstehen dennoch unter Dschihad den aktiven Krieg gegen alle potenziellen Gegner. Die Kolonialerfahrung sowie die Kriege und Auseinandersetzungen im 19. und 20. Jahrhundert spielen dabei eine wesentliche Rolle. Bis in das 20. Jahrhundert hinein sprachen die Muslime nicht von einem heiligen Krieg. Dies änderte sich spät, sodass auch in islamrelevanten Sprachen nun sporadisch das Wort »heilig« in Kombination mit Dschihad vorkommt.

2.2.5 Ausschlussmechanismen und die Frage nach dem Seelenheil

Wir haben bisher gesehen, dass die Gelehrten in Anlehnung an den Koran die (arabischen) Polytheisten in jeglicher Form ausschlossen. Daneben inkludierten sie unter bestimmten Bedingungen verschiedene Religionsgruppen. Dabei beriefen sie sich auf die Institution der *ḏimma* und konnten diesen Begriff je nach Bedarf ausweiten, um andere Religionsgemeinschaften darunter zu subsumieren. Der Grund, weshalb man die Polytheisten kategorisch ausschloss, scheint religiöse Motive zu haben; die klare Kritik des Korans am Polytheismus der Araber im 7. Jahrhundert spielt dabei eine zentrale Rolle. Die Gelehrten tendieren meines Erachtens dazu, das Bedeutungsspektrum von »Polytheismus« eng zu halten. Eher weiten sie, wie wir oben sehen konnten, den Begriff *ahl al-kitāb* (Schriftbesitzer) aus. Dieser Begriff erlaubte ja die Inklusion unterschiedlicher Religionsgruppen in die muslimische Gesellschaft. Also haben muslimische Gelehrte recht früh gesehen, dass die Kategorien *mušrikūn* und *ahl al-kitāb* nicht ausreichend dafür waren, neue Gruppen zu identifizieren und sie entsprechend theologisch einzuordnen: in das Rechtssystem und darüber hinaus. Obwohl die Gelehrten nicht bestrebt waren, neue Kategorien zu finden, scheint ihre Haltung klar zu sein: Sie nehmen diese beiden Kategorien als Ergebnis kontingenter Entwicklungen an und haben keine Bedenken, sie neu zu deuten. Wenn wir uns die Entwicklung solcher Begriffe, die wir in diesem Kapitel kennengelernt haben, betrachten, so können wir diese Kontingenz bestätigen. Also können wir festhalten, dass die Kategorien *Polytheisten* und *Schriftbesitzer* nicht überzeitlich auf jede Gesellschaft anwendbar sind. Eine voreilige Subsumtion von Agnostikern, Atheisten und Deisten unter den Begriff *mušrik* führt entsprechend irre. Ähnlich verhält es sich in Bezug auf den Begriff *kāfir* und seine Konnotation mit Ungläubigen – der Unglaube wurde entsprechend mit *kufr* konnotiert. Obwohl diese beiden Begriffe als Sammelbegriff für Ungläubige und den Unglauben benutzt wurden und werden, greifen sie zu kurz, um adäquat religiöse Haltungen wiederzugeben. Wir wissen aber zugleich, dass zumindest im Koran *kāfir* und *kufr* nicht unbedingt für den Ungläubigen und Unglaube stehen. *Kufr* kann jemand haben, der etwas ablehnt, ohne den Glauben zu bestreiten.[26]

Die bisher dargestellten Ansichten formulierten die Gelehrten unabhängig von ihrer Vorstellung vom Seelenheil der religiösen Gruppen. Wir sehen verschiedene Haltungen der Gelehrten, die es erlauben, die Frage nach dem Seelenheil unterschiedlich anzugehen. In den letzten Jahren hat sich die Forschung diesbezüglich intensiviert, insbesondere durch die Entwicklungen im Bereich komparativ-theologischer Studien. Ich möchte hier nur einige grundsätzliche Positionen zusammenfassend darstellen.

Beginnen wir mit dem Exklusivismus. Dieser fordert, nur den Muslimen Seelenheil zu versprechen. Der Koran wirft Polytheisten und Schriftbesitzern vor, die göttliche Botschaft zu leugnen – und damit *kāfir* zu sein – und Letzteren zusätzlich, die Heilige Schrift verfälscht zu haben; deshalb seien sie vom Seelenheil ausgeschlossen. Der Prophet Muḥammad sei der letzte der Propheten; er korrigiere die Verfälschungen in den religiösen Traditionen und aktualisiere die Botschaft, die bereits Abraham verkündet habe, zum letzten Mal in korrekter Form. Alle, die dem widersprechen, sind für die Gelehrten, die dieser Haltung folgen, Ungläubige; diese werden die Höllenstrafe erleiden müssen. Der Exklusivismus kann sogar extreme Züge annehmen. Seine Anhänger können behaup-

---

26 Vgl. Camilla Adang, »Belief and Unbelief«, in: *Encyclopaedia of the Qur'ān* (http://dx.doi.org/10.1163/1875-3922_q3_EQCOM_00025, Zugriff am 25.05.21).

ten, dass sogar Gruppen innerhalb des Islam vom Seelenheil ausgeschlossen werden, da sie angeblich Irrlehren vertreten. Unter den Exklusivisten gibt es allerdings auch Gelehrte, die einen positionellen Pluralismus vertreten: Das Seelenheil ist zwar auf eine Religion beschränkt, doch habe man Religionsgruppen zu respektieren und die Ausübung ihrer religiösen Vorschriften zu ermöglichen. Also soll gleiches Recht für alle gelten, gleich welche Religionszugehörigkeit man hat. Jenseitige Folgen des Unglaubens könnten auf das Diesseits keine Folgen haben.

Dem steht der Inklusivismus gegenüber, der u.a. auf den Exklusivismus reagiert. Er geht davon aus, dass die monotheistischen Religionen auf der Ur-Religion Islam basieren, denn es heiße im Koran: »Für einen jeden von euch haben wir Bahn und Weg gemacht« (vgl. Sure 5:48). Diese früheren Religionen würden nur teilweise verfälscht oder nur falsch ausgelegt. Folge man ihnen, bestehe Hoffnung, am Ende ins Paradies zu gelangen. Daneben gibt es auch die Auffassung, dass Religionsgruppen, die den Propheten Muḥammad nicht wirklich kennen und ihn nicht anerkennen, für ihren Unglauben entschuldigt seien. Nur wer den Propheten wirklich kenne, werde zur Rechenschaft gezogen.

Über diese beiden Theorien hinaus vertreten einige Gelehrte einen pluralistischen Ansatz mit monotheistischer Einschränkung. Begründet wird diese Auffassung mit Rücksicht auf folgende Koranstelle:

> **Sure 2:62** (ähnlich in Sure 5:69) Siehe, diejenigen, die glauben, die sich zum Judentum bekennen, die Christen und die Sabier – wer an Gott glaubt und an den Jüngsten Tag und rechtschaffen handelt, die haben ihren Lohn bei ihrem Herrn, sie brauchen keine Furcht zu haben und sollen auch nicht traurig sein![27]

---

[27] Übersetzung nach Bobzin.

Entsprechend sei das Seelenheil nicht auf *eine* Religion zu beschränken. Exklusivisten deuten Sure 2:62 so, dass der Vers sich auf die aufgezählten Religionsgruppen vor der Prophetie Muḥammads beziehe. Seine Prophetie habe alle anderen »abrogiert« – also in ihrer Gültigkeit entwertet. Dagegen kann allerdings argumentiert werden, dass der Koran jeglichen Absolutheitsanspruch streng kritisiert, den Religionen gegen andere erheben wollen:

> **Sure 2:113** Die Juden sprechen: ›Die Christen gründen ihren Glauben ja auf nichts.‹ Die Christen sprechen: ›Die Juden gründen ihren Glauben ja auf nichts.‹ Sie aber tragen das Buch vor. Ebenso sprechen die, die kein Wissen haben, genau das, was jene sagen. Doch Gott wird zwischen ihnen richten am Tag der Auferstehung in dem, worin sie uneins waren.[28]

Betrachten wir beide Verse, so scheint der Koran eher den Pluralismus zuzulassen. Der Monotheismus ist dennoch ein Ausschlusskriterium nach dieser Auffassung. Denn viele Koranpassagen schließen die damaligen Polytheisten kategorisch vom Seelenheil aus.

Eine weitere Haltung können wir als Universalismus bezeichnen, die eher unter sufischen Kreisen vorkommt. Nach dieser Auffassung ist die Welt »eins« (das ist die Lehre von der »Einsheit des Seins«, *waḥdat al-wuǧūd*) und somit in ihrer Gesamtheit eine Manifestation Gottes. Als Folge dessen betet die gesamte Schöpfung zwangsläufig Gott an. Die Menschen erfahren Gott auf ihre Art, was dazu führt, dass die Erfahrungen voneinander abweichen können, also unterschiedliche Wege doch zu Gott führen.[29]

---

[28] Übersetzung nach Bobzin.

[29] Für diese Haltungen und die Gegenüberstellung zur christlichen Theologie s. Martin Bauschke, *Jesus – Stein des Anstoßes. Die Christologie des Korans und die deutschsprachige Theologie,* Köln/Weimar/Wien: Böhlau, 2000.

Die bisher beschriebenen unterschiedlichen Haltungen sind nicht nur mit Rücksicht auf theologische Grundannahmen entstanden. Historische Entwicklungen und politische Umstände, unter denen Autoren in Geschichte und Gegenwart geschrieben haben, konnten bestimmte Haltungen begünstigen. So waren einige Gelehrte während der Zeit der Reconquista oder der Kreuzzüge stärker auf Abgrenzung bedacht als Gelehrte, die zu anderen Zeiten lebten.

Das gibt uns Anlass, eine Kontroversfrage zu stellen. Man wird wohl sagen müssen, dass das Christentum sich im Laufe seiner Jahrhunderte selten ein Ruhmesblatt für Toleranz gegenüber Andersgläubigen erworben hat. Wir wollen uns im islamisch-christlichen Gespräch nicht gegenseitig die Fehler der Vergangenheit vorrechnen. Zwar muss man in einem ernsten Dialog von Gleichberechtigten, wie wir ihn heute führen können, nichts verschweigen, weder aus Höflichkeit noch in Sorge um die Sicherheit; aber ich stelle auch oft fest, dass meine christlichen Gesprächspartner*innen ohnehin selbstkritisch auf die Kirchengeschichte schauen und geschehenes Unrecht früherer Jahrhunderte bereitwillig anerkennen. Daher aber lohnt sich doch auch die Frage, wie das Christentum mit den Andersgläubigen umgeht. Muslime können ja bereits aufgrund des Koran andere Religionen anerkennen. Der Selbstanspruch des christlichen Glaubens erscheint mir exklusiver. Nun meine dreifache Frage: Was sagen theologische und offiziell-lehramtliche christliche Stimmen heute zum Verhältnis zwischen Christentum und den anderen Religionen – und wie begründen sie es aus den christlichen Glaubensgrundlagen?

Kapitel 3

Religionen

3.1 Felix Körner | Grenzen der Lehre Glaubensdialog an ›boundaries‹, ›limitations‹ und ›frontiers‹

Der vorliegende Band untersucht »heilige Grenzen« – und hinterfragt sie. Auch in der Begegnung der Religionen zeigen sich solche Grenzen. Sie sind hier zu untersuchen.[1] Manche Grenzen machen das Religionsgespräch überhaupt erst zur Begegnung; manche Grenzen behindern die Begegnung gerade, und manche erweisen sich als produktive Herausforderung. Wenn Menschen verschiedener Religion einander begegnen, scheinen sich tatsächlich drei Arten von Grenzen zu zeigen. Diese drei Grenztypen wollen wir im Folgenden eingehender betrachten; und wir bringen hierfür nicht nur eigene Erfahrungen und Gedanken in Anschlag. Es kommen vielmehr auch lehramtliche Texte zum Zuge, und zwar Zitate von Päpsten sowie aus den vatikanischen Behörden. Warum dies nicht nur ein Versuch ist, der Bitte in der Kontroversfrage (S. 195) zu folgen, sondern auch theologisch sinnvoll ist, wird der Durchgang selbst in Kürze begründen. Nur dies noch vorweg: Die hier gewählte Form der Gedankenentwicklung stellt einen Neuzugang dar. Wir gehen nämlich den drei Bedeutungen von »Grenze« je eigens nach: Grenzen, die man achten sollte: bounderies; Grenzen, die man sich eingestehen muss: limitations; und Grenzen, die zu Neuem herausfordern: frontiers.

---

[1] Hinweise in den folgenden Fußnoten auf Veröffentlichungen aus meiner Feder sind Vorschläge für eine weitere Auseinandersetzung mit hier notwendigerweise teils lediglich angerissenen Fragestellungen. Die Artikel lassen sich von meiner Webseite herunterladen: www.felixkoerner.de (Zugriff am 19.03.2021).

3.1.1 Grenzen, die man achten muss: ›bounderies‹

Papst Franziskus wandte sich 2017 an die in Kairo versammelte Internationale Friedenskonferenz.[2] Dabei formulierte er drei Grundausrichtungen für den interreligiösen Dialog. Grundlegend seien »die Verpflichtung zur Wahrung der Identität, der Mut zur Andersheit und die Aufrichtigkeit der Absichten«.[3] Um zu ergründen, was damit angedeutet ist, muss eine Überlegung zur theologischen Interaktion entgegenstehender Sichtweisen zunächst etwas ausholen.

Es gibt Religionstypen ohne Bekenntnischarakter. Wir betrachten hier jedoch die christlich-islamische Begegnung; und zum Christentum wie zum Islam gehört sehr wohl ein lehrhaft formulierter »Glaube« (σύμβολον, fides quae, confessio, *ʿaqāʾid*). Dieser Glaube bringt auch Elemente eines Gottes-, Welt- und Lebensverständnisses mit sich; und darüber kann man sich dauerhaft uneins sein.

Nun können sich in Fragen der Glaubenslehre auch Gruppierungen und Einzelpersonen innerhalb derselben Religion streiten. Sie tun es sogar häufig. Jedoch bestehen unter ihnen andere Einigungshoffnungen als unter Menschen verschiedener Religion – und andere Einigungsverfahren: Uneinige Gruppen derselben Religion hoffen nämlich regelmäßig, dass

---

[2] http://www.vatican.va/content/francesco/de/speeches/2017/april/documents/papa-francesco_20170428_egitto-conferenza-pace.html (Zugriff am 15.03.2021).

[3] Im italienischen Original (dort kursiv): »il dovere dell'identità, il coraggio dell'alterità e la sincerità delle intenzioni«; vgl. hierzu ausführlich: Felix Körner, »Humanität als Identität, Alterität und Authentizität. Zur Kriteriologie des Religionsdialogs bei Papst Franziskus«, in: Margit Eckholt, Gregor Etzelmüller und Habib El Mallouki (Hgg.), *»Religiöse Differenzen gestalten«. Hermeneutische Grundlagen des christlich-muslimischen Gesprächs*, Freiburg im Breisgau: Herder, 2020, S. 249–267.

man trennende Unterschiede als Missverständnisse erweisen kann, sodass man wieder eine einzige Religionsgemeinschaft wird; dies keineswegs im Sinne flacher Vereinheitlichung, sondern etwa unter der Formel: »sichtbare Einheit in gestalteter Vielfalt«.[4] Allen derartigen Klärungsbemühungen liegt eine einzige Frage zugrunde. Man könnte sie – durchaus nicht christentumsspezifisch – so formulieren: Lässt sich die Glaubenslehre und Gemeinschaftsform einer anderen Gruppierung als getreue Deutung der gemeinsamen Gründungstexte und -ereignisse anerkennen? Schnelle Urteile – ja oder nein – verfehlen hier meist den Anspruch der Fragestellung. Um ihm gerecht zu werden, ist historische und hermeneutische Grundlagenforschung nötig. Wie viel Arbeit das macht, belegt beispielsweise das Projekt »Lehrverurteilungen – kirchentrennend?« des Ökumenischen Arbeitskreises evangelischer und katholischer Theologen. Allein vier Bände dokumentieren die einschlägigen Debatten, Resultate und Reaktionen.[5] Solche Anerkennungsbemühungen, die Grenzen überwinden und Einheit stiften sollen, finden sich – in geringerem Ausmaße – auch innerislamisch. Als sozusagen »ökumenische« Unternehmung angelegt ist vor allem die vom jordanischen Königshaus geförderte *Amman Message* aus dem Jahr 2004.[6] Schiiten, Sunniten, Ibāḍiten und Ẓāhirirten erklärten dort, sie könnten einander als Muslime anerkennen.

---

[4] So etwa Landesbischof Dr. Karl-Hinrich Manzke, Ökumenebeauftragter der Lutherischen Kirchen in Deutschland, in seinem Vortrag beim Dies Academicus der Päpstlichen Universität Gregoriana, Rom am 15. März 2017, »Die Einheit der Christen als Dienst an einer Welt in Spaltung«: https://www.landeskirche-schaumburg-lippe.de/fileadmin/landeskirche/Dateien/Landesbischof/Vortrag/20170315VortragGregorianaDeutsch.pdf (Zugriff am 15.03.2021).

[5] Erschienen zwischen 1986 und 1994 in Freiburg im Breisgau und Göttingen bei Herder und Vandenhoeck & Ruprecht.

[6] https://ammanmessage.com (Zugriff am 15.03.2021).

Der interreligiöse Dialog dagegen hat kein solches Ziel. Die theologische Interaktion von Muslimen und Christen will keine Einheit im Dogma herstellen. Es handelt sich zwar um zwei Religionen, die viel gemeinsam haben: Beide entstehen in der Spätantike und betreiben, typisch spätantik, die Relecture eines vorgegebenen Traditionscorpus.

Inzwischen ist schon einmal vatikanisch-amtlich festgehalten, dass Christen anerkennen dürfen und sollen: Christentum und *Judentum* sind zwei »Leseweisen« (französisch »lectures«) der Hebräischen Bibel: Beide ergeben sich organisch aus ihr.[7] Allerdings gehört zur unterschiedlichen Leseweise auch, dass die rabbinische Bibellektüre den Glauben an Jesus als Christus – Messias – ausschließt. Lässt sich auch vom Islam sagen, er sei eine unterschiedliche Lesart der Bibel? An seiner Wurzel steht ebenfalls eine Lektüre des biblischen Traditionsgutes. Der Koran unterzieht die Grundschriften seiner beiden Schwestertraditionen allerdings nicht nur einer Relecture, sondern einer Revision. Deshalb steht der Islam Judentum und Christentum als Schriftkorrektur gegenüber. Er will die beiden Religionen allerdings nicht abschaffen. Er will sie vielmehr zurückführen zum gemeinsamen Ursprung: dem

---

[7] Päpstliche Bibelkommission, *Das jüdische Volk und seine Heilige Schrift in der christlichen Bibel*, Nr. 22: »die Christen können und müssen zugeben, dass die jüdische Lesung der Bibel eine mögliche Leseweise darstellt, die sich organisch aus der jüdischen Heiligen Schrift der Zeit des Zweiten Tempels ergibt, in Analogie zur christlichen Leseweise, die sich parallel entwickelte«: https://www.dbk.de/fileadmin/redaktion/veroeffentlichungen/verlautbarungen/VE_152.pdf; das französische Original: http://www.vatican.va/roman_curia/congregations/cfaith/pcb_documents/rc_con_cfaith_doc_20020212_popolo-ebraico_fr.html: »les chrétiens peuvent et doivent admettre que la lecture juive de la Bible est une lecture possible, qui se trouve en continuité avec les Saintes Écritures juives de l'époque du second Temple, une lecture analogue à la lecture chrétienne, laquelle s'est développée parallèlement« (Zugriff auf beide am 16.03.2021).

reinen Glauben Abrahams (vgl. Sure 3:64 f.). Das religionstheologische Anliegen des Koran ist also: Einigung mit Juden und Christen mittels Rückausrichtung am koranisch markierten Ausgangspunkt. Darauf lassen sich die jüdischen und christlichen Adressat*innen allerdings nicht ein. Denn nur die koranische Sicht der Offenbarungsgeschichte meint, dass der Wahrheitsmaßstab am Anfang liege, alles Spätere aber bloß zweierlei sein könne: entweder Wiederholung – und damit gültig – oder Entstellung – und damit richtigzustellen (vgl. Sure 4:45). Ein korangemäßer Islam erhebt also den Anspruch, Juden und Christen seien »Schriftreligionen« *(ahl al-kitāb)*, mit denen eine Einigung in den dogmatischen Streitfragen möglich sei. Denn theologische Unterschiede zur koranischen Botschaft seien Selbstmissverständnisse der Angesprochenen. Wie können jüdische und christliche Seite auf den koranisch vorgeschlagenen Abrahamskompromiss eingehen? Für viele jüdische Gesprächspartner*innen wäre damit nicht nur die Zentralität der Mosesthora verwischt, sondern auch übersehen, dass über das Jüdin- oder Judesein nicht bestimmte Glaubensüberzeugungen entscheiden, sondern die Zugehörigkeit zum Volk Israel. Die christliche Seite wird sagen müssen, dass eine dogmatische Einigung auf den gemeinsamen Nenner Abraham ausgeschlossen ist, weil die entscheidende Geschichtswende übergangen wäre: die Christusereignisse.

Kurz: Es ist sinnvoll, Judentum, Christentum und Islam als drei verschiedene Religionen zu verstehen. Wohlgemerkt ging es eben um die Glaubenslehre. Konstruktives Zusammenleben und -wirken hingegen ist auch dann gut möglich, wenn man sich dogmatisch uneinig ist. Wenn dies geklärt ist, können wir zurückkehren zu den »Grenzen« christlich-islamischer Begegnung und dem Begriffsvorschlag von Papst Franziskus. Dieser Vorschlag lässt sich zusammenfassend wiederholen als Ermutigung zu ›Identität, Alterität und Authentizität‹.

Zunächst wirkt es tatsächlich so, als wären die christlichen Gesprächspartnerinnen und -partner den Muslimen gegenüber die Schwierigen, die Bedenkenträger, die Bremser. Aber das Selbstverständnis, bleibendes Gegenüber zu sein, ist keine Dialogverweigerung. Zum einen wird der Dialog interessanter, wenn sich unterschiedliche Sichtweisen begegnen. Christinnen und Christen betonen die nicht aufgebbare Besonderheit des Christentums allerdings nicht bloß, um eine weiterführende Spannung oder ein interessantes Gegengewicht allererst zu erzeugen. Vielmehr stehen sich hier eben zwei grundverschiedene Lebenssichten gegenüber: zwei Religionen. Islamischerseits wird man betonen, dass im Grunde alle Menschen von ihrer Schöpfungsnatur her (*fiṭra*, vgl. Sure 30:30) das wissen und tun können, was der Koran nun in Erinnerung *(ḏ-k-r)* ruft als das Richtige und als Gottergebenheit *(maʿrūf, islām)*. Christen können dagegen sagen, dass die größere Gerechtigkeit (vgl. Matthäus 5,20) – die Liebe – zwar von allen ersehnt wird, aber dass die Menschen sie erst aus der Osterfreude klar erkennen und ohne Selbstverbiegung leben können. Das Wissen um Christus (γνῶσις Χριστοῦ, Philipper 3,8, *gnōsis Christou*) ist für Christen also der alles entscheidende Unterschied: eine anderswo nicht zu findende Quelle von befreiender Freude aufgrund eines tatsächlichen Geschehens. Wenn Christ*innen dies auch im Gespräch mit Muslim*innen erwähnen, muss das also nicht aus dem Bedürfnis kommen, mit allen Mitteln diskurspluralisierend oder gar konsensblockierend zu sein. Es ist auch nicht automatisch arrogant oder intolerant. Das christliche Osterzeugnis erhebt vielmehr den Anspruch, etwas zu bieten, was anderswo nicht zu haben ist. Deswegen darf es aber auch nur als genau dies vorgetragen werden: als »Zeugnis«.[8] Zeugnis legt man ab; das

---

[8] Vgl. dazu Felix Körner, *Kirche im Angesicht des Islam. Theologie des interreligiösen Zeugnisses*, Stuttgart: Kohlhammer, 2008.

bedeutet, dass man seine Sicht benennt, ohne zu manipulieren. Nun handelt es sich beim christlichen Zeugnis jedoch zugleich um etwas, das jeder Mensch auf seine Weise persönlich erfährt *und* das auf dem Zeugnis anderer beruht – sowie auf der Geschichte der Klärung von sprachlichen Missverständnissen dieses Zeugnisses – und das daher auch in und als Gemeinschaft bezeugt wird. Daher ist es durchaus sinnvoll, wenn Christ*innen in Glaubensgesprächen mit Muslim*innen auch von der Kirche sprechen: wie sie feiert und lebt und den Glauben zur Sprache bringt. Es ist angemessen, sich selbst nicht bloß als zufällige Einzelstimme zu verstehen, sondern auch als Vertreter*in der eigenen Glaubensgemeinschaft.

Die erste Grenze, die man achten muss, ist also, dass man – gerade im theologischen Gespräch mit muslimischen Mitmenschen – das eigene Anderssein nicht aus Gefälligkeit unter den Tisch kehrt. Es gibt eine Grenze, die die beiden Religionen unterscheidet. Man kann sie mit immer neuen Lichtkegeln beleuchten, mit immer neuen Gedanken erforschen, mit immer neuen Worten benennen. Aber man sollte sie nicht verleugnen. Man könnte geradezu sagen: Muslime haben doch das Recht, nicht nur meine Privatmeinung zu hören, sondern durch mich den christlichen Glauben besser verstehen zu können. Aber, so könnte man vielleicht einwenden, dafür wäre es doch besser, sie läsen einfach einen Katechismus; der ist doch eindeutig! Nein. Katechismen sind keine Informationswerke. Katechismen sind daher auch keine Antworten auf Fragestellungen überzeugter Musliminnen und Muslime. Katechismen sind Ausgangspunkte zur ›Einführung in die christlichen Geheimnisse‹ – »Mystagogie«[9] – für Menschen, die Christ*innen sein wollen und nun die traditionellen Glaubensformeln kennenlernen sollen. Diese For-

[9] *Katechismus der Katholischen Kirche,* Nr. 1075: http://www.vatican.va/archive/DEU0035/_P2Z.HTM (Zugriff am 19.03.2021).

meln aber scheinen häufig gegen jede Logik zu verstoßen – und insbesondere gegen alles, was man muslimischerseits für einleuchtend oder zumindest nachvollziehbar halten könnte. Dennoch heißen die christlichen Hauptbekenntnisse nicht deshalb »Geheimnisse« (S. 157), weil man sie nicht verstehen soll, nicht bedenken darf und nicht erklären kann; sondern weil sie von Gottes Wirken mit der Welt handeln: Das »Mysterium« ist Gottes Erlösungsplan (vgl. Epheser 1,9 f.). Die »Mysterien« machen das Gotteshandeln in Sprachformeln und als Feier erfahrbar, zugänglich, sozusagen ›begehbar‹ (s. S. 103). Beim Versuch, dies einsehbar zu machen, stößt man zwar auf höchst überraschende Ausdrücke und stößt auch an die Ausdrucksgrenzen menschlichen Sprechens; aber Erklärungen kann man durchaus wagen. Dazu ist es sinnvoll, im Voraus zu wissen, warum der christliche Glaube von Anfang an so anstößig spricht. Die frühen Christen brachten die Verwandlungserfahrung, die ihnen zuteilwurde, in oft bewusst verwunderliche Wortverbindungen: Wer sie hört, soll staunen und sich an einer Wegscheide sehen. Anscheinend gibt es dort nur zwei Möglichkeiten. Man kann das Gesagte entweder als lächerlich übergehen oder als wahrhaft verwandelnd darauf eingehen. Ein Beispiel ist das von Paulus verwendete frühchristliche Paradox, Jesus sei »gekreuzigter Messias« (1 Korinther 1,23). Der siegreiche Gesalbte Gottes, der doch die entscheidende Geschichtswende bringen soll, stirbt einen Sklaventod? Ist hier mehr gesagt als bloß eine Dummheit? Wer von der Osterbotschaft überzeugt ist, sieht, dass mit den Christusereignissen eine bessere Geschichtswende eingetroffen ist als ein noch so ersehnter Gewaltsieg. Denn mit dem Kreuz Jesu ist der Sieg einer, der einbezieht: Auch Scheitern und selbst unschuldiges Leiden, gar der Tod, sind hier zu Teilen der Heilsgeschichte geworden. Sie wird von ihnen nicht behindert, ja, mehr noch: Diese scheinbaren Hindernisse erweisen sich nun selbst als weiterführende Wegstücke. Weil der »gekreuzigte Messias« aber nicht den menschlichen Überlegenheitsvorstellungen entspricht, bewirkt er bei allen, die sich auf seine Verwandlungsgeschichte einlassen, auch eine ungezwungene, befreiende Änderung der Lebensführung: zum gern – weil hoffnungsvoll – getanen Dienst.

Sind das tatsächlich die beiden einzigen Möglichkeiten: sich kopfschüttelnd abwenden oder sich darauf einlassen? Vielleicht gibt es noch einen dritten Weg: sich die widersprüchlich anmutenden Worte der christlichen Grundbotschaft – des Kerygmas und Katechismus – als den Beginn eines nachvollziehbaren Verwandlungsprozesses erklären zu lassen, ohne ihn selbst mitzumachen.

Für diese – auch nur beobachtende – Nachvollziehbarkeit braucht es beides, die alte Formel und neue Erklärungen. Weil der christliche Glaube nichts nur Individuelles ist, sondern Zeugnis der Kirche, will er auch mit den überlieferten Worten der frühen Tradition zur Sprache gebracht werden – jenen erklärungsbedürftigen, aber erklärbaren Spannungsformeln. So gehören zur Bezeugung des Glaubens sowohl die persönliche immer situationsbezogene Stellungnahme als auch eine Nähe zur Bekenntnisüberlieferung der Gemeinschaft. Sie muss kein sklavisches Nachplappern sein. Ebenso ist eine – allerdings ungezwungene, kritische –Vertrautheit mit den aktuellen lehramtlichen Texten hilfreich.

So zeigen sich aus dem Charakter des christlichen Glaubens als Zeugnis bereits drei Grenzen, die zu achten sind.

a Als Gemeinschaft

Das ist zuerst die Warnung vor einem nur selbst zurechtgebastelten, gefällig-unanstößigen Glauben: Eine Christin sollte empfinden, wie sie auch dann in Gemeinschaft mit der Kirche und für sie spricht, wo sie gerade die einzige christliche Gesprächspartnerin in einer christlich-islamischen Begegnung ist.

b Zeugnis ablegen

Die zweite zu achtende Grenze ist, dass man von allen Versuchen und Erwartungen einer Bekehrung des Gegenübers absieht. Was man mit dem Zeugnis tut, heißt aus guten Grund nicht: es Menschen aufzwingen, sondern es vor ihnen ablegen.[10] Eine echte Bekehrung ist nichts, was die Zeugen bewirken, sondern ist ein Geschenk des Geistes. Manipulatives Zeugnis ist dann kein Zeugnis mehr.

c Kultur, Gefälle, Anstand

Und drittens sei darauf geachtet, dass in der Begegnung zwischen Muslimen und Christen ein starkes Kulturgefälle herrschen kann. In unseren Breiten geschieht es regelmäßig, dass auf der christlichen Seite ein von Familie, Schule und Universität umfassend ausgebildeter Mensch steht – eloquent, versiert, fakten- und begriffssicher; die islamische Seite dagegen kann von einem Mitmenschen vertreten sein, der kein Fachtheologe oder kein deutscher Muttersprachler ist. Die sich hier zeigende Grenze ist die des Anstands. Man wird einen Menschen in der Debatte nicht so verunsichern, dass er in seinem Glauben verletzt zurückbleibt ohne die nötige, fortgesetzte Begleitung.

Hier jedoch zeigen sich auch bereits ›Grenzen, die man sich eingestehen muss‹. Auf sie müssen wir nun zu sprechen kommen.

---

[10] Vgl. Felix Körner, »Muslime bekehren? Eine zeugnisstarke Kirche baut keinen Erwartungsdruck auf«, in: *Herder Korrespondenz Spezial* 2/2018, S. 58.

3.1.2 Grenzen, die man sich eingestehen muss: limitations

Eine Grunddynamik des Christentums ist die Vollmachtsübergabe. Jesus versteht sich als von dem bevollmächtigt, den er seinen himmlischen Vater nennt; aber nicht nur das: Jesus versteht sich auch als dazu bevollmächtigt, andere in seine Vollmacht einzubeziehen.[11] Vollmachtsübergabe zeigt sich hier auch als Stellvertretung, ja Repräsentanz. Das hat entscheidende Auswirkungen auf das Selbstverständnis des Jüngerkreises Jesu. Er versteht sich als eine über seinen jeweiligen Versammlungsort hinausgehende, weltweite Gemeinschaft, als »Kirche«; und sie bezeichnet bereits das Neue Testament als Leib Christi (Epheser 1,23, vgl. schon 1 Korinther 12,12.27). Sie ist damit zwar nicht schlechthin identisch mit Christus: Er ist ihr »Haupt« (Kolosser 1,19). Auch sie muss immer neu auf ihn hören und sich von ihm zu echterer Christusrepräsentanz rufen lassen. Jedoch lassen sich der auferstandene Christus und die Gemeinschaft seiner Zeug*innen nicht mehr voneinander trennen. Als Paulus die Kirche verfolgt, hört er, wie Jesus ihn fragt: »Warum verfolgst du *mich*?« (Apostelgeschichte 9,4; 22,7; 26,14). Schon von dorther begründet sich, dass das Christuszeugnis am Zeugnis der Kirche hängt.[12] So erfreulich es sein mag, dass Gott Menschen aller Generationen in sein Verwandlungsprojekt einbezieht, so riskant ist es auch: Oft und oft bleibt die Kirche hinter ihrer Verantwortung zurück. Dafür gibt es im kirchlichen Vokabular sogar ein eigenes Wort: Negativzeugnis, Ge-

---

[11] Bevollmächtigt: Lukas 10,22 //Matthäus 11,27; 28,18; Johannes 5,22 – bevollmächtigt einzubeziehen: vgl. Markus 6,7; Lukas 10,16; Matthäus 10,40.

[12] Vgl. Felix Körner, »Theologie der Institution«, in: ders. und Serdar Kurnaz, *Identitäten und Kulturen. Kontexte im Konflikt* (Jerusalemer Religionsgespräche, Band 2), Freiburg im Breisgau: Herder, 2021, S. 104–113.

genzeugnis.[13] Man denke außerdem an das sogenannte Consalvi-Paradoxon. Der Kardinalstaatssekretär Ercole Consalvi († 1824) war in den Verhandlungen vor dem 1801 geschlossenen Konkordat mit dem nachrevolutionären Frankreich so zäh, dass Napoleon entnervt ausgerufen haben soll: »Ist Ihnen klar, Eminenz, dass ich Ihre Kirche jederzeit zerstören kann?«, worauf Consalvis Antwort offenbar lautete: »Ist Ihnen klar, Majestät, dass nicht einmal wir Priester das in achtzehn Jahrhunderten fertiggebracht haben?« Das wäre ein köstliches Bonmot, wenn es nicht so ernst wäre.

a Zeugnis und Schwäche

Muslimische Gesprächspartner*innen wundern sich mitunter darüber, dass Christen die Kirchenkritik so wichtig ist; dass sie an der Institution leiden, dass sie Klerikerskandale für besonders skandalös halten und dass sie die Glaubensgemeinschaft verlassen, weil ihnen der Pfarrer missfällt. Eine solche Verwunderung nimmt nicht nur Banalitäten in den Blick. Hier ist vielmehr ein Wesenszug des christlichen Glaubens berührt. Die Kirche versteht sich als das Zeugenvolk, das die Weltverwandlung erfahrbar zu machen hat, die in den Christusereignissen angebrochen ist. Der frühchristliche Schriftsteller Tertullian († nach 220) berichtet, er habe Nichtchristen gehört, die im Blick auf die Kirche ausgerufen hätten: »Vide, ut invicem se diligant – Sieh nur, wie sie einander lieben!«.[14] Das ist lange her. Die erste Grenze, die sich Christen einge-

---

[13] Franziskus, Nachsynodales Schreiben *Evangelii gaudium*, Nr. 246 »das Negativ-Zeugnis der Spaltung unter den Christen« (italienisch »controtestimonianza«, spanisch »antitestimonio«): http://www.vatican.va/content/francesco/de/apost_exhortations/documents/papa-francesco_esorta zione-ap_20131124_evangelii-gaudium.html (Zugriff am 19.03.2021).

[14] *Apologeticum*, Kapitel 39: *Patrologia Latina*, Band 1, Spalte 471A.

stehen müssen, ist, dass sie für die ihnen anvertraute Botschaft von der umgestaltenden Liebeskraft Christi ein schwächliches Zeugnis ablegen. Sie können zwar dagegenhalten, dass sie ja auch klarer als andere von der allgemeinmenschlichen Tendenz zur Selbstsucht sprechen – von der missverständlich sogenannten Erbsünde, die sich auch auf die Kirche auswirkt. Man sollte damit aber nicht kokettieren. Wie dann umgehen mit der notwendigen Christusrepräsentanz, die notwendig unterhalb ihrer erforderten Glaubwürdigkeit bleibt? Hierauf ist dreierlei zu antworten: sich neu der heilenden Kraft des Evangeliums stellen; sich an die heiligen Christinnen und Christen zu halten – die als solche bekannten und die vielen unbekannten – zur Ermutigung, aber auch als überzeugendere Zeug*innen; und an den Trost des Paulus denken, dass das Licht Christi zwar in den Herzen der Christinnen und Christen aufgeleuchtet ist, aber: »Diesen Schatz tragen wir in zerbrechlichen Gefäßen; so wird deutlich, dass das Übermaß der Kraft von Gott und nicht von uns kommt« (2 Korinther 4,7). Wenn also das kirchliche Zeugnis trotz allem gelegentlich überzeugt, dann ist es keine Menschenleistung, sondern das Durchscheinen Gottes.

Die erste Grenze, die man sich christlicherseits eingestehen muss, ist also die Schwäche der Kirche. Aber ist das überhaupt eine Grenze der Religion? Bekanntlich spricht sich eine ganze Forschungslinie längst dafür aus, den Religionsbegriff gänzlich aufzugeben, weil er irreführend ist.[15] Im islamisch-christlichen Gespräch hat die Rede von »Religion« jedoch durchaus eine weiterführende Rolle; denn sie gibt der christlichen Seite Gelegenheit zu betonen, dass sich im Fall der christlichen Religion Lehre und Leben nicht trennen lassen: als das Bekenntnis *und* die es bezeugende Gemeinschaft.

---

15 Wilfred Cantwell Smith, *The Meaning and End of Religion*, New York: Macmillan, 1963, S. 13.

b Fundamentalismus und Kontinuität

Wenn Papst Franziskus Grenzen der Religionen eingesteht, die den Dialog erschweren – er nennt sie »Hindernisse und Schwierigkeiten« –, dann macht er vor allem den Fundamentalismus aus.[16] Nun könnte man denken, das sei ein Vorwurf an die islamischen Gesprächspartner*innen, sie bekämen ihren Fundamentalismus nicht in den Griff, und daher stocke das Gespräch. Das ist aber ausdrücklich nicht, was Franziskus sagt. Seine Formulierung lautet vielmehr:

> ***Evangelii gaudium* 250** Eine Haltung der Offenheit in der Wahrheit und in der Liebe muss den interreligiösen Dialog mit den Angehörigen der nicht-christlichen Religionen kennzeichnen, trotz der verschiedenen Hindernisse und Schwierigkeiten, besonders der Fundamentalismen auf beiden Seiten.

Fundamentalistische Haltungen gibt es also auch auf Seiten der Kirche; das gesteht ein Papst hier unumwunden ein. Fundamentalismus bezeichnet hier jene Lebensform, die meint, ohne geschichtliches Bewusstsein auf eine Identitätsquelle zurückgreifen und sich deshalb einem *heutigen* Traditionsverständnis verschließen zu können. Da ein solches Neuverständnis gerade im Gespräch mit Menschen aufbrechen kann, die andere Überzeugungen vertreten, verweigert die fundamentalistische Haltung typischerweise jederlei Dialog. Der Dialog ist ja diejenige Begegnung, in der sich etwas ändern kann. Fundamentalismus ist ein Phänomen der Moderne. Man empfindet Wandlungen, empfindet sie als bedrohlich und meint, sie mit einer Maßnahme abwehren zu können: mit unmittelbarer Rückkehr zum Ursprung. Es ist sinnvoll, diese Haltung zu benennen. Es ist ebenfalls sinnvoll, sie nicht nur bei anderen zu sehen, sondern auch in den eigenen Reihen. Außerdem ist es sinnvoll, sie als Behinderung weiterfüh-

---

[16] Franziskus, Nachsynodales Schreiben *Evangelii gaudium*, Nr. 250.

renden Dialogs zu kennzeichnen – und damit als Grenze einzugestehen. Es ist aber auch sinnvoll, dem Fundamentalismus mit Verständnis zu begegnen; nicht um ihn zu billigen, sondern um Menschen aus ihrer Enge herausbegleiten zu können. Die Anliegen sind ja berechtigt, dass man seine Identität als Kontinuität verstehen will, dass man etwas für heilig halten will und es nicht deswegen aufgibt, weil es andere als unzeitgemäß ansehen könnten, sondern dass man in mutiger Treue zu dem steht, was das Gewissen fordert. Daher hilft es nicht, einfach Offenheit einzuschärfen. Weiterführend ist es zu zeigen, dass neuzeitliche, kritische Zugänge zum Religionsverständnis nicht notwendig gefährdende Entstellungen heiliger Wahrheit sind. Vielmehr lässt sich der Gotteswille gerade durch Kontextualisierung getreuer erkennen und erfüllen; und kontextualisiert hat man Orientierungsworte islamischer- wie christlicherseits denn auch von Anfang an.[17]

c Missverständnisse und Entdeckungen

Eine weitere Grenze, die sich Menschen im Religionsgespräch eingestehen müssen, ist die Beschränktheit ihres Verständnisses. Man muss immer damit rechnen, dass man seine Gesprächspartnerin nicht versteht, selbst wenn es anders wirkt. Möglicherweise missverstehe ich die Frage des Gegenübers, seinen Einwand, seine Antwort, selbst seine Zustimmung. Jedoch nicht nur das: Es ist ebenso hilfreich, sich einzugestehen, dass man auch das Eigene durchaus noch nicht voll und ganz verstanden hat. Der beste Weg aus dem Fehlglauben, es sei bereits alles klar, ist, das Religionsgespräch als Erkundungsweg zu fassen. Ein Dialog ist keine einmalige Begeg-

---

[17] Vgl. Serdar Kurnaz, »Koranauslegung in der Spannung zwischen wörtlicher Bedeutung und menschlicher Erfahrung«, in: *Identitäten und Kulturen*, S. 42–61.

nung, in der alles geklärt werden könnte. Dialog ist ein Prozess. Man kann immer Neues entdecken. Das führt uns zum dritten und letzten Grenztyp, den wir hier in Augenschein nehmen wollten.

3.1.3 Grenzen, die zu Neuem herausfordern: ›frontiers‹

Religionsdialog ist als Lernprozess für alle Beteiligten zu verstehen. In einer echten Begegnungsgeschichte kommen drei verschiedene Ausrichtungen zur Geltung. Um sie zu benennen, können wir nochmals auf ein Papstzitat zurückgreifen. Es stammt diesmal von Benedikt XVI. Er wirkte nicht immer als der dialogischste Pontifex. Im Jahre 2006 schien seine Regensburger Rede das katholische Christentum als die vernunftgemäßeste Religion darzustellen, der gegenüber sowohl Luther als auch Muḥammad als Rationalitätsverweigerer dastünden.[18] Doch vier Jahre später gelang ihm eine treffende Charakterisierung des Religionsdialogs. Er beschrieb ihn als etwas Zweidimensionales. Dialog habe eine Face-to-face- und eine Side-by-side-Dimension.[19] Sein Begriffsvorschlag geht zurück auf den britischen Großrabbiner Jonathan Sacks,[20]

---

[18] Vgl. http://www.vatican.va/content/benedict-xvi/de/speeches/2006/september/documents/hf_ben-xvi_spe_20060912_university-regensburg.html (Zugriff am 19.03.2021).

[19] London, am 17. September 2010: http://www.vatican.va/content/benedict-xvi/de/speeches/2010/september/documents/hf_ben-xvi_spe_20100917_altre-religioni.html (Zugriff am 19.03.2021).

[20] Jonathan Sacks, *The Home We Build Together. Recreating Society*, London/New York: Continuum, 2007. Die Papstansprache enthält keinen Verweis auf das Buch. Dort berichtet Rabbi Sacks (S. 176) von einem multikulturellen Jugendlager. Solange die Jugendlichen mit den »anderen« reden sollten, um einander besser zu verstehen, blieb die Stimmung so verkrampft, dass das ganze Projekt zu scheitern schien. Erst als die jungen Menschen sich vor handfesten Schwierigkeiten sa-

der allerdings meinte, man müsse die Gegenüber-Stellung – face to face – überwinden und sich im Nebeneinander-Gehen – side by side – finden. Benedikt hingegen hält beide Ausrichtungen für wertvoll.

a Seite an Seite: Sozialethik

Wann blickt man – etwa im islamisch-christlichen Dialog – gemeinsam in dieselbe Richtung, steht Seite an Seite?[21] Er denkt an »Angehörige verschiedener religiöser Traditionen, die sich gemeinsam für das Wohl der gesamten Gesellschaft einsetzen«.[22] »Präsenz« und »Zeugnis« der Religionsgemeinschaften »in der Welt« sei ein Beitrag zur Beantwortung der Menschheitsfragen. Hier also nahm Benedikt XVI. das in den Blick, was sich uns als der dritte Typ von Grenzen der Religionen zeigte: die Herausforderungen, vor denen wir mit anderen Religionen gemeinsam stehen. Papst Franziskus wird dies, weitere fünf Jahre später, bestimmen als unsere – nur zusammen lösbare – Aufgabe: unsere »Sorge für das gemeinsame Haus«.[23] Hier wird deutlich, dass es bei der Religionsbegegnung nicht nur zu achtende und zu bekennende Grenzen gibt, sondern auch zu überwindende: gemeinsame

---

hen – Reifenpanne am Bus, unterbrochene Wasserversorgung – begannen sie, die Fertigkeiten anderer zu entdecken und sich als eine einzige Gruppe vor gemeinsamen Herausforderungen zu verstehen. Sacks verdeutlicht das auch an der doppelten Adam-Typologie des Joseph B. Soloveitchik: Adam I ist das großes Ego (»majestic«), Adam II kann einen Bund eingehen (»covenantal«).

[21] Möglicherweise eine Anspielung auf Zefania 3,9: dem Herrn »Schulter an Schulter« dienen.

[22] Wie oben, Fußnote 19.

[23] Franziskus, *Laudato si'. [Enzyklika] über die Sorge für das gemeinsame Haus*, von 2015: https://www.vatican.va/content/francesco/de/encyclicals/documents/papa-francesco_20150524_enciclica-laudato-si.html (Zugriff am 28.08.2021).

Herausforderungen. Die Kirche trägt in prophetischer Tradition auch Sozialkritisches vor; seit mehr als einem Jahrhundert tut die katholische Kirche dies auch mit den Werkzeugen und Begriffen der Gesellschafts- und Wirtschaftsanalyse.[24] Sie bietet politisch orientierende Ziele und Begriffe an.[25] Diese sind auch für Menschen anschlussfähig, die sich nicht zur Kirche zählen wollen – und finden muslimischerseits mitunter großes Interesse. Damit sind genau die gemeinsam anzugehenden Herausforderungen im Blick: frontiers.

b Von Angesicht zu Angesicht: Reinigung und Bereicherung

Jedoch blickt man – so ja bereits die Beschreibung Benedikts von 2010 – mit Menschen anderer Religion nicht immer in dieselbe Richtung. Man schaut auch einander an. Menschen unterschiedlicher Religion sehen sich von Angesicht zu Angesicht. Was da geschieht, benennt die katholisch-offizielle Sprache mit einer überraschenden Formulierung: Eine solche Begegnung werde für beide möglicherweise zur »Reinigung und Bereicherung«.[26] Der Andersgläubige ist durch sein Anderssein nicht von mir abgegrenzt, sondern ebenfalls gläubig:

---

[24] Den Anfang machte Papst Leo XIII. mit seiner Enzyklika *Rerum novarum* vom 15. Mai 1891, in der er Gerechtigkeit für die arbeitende Bevölkerung einforderte, und zwar sozio-ökonomische Gerechtigkeit.

[25] Vgl. das *Kompendium der Soziallehre der Kirche*: https://www.iupax.at/dl/lsppJmoJmMMJqx4KJKJmMJMnMM/Kompendium_der_Soziallehre.pdf (Zugriff am 19.03.2021).

[26] *Evangelii gaudium*, Nr. 250; Benedikt XVI. kurz vor seinem Rücktritt: http://www.vatican.va/content/benedict-xvi/de/speeches/2012/december/documents/hf_ben-xvi_spe_20121221_auguri-curia.html. Die Formel vom gegenseitigen »Reinigen« und »Bereichern« erstmals in *Dialogue and Mission* (1984), Nr. 21. https://www.pcinterreligious.org/the-attitudes-of-the-church-towards-the-followers-of-other-religions (Zugriff auf beide am 19.03.2021).

ein anderer Gläubiger – *l'autre croyant.*[27] Das Zeugnis, das dieser andere Mensch in seiner Hingabe, Treue und Großherzigkeit ablegt, kann die ihm begegnende Christin bescheiden machen, aber auch zu eigenem vertieften Glaubensleben ermutigen und von Vorurteilen befreien; ja, sogar zu neuen Glaubensentdeckungen der »Schätze der Weisheit und Erkenntnis« führen. Sie liegen zwar bereits in Christus vor, sind aber zum Teil noch verborgen (vgl. Kolosser 2,3). In der Begegnung können sie sich zeigen.

Damit ist etwas ausgesagt, das entscheidende Bedeutung sowohl in der Religionstheologie hat als auch in der Geschichtstheologie – und für die Beziehung von Religions- und Geschichtstheologie zueinander.[28] Die Religionstheologie muss sich nämlich nicht auf die Be- oder gar Aburteilung anderer Glaubenssysteme zurückziehen. Sie kann vielmehr zu beschreiben versuchen, wie im Laufe der Geschichte die religiösen Neubildungen aufeinander einwirken; und kann diesen Gesamtverlauf als Offenbarungsgeschichte zu verstehen versuchen, ohne alles, was mit Religions- oder gar Offenbarungsanspruch vorgetragen wird, schon deshalb für göttlich halten zu müssen: Es kann eben bereichern – und reinigen. In biblischen Kategorien gesprochen: Es kann dem Gottesvolk zu Erwählung, Gericht oder Bekehrung werden. Deshalb ist es auch kein Verrat an der Einzigartigkeit des Evangeliums, wenn Papst Franziskus mit dem Scheich von al-Azhar Aḥmad aṭ-Ṭayyib schreibt:

---

27 *Ecclesia in medio oriente*, Nr. 19: http://www.vatican.va/content/benedict-xvi/fr/apost_exhortations/documents/hf_ben-xvi_exh_20120914_ecclesia-in-medio-oriente.html (Zugriff am 19.03.2021).

28 Felix Körner, »Christus und die Andersgläubigen. Religionstheologie nach Wolfhart Pannenberg«, in: Gunther Wenz (Hg.), *Die Christologie Wolfhart Pannenbergs* (Pannenberg-Studien, Band 5), Göttingen: Vandenhoeck & Ruprecht, 2020, S. 257–283.

> Der Pluralismus und die Verschiedenheit in Bezug auf Religion, Hautfarbe, Geschlecht, Ethnie und Sprache entsprechen einem weisen göttlichen Willen, mit dem Gott die Menschen erschaffen hat.[29]

Ist die oben betonte Besonderheit des Christentum damit unzulässig relativiert? Nein, es ist nur anerkannt, dass die Begegnung mit anderen auch für Christ*innen heilsam werden und daher gottgewollt sein kann.[30] In diesem Sinn gibt es in jeder islamisch-christlichen Begegnung nicht nur eine herausfordernde Grenze (frontier), die gemeinsam zu sehen ist und uns zum gemeinsamen Wirken herausfordert; sondern es gibt in jeder solchen Begegnung auch eine neue Herausforderung durch die Gesprächspartnerin – für die einzelne Religion und die einzelnen Gläubigen.

c Rücken an Rücken: Theologie

Wie aber mit dieser Herausforderung umgehen? Die vorhin kennengelernte Beschreibung des Religionsdialogs war zweidimensional: »face to face« und »side by side«. Hier erweist sich nun jedoch eine dritte Dimension als hilfreich. Denn was man aus den gemeinsamen Erfahrungen in der Begegnung lernt, mit dem andern und vom andern, stellt die Religionsgemeinschaft vor neue Aufgaben: Man hat neue Fragen gehört, denen man vertieft nachsinnen und nachforschen muss; man hat Neues gelernt, das auch in der bisherigen Lehre der eigenen Gemeinschaft nicht aufgenommen scheint. Wenn der

---

29 http://www.vatican.va/content/francesco/de/travels/2019/outside/documents/papa-francesco_20190204_documento-fratellanza-umana.html (Zugriff am 19.03.2021).

30 Vgl. Felix Körner, »Das Dokument von Abu Dhabi. Eine politisch-theologische Debatte«, in: *Internationale Katholische Zeitschrift Communio* 49 (2020), S. 312–326.

Dialog also nicht bloß episodisch, sondern prozessual sein soll – ein fortgesetzter Weg –, dann müssen die Theologinnen und Theologen auch in ihre eigene Tradition zurückkehren, sich an ihre eigene Gemeinschaft wenden, dazu beitragen, dass ihre eigene Lehre sich wandelt. Die dritte Dimension ist also ein »back to back«.[31] Zu den herausfordernden Grenzen, den frontiers, gehört damit auch die eigene Theologie. Da dieses Rücken-an-Rücken aber Teil des dialogischen Prozesses ist, kann es nicht in der Abwendung voneinander enden.

> Es wird keinen Frieden geben, solange die anderen noch ›Die‹ sind, nicht zum ›Wir‹ gehören.[32]

Dieses Wir aber darf keine Vereinnahmung sein. Wenn Papst Franziskus so spricht, steht dahinter der Gedanke der Geschwisterlichkeit. Geschwister gehören zusammen, empfinden zusammen; alle Menschen sind zur Gotteskindschaft berufen, aber Geschwister sind nicht alle gleich. Man kann gemeinsame Ziele haben und zugleich sagen: »Andere leben aus anderen Quellen.«[33]

---

[31] Vgl. bereits Felix Körner, »Rücken an Rücken. Die dritte Dimension interreligiösen Miteinanders«, in: George Augustin, Sonja Sailer-Pfister und Klaus Vellguth (Hgg.), *Christentum im Dialog. Perspektiven christlicher Identität in einer pluralen Gesellschaft.* Festschrift Günter Riße (Theologie im Dialog, Band 12), Freiburg im Breisgau: Herder, 2014, S. 235–242.

[32] »Non ci sarà pace finché gli altri saranno un *loro* e non un *noi.*« Deutsch: http://www.vatican.va/content/francesco/de/speeches/2021/march/documents/papa-francesco_20210306_iraq-incontro-interreligioso.html (Zugriff am 19.03.2021).

[33] Franziskus, Enzyklika *Fratelli tutti*, Nrr. 271, 277: http://www.vatican.va/content/francesco/de/encyclicals/documents/papa-francesco_20201003_enciclica-fratelli-tutti.html (Zugriff am 19.03.2021).

3.1.4 Fazit. Fünffache ›Verständigung‹

Wie kann man in der christlich-islamischen Begegnung angemessen umgehen mit den Religionsgrenzen – den boundaries, limitations, frontiers? Man kann dies fassen in der Begrifflichkeit der fünffachen »Verständigung«:[34] Es gibt praktische Fragen, für die mittels Güterabwägung lebbare *Lösungen* zu finden sind. Gerade bei solchen Einigungsverhandlungen kann man die Sicht der anderen *kennenlernen*. Dadurch versteht man auch den *eigenen Glauben* – in Kontrast oder Analogie – besser. Ihn darf man ohne Scham im Dialog durchaus offen *bezeugen*, solange man keine Tricks anwendet. Unabhängig aber davon, wie die Gesprächspartner*innen darauf eingehen, kann man sich an die gemeinsame *Weltgestaltung*[35] machen.

Wir kommen damit zu einer letzten Kontroversfrage: Ich habe zu zeigen versucht, warum das Christentum sich zwar an alle Menschen richtet mit der Überzeugung, dass die Anerkennung der Christusbotschaft ihnen eine anderswo nicht zu erfahrende Befreiung schenkt, warum es dies aber nur in der Weise des Zeugnisses tut. Mission ist also etwas entscheidend Christliches, aber sie ist nur dann wirklich christlich, wenn sie keinerlei Druck ausübt und tatsächlich der Befreiung dient. Daher unsere letzte Kontroversfrage: Wie äußern sich die islamischen Rechtsquellen nun zur Missionsfrage? Oft heißt es, der islamische Missionsbegriff lautet *daʿwa*. Wozu braucht man sie überhaupt? Und wie geht sie vor?

---

34 Vgl. Felix Körner, »Hope in Christian-Muslim Dialogue. A Catholic Perspective«, in: Pontifical Council for Interreligious Dialogue, Commission for Religious Relations with Muslims (Hg.), *Christians and Muslims: Bearers of Hope*, Vatikanstadt: Tipografia Vaticana, 2020, S. 4–29: S. 19–29.

35 Vgl. Felix Körner, *Politische Religion. Theologie der Weltgestaltung – Christentum und Islam*, Freiburg im Breisgau: Herder, 2020.

3.2 Serdar Kurnaz | Wir-Konstitutionen (III) Mission bzw. *Daʿwa* als Außenbeziehung?

Das Wort *daʿwa* bedeutet »Einladung«. Das Wort kommt in dieser Form und in Derivaten im Koran und in Hadithen vor. Der Koran stellt dar, dass diverse Propheten – darunter Noah, Abraham, Jesus und Muḥammad – zum Glauben an Gott einluden. Auch Gott selbst ruft die Menschen zum »Haus des Friedens« (*dār as-salām*, vgl. Sure 10:25) und zum Paradies (vgl. Sure 2:221). Der Aufruf Satans (vgl. Sure 31:21) an Pharao und seine Gefolgschaft (vgl. Sure 28:38–42) – und sonst auch an Ungläubige – zu schlechten Taten bzw. zum Höllenfeuer gibt der Koran ebenfalls mit den Derivaten des Wortes *daʿwa* wieder (vgl. Sure 2:221). Wir wissen aber auch, dass der Begriff *tablīġ* im Sinne von der der göttlichen Botschaft synonym für *daʿwa* ist. Entsprechend gehen die Gelehrten davon aus, dass der Prophet zum Glauben aufrufen musste, dieser Aufruf aber nicht durch Zwang geschah (vgl. Sure 2:256). Aussagen im Koran, die dazu aufrufen, das Gute zu gebieten und Schlechte zu verbieten, sind in diesem Rahmen auf alle Muslime ausgeweitet: die Muslime haben die Pflicht, entsprechend der Botschaft Gottes zu leben und diese zu verbreiten. Nicht selten bezieht man sich dabei auf Sure 3:104 und damit auf das Konzept »das Gute zu gebieten und Schlechte zu verbieten« *(al-amr bi-l-maʿrūf wa-n-nahy ʿan al-munkar)*:

> **Sure 3:104** Es werde eine Gemeinde aus euch, die zum Guten aufruft, das Rechte gebietet, das Schlechte verbietet. *Denen* wird es wohlergehen.[1]

Daraus haben viele muslimische Gelehrte ein Verständnis von Mission abgeleitet, die passiver Natur ist: Muslime haben die

[1] Übersetzt nach Bobzin.

Verpflichtung, die göttliche Botschaft an die Menschen heranzutragen, aber nicht die Aufgabe, sie zu überzeugen. Demzufolge erfüllt man seine Pflicht, die göttliche Botschaft zu verkünden, nicht notwendig verbal, sondern auch durch korrektes Verhalten: Betont wird das Konzept der *taqwā*, der Gottesfürchtigkeit, insbesondere im Kreise der islamischen Mystiker (Sufis) oder den muslimischen Händlern, die Reisen nach Südostasien und sonstigen Teilen der Welt führten und keinen missionarischen Gedanken hatten. Sie gehen davon aus, dass der Islam einen Universalitätsanspruch hat, der sich aber nicht aggressiv auf Menschen auswirkt. Entsprechend versuchen die Rechtsgelehrten, kriegerische Handlungen mit Hilfe des Aufrufs zum Islam zu verzögern; bevor das Kriegsrecht greift, rief man feindliche Herrschaften zum Islam auf, bot dann die oben erwähnte Option des Status der Schutzbefohlenen an und begann erst dann der Krieg, wenn die ersten beiden Möglichkeiten auf Ablehnung stießen. Im Gegensatz zu dieser gemäßigten Position gab es in muslimischen Kreisen auch aktivere bis aggressivere Haltungen in Bezug auf den *da'wa*-Gedanken. Manche waren der Auffassung, dass Menschen von der göttlichen Botschaft überzeugt werden mussten. Die meisten von ihnen griffen nicht mit Gewalt ein; doch war Letzteres in einigen wenigen Kreisen nicht ausgeschlossen. *Da'wa* wurde recht früh für politische Zwecke in Anspruch genommen. So etwa konnte die abbasidische Bewegung durch eine aktive (politische) *da'wa* viele Anhänger gewinnen und die umayyadische Dynastie stürzen. Für ihre eigene Legitimität haben sie sich auf ihre Zugehörigkeit zur Familie Muḥammads berufen. Gleiches geschah mit den Abbasiden selbst durch die schiitisch-politische *da'wa* gegen die Abbasiden: Ihre erfolgreiche *da'wa* kehrte sich nun gegen sie.[2]

---

[2] Vgl. A. H. Mathias Zahinser, »Invitation«, in: *Encyclopaedia of the Qur'ān* (http://dx.doi.org/10.1163/1875-3922_q3_EQSIM_00227, Zu-

In der sunnitischen Tradition wurde die *daʿwa* bis in die Moderne hinein kaum je institutionalisiert. Eine institutionalisierte Form der *daʿwa* in religiöser wie auch politischer Form finden wir insbesondere in der schiitisch-ismailitischen (der siebenerschiitischen) Tradition. So organisierte der *dāʿī d-duʿāt*, der Obermissionar, die Missionsbewegung und entschied, wer dazu fähig war. Seine Funktion kam unter ismailitischer Herrschaft dem eines *qāḍī l-quḍāt*, einem Oberrichter gleich. Ob der *dāʿī d-duʿāt* eine spirituelle Funktion hatte, konnte unter den Ismailiten von Zeit zu Zeit variieren. Die Missionare wurden an die verschiedensten Orte geschickt, um zum ismailitischen Glauben aufzurufen. Sie selbst standen in einer bestimmten Rangordnung zueinander und hatten je nach Stufe unterschiedliche Bezeichnungen (z. B. *lāḥiq*, *mustağīb* usw.). Die Lehre der Ismailiten an Hochschulen wurde mit einem missionarischen Gedanken gelehrt. Auf sunnitischer Seite wollten die Medresen ein Gegengewicht dazu bilden. Sie hatten jedoch weniger Mission im Sinn, schlossen diese aber nicht vollständig aus.[3]

Im Sinne des Gebietens des Guten und Verbietens des Bösen hat *daʿwa* ab dem 20. Jahrhundert wieder an Bedeutung gewonnen. Es sollte die Partizipation der Muslime am Alltag und an gesellschaftsrelevanten Debatten, etwa über Änderungen im Rahmen der säkularen Ordnung oder innerhalb eines

---

griff am 20.06.2021); Marius Canard, »Daʿwa«, in: *Encyclopaedia of Islam*, 2. Edition (http://dx.doi.org/10.1163/1573-3912_islam_SIM_1738, Zugriff am 20.06.2021); Mustafa Çağrıcı, »Davet«, in: *Türkiye Diyanet Vakfı İslam Ansiklopedisi* (https://islamansiklopedisi.org.tr/davet, Zugriff am 20.06.2021); für die politischen Auseinandersetzung zwischen Umayyaden und Abbasiden und innerhalb der Abbasiden vgl. Krämer, *Geschichte des Islam*.

[3] Vgl. Paul E. Walker, »Dāʿī (in Ismāʿīlī Islam)«, in: *Encyclopaedia of Islam THREE* (http://dx.doi.org/10.1163/1573-3912_ei3_COM_25781, Zugriff am 20.06.2021); Çağrıcı, »Davet«.

Nationalstaats ermöglichen. Insbesondere die zunehmende Säkularisierung führte zu der Frage, wie man dem »Islamischen« gerecht werden konnte. Deshalb gingen Prediger in ihren Predigten (Sg. *ḫuṭba*) dieser Fragestellung verstärkt nach und suchten das Konzept »das Gute zu gebieten und Schlechte zu verbieten« neu zu deuten. Theologisch begründet wurde dies nicht selten mit dem Gedanken der Erneuerung *(taǧdīd)* im religiösen Wissen, kündige ja der Prophet an, dass jedes Jahrhundert ein Erneuerer *(muǧaddid)* auftauchen werde, der das Wissen aktualisiere.[4]

Ähnliches kam den Muftis zu: muslimischen Rechtsgelehrten, die Rechtsgutachten (Fatwas) erteilen. Die Präsenz solcher Gelehrter in den sozialen Medien sowie den Fernsehsendungen und anderweitigen Formaten im Internet ermöglichte es ihnen, Adressatenkreise anzusprechen, die sie sonst kaum erreichen könnten. Insbesondere im Diskurs um die Frage, wie Muslime in nichtmuslimischen Mehrheitsgesellschaften nach dem islamischen Recht leben können, spielte der *daʿwa*-Gedanke nun eine Zentralrolle, nämlich als theologische Grundlegung des Konzepts des Minderheitenrechts. Damit sollte es den Muslimen »im nichtmuslimischen Ausland« – so blicken diese Gelehrte auf die Erdteile, in denen Muslime nicht in der Mehrheit sind – ermöglicht werden, nach neuen Lösungen zu leben, die nicht im tradierten Wissensbestand vorliegen. Solche Lösungen, die religionsrechtlich begründet werden, sollen ihnen die Möglichkeit geben, nach dem Grundsatz »das Gute zu gebieten und Schlechte zu

[4] Für diesen Hadith s. Abū Dāwūd, *Sunan*, hg. v. Šuʿayb al-Arnawūṭ und Muḥammad Kāmil Qarahballī, Damaskus/Beirut: Dār ar-risāla al-ʿālamīya, 2009, *Kitāb al-Malāḥim*, *Bāb* 1, Hadith Nr. 429, Band 6, S. 349 (Digitalisat mit englischer Übersetzung: https://sunnah.com/abudawud:4291): »Gott der Erhabene wird für diese Gemeinschaft am Anfang eines jeden hundertsten Jahres jemanden entsenden, der ihre Religion erneuern wird.«

verbieten« zu handeln und die muslimische Botschaft durch ihre Taten zu verbreiten. Die Forschung zum Minderheitenrecht zeigt, dass dieser *daʿwa*-Gedanke auf der einen Seite die Integration von Muslimen in mehrheitlich nichtmuslimischen Gesellschaften gewährleisten kann und theologisch akzeptierbar ist. Die theologische Akzeptanz wird eben genau über die *daʿwa* begründet: Die Präsenz von Muslimen dort führe zur Verbreitung der göttlichen Botschaft.[5] Dieser Ansatz wird aber der Grundhaltung vieler Muslime nicht gerecht, die sich als muslimischer Teil der Mehrheitsgesellschaft nicht unbedingt als Minderheiten sehen. Dieser *daʿwa*-Gedanke akzeptiert und erkennt die Muslime in solchen Gesellschaften nicht an, sondern instrumentalisiert sie für die Verbreitung der göttlichen Botschaft.

Mittlerweile gibt es Institutionen und Gruppen, die sich auf *daʿwa* konzentrieren, wie etwa Organisationen, die eine bestimmte Auffassung islamischer Religiosität, z. B. den Wahhabismus oder Salafismus, fördern und verbreiten. Einzelne Gruppen folgen eigenen *daʿwa*-Konzepten, wie die pakistanische *ǧamāʿat at-tablīġ* oder salafitische Gruppierungen in Deutschland, z. B. durch Koranverteilungsaktionen. Einige Universitäten, etwa die al-Azhar Universität, richten auch eine Fakultät für islamische Daʿwa *(kullīyat ad-daʿwa al-islāmīya)* ein.

---

[5] Vgl. Andrew F. March, »Sources of Moral Obligation to non-Muslims in the ›Jurisprudence of Muslim Minorities‹ *(fiqh al-aqalliyyāt)* Discourse«, in: *Islamic Law and Society* 16 (2009), S. 34–94. Hansjörg Schmid, Ayşe Başol-Gürdal, Anja Middelbeck-Varwick und Bülent Ucar (Hgg.), *Zeugnis, Einladung, Bekehrung. Mission in Christentum und Islam* (= Theologisches Forum Christentum-Islam 2010), Regensburg: Friedrich Pustet, 2011.

Die Autoren

Felix Körner SJ ist katholischer Theologe, Islamwissenschaftler und Nicolaus-Cusanus-Professor für Theologie der Religionen am Zentralinstitut für Katholische Theologie der Humboldt-Universität zu Berlin.

Serdar Kurnaz ist islamischer Theologe und Professor für Islamisches Recht in Geschichte und Gegenwart am Berliner Institut für Islamische Theologie der Humboldt-Universität zu Berlin.

Angelika Neuwirth, Dr. phil., Dr. h. c., 1991–2014 Professorin für Arabistik an der Freien Universität Berlin, seit 2007 Leiterin des Forschungsprojekts Corpus Coranicum an der Berlin-Brandenburgischen Akademie der Wissenschaften.